Über dieses Buch

Frauen wie Claire Démar, Flora Tristan, Suzanne Voilquin und Désirée Gay sind in Deutschland weitgehend unbekannt. Selbst in Frankreich hat man sich ihrer erst vor kurzem wieder erinnert und einige ihrer Anfang des letzten Jahrhunderts erschienenen Texte zur Emanzipation der Frau neu herausgegeben.
Diese Frauen gehörten den sozialutopischen »Schulen« an (Hauptvertreter: Saint-Simon, Fourier). Sie zählten zu den aktiven Mitgliedern, setzten sich vehement für ihre Rechte als Frauen ein und veröffentlichten Bücher und Pamphlete. Einige von ihnen gaben eine Zeitschrift heraus, die unter verschiedenen Titeln von 1832–34 in Paris erschien. Artikel dieser Zeitschrift bilden den Hauptteil dieses »Lesebuches«, das einen lebendigen Eindruck davon entstehen läßt, wie Frauen vor 150 Jahren ihre Emanzipation auffaßten und für eine Neuordnung der Gesellschaft eintraten.

Die Autorinnen

Claudia v. Alemann, geb. 1943 in Seebach/Thüringen, studierte Soziologie in Westberlin; Filmstudium in Ulm. Ausbildung in London, Berlin; Arbeit mit Filmkollektiven in Paris. Seit 1969 in Frankfurt/M.; arbeitet als Filmmacherin für Fernsehanstalten und in eigener Produktion. Regisseurin des Spielfilms über Flora Tristan »Die Reise nach Lyon«. Veröffentlichungen in »Kursbuch«, Filmkritiken in »Frauen und Film«, »Medium« etc.

Dominique Jallamion, geb. 1949 in Bourg-en-Bresse. Studierte Germanistik und Philosophie in Lyon; lebt seit 1974 in Frankfurt/M. Wissenschaftliche Studien an der Universität Frankfurt, Forschung auf dem Gebiet der Frauenliteratur des 19. Jahrhunderts. Zahlreiche Übersetzungen für Zeitschriften aus Texten der französischen Frauenbewegung.

Bettina Schäfer, geb. 1952 in Frankfurt/M. Studierte Romanistik und Sozialwissenschaften in Frankfurt und Lille. 1979/80 Übersetzung von Kurzgeschichten der französischen Schriftstellerin Renée Vivien, zusammen mit Micheline Poli. Seit Sommer 1980 Ausbildung als Kameraassistentin an der Fachschule für Optik und Fototechnik, Berlin.

Claudia v. Alemann
Dominique Jallamion
Bettina Schäfer

Das nächste Jahrhundert wird uns gehören

Frauen und Utopie 1830 bis 1840

Fischer
Taschenbuch
Verlag

Sämtliche Übersetzungen stammen von den Herausgeberinnen

Originalausgabe
Fischer Taschenbuch Verlag
Januar 1981
Umschlagentwurf: Jan Buchholz/Reni Hinsch
Fischer Taschenbuch Verlag GmbH, Frankfurt am Main

Gesamtherstellung: Hanseatische Druckanstalt GmbH, Hamburg
Printed in Germany
980-ISBN-3-596-23708-4

All ihr eifrigen Akteure dieser Weltenbühne, die ihr am liebsten das ganze Universum in den engen Kreis eurer Vorurteile einschließen würdet – wie lange noch werdet ihr Abgötter für die Nationen sein? Wie lange noch werdet ihr Ohren haben, um nichts zu hören? Augen, um nichts zu sehen?
Ihr blinden, unvermögenden Richter, die ihr alles durch die Brille eurer kleinlichen Ideen seht: legt ihn ab, den »alten Mann«, und werdet zu einem neuen! Erst dann seid ihr auf einer Höhe mit uns, erst dann könnt ihr urteilen über uns!

Isabelle

Ich glaube, es ist die Ankündigung einer neuen Liebe unter den Menschen, größer und subtiler als jede bisher bekannte Liebe. Eine Liebe, die kein Geschlecht kennt, weder allein den Männern noch allein den Frauen gehört. Ich hätte vieles über diese neue Liebe, die Liebe einer neuen Menschheit, zu sagen – aber jetzt fehlt mir dazu die Zeit.

Flora

Heute wird jedes Wort einer Frau – heute muß es – zur Emanzipation der Frau laut werden. Denn jede Frauenstimme, ob energisch, machtvoll und mit langem Nachhall, oder unentschlossen, bebend und undeutlich – freundlich oder feindlich – diskordant und gebrochen wie tausenderlei wirre Geräusche und todverheißendes Klirren vom Zusammenbruch der Gesellschaften und den stürzenden Trümmern der Zivilisationen, oder mild und wohltönend wie die Hymnen der Feste in der Zukunft: Jede Frauenstimme wird gehört werden und ein Echo finden.

Claire

Einladung

»Wir haben die Frau als philanthropische Schriftstellerin, als Priesterin des Systems der Liebe, als republikanische Poetin, als Poetin der Zukunft – Fourieristin oder Saint-Simonistin – kennengelernt, und unsere schönheitsliebenden Augen haben sich niemals an all diese abgeschmackten Häßlichkeiten, diese gottlosen Niederträchtigkeiten und frevelhaften Nachahmungen männlichen Geistes gewöhnen können...«

So spricht der bekannte französische Lyriker Charles Baudelaire über die »höchst ungehörigen« Aktivitäten jener »freien Frauen«, die zwischen 1830 und 1840 mit ihren Schriften eigenständige gedankliche Durchquerungen der Frauensituation und ihre Freiheitswünsche in die Öffentlichkeit tragen. Die vorliegende Sammlung vereinigt ihre so unterschiedlichen Texte: Die zwei Pamphlete Claire Démars, eine Reihe von Artikeln aus der Frauenzeitung einer kleinen Gruppe von saint-simonistischen »Mädchen aus dem Volke«, Suzanne Voilquin, Désirée Véret-Gay, Reine Guindorf und anderen, sowie Flora Tristans erste Publikation von 1835, worin sie die Gründung einer Organisation, die sich alleinreisender Frauen annehmen soll, vorschlägt, und ihren Brief an Olympe aus dem Jahre 1839.
Innerhalb des Motivs der Freiheit der Frauen, des Leitmotivs der hier vorliegenden Veröffentlichungen, deuten die diversen Formen und Titel schon die unterschiedlichen Entstehungszusammenhänge, ihre im besonderen verschiedenen theoretischen und praktischen Bezugspunkte und Ziele an.
Die Zeitung der Näherinnen Suzanne, Jeanne-Désirée und Marie-Reine (wie sie ihre Artikel signieren), die von 1832 bis 1834 unter wechselnden Titeln als »Die neue Frau – Apostolat der Frauen« und »Die freie Frau – Tribüne der Frauen« in Paris erschien, sowie die beiden Broschüren Claire Démars aus dem Jahre 1833, »Appell einer Frau an das Volk...« und »Meine Moral der Zukunft« stehen in engerem Kontext mit den Lehren und Unternehmungen jener Gruppe von Sozialutopisten, die ab 1830 Saint-Simons Theorien über eine friedliche, harmoni-

sche Zukunftsgesellschaft in praktische Politik umzusetzen suchte und dementsprechend »Befreiung des Volkes – Befreiung der Frau« auf ihre Fahnen geschrieben hatte.

Die im umfassendsten Sinne politischen Problematisierungen und Haltungen der saint-simonistischen Gruppe, die ab 1830 zunehmend an die Öffentlichkeit tritt und den Charakter einer Glaubensgemeinschaft annimmt, werden von Claire Démar und den Zeitungsherausgeberinnen, den »Neuen Frauen«, wie sie sich selbst nennen, gemäß ihrer unterschiedlichen Annäherungen an den Saint-Simonismus auf verschiedene Weise angesprochen. Bei Claire Démars Versuchen, ihren Emanzipationsideen unter Saint-Simonisten und in der Öffentlichkeit Gehör zu verschaffen, überwiegt der kämpferische Elan. Hatte sie als engagierte Republikanerin erst in saint-simonistischen Theorien die Anknüpfungspunkte gefunden, die es erlaubten, ihre tiefgehende Revolte gegen die weibliche Unterdrückung auszudrücken, so sind ihr Vorgehen, ihre Form und ihre unmittelbaren Ziele ganz geprägt von dem ihr eigenen Kampfgeist, vor allem in traditionelle Denkmuster und Empfindungsweisen einzubrechen und diese aufzusprengen. Besonders in ihrem zweiten Text über eine »Moral der Zukunft« zeigt sie, wie Moral als ein Bündel grundsätzlicher Werte und Bewertungen das Denken und Handeln der Individuen durchzieht und von dort aus Verhalten und Zustand einer ganzen Gesellschaft beeinflußt. Die Moral in den Beziehungen der Geschlechter wie in der Politik ist Hauptgegenstand ihrer Betrachtungen und ihres Angriffes auf die in ihrer Zeit herrschenden Verhältnisse. Sie spannt darin den weiten Bogen vom politischen zum privaten, intimen Leben und dekuvriert in allen Bereichen eine Doppelmoral, die sich ihr zum einen als ausbeuterische Herrschaft einer privilegierten, wohlhabenden Klasse über die Klasse der Arbeitenden darstellt und gleichzeitig als vielfache Vereinnahmung und Ausbeutung der Frauen durch Männer. Die politische Frage wird von ihr zur Frage der Befreiung der Frau erhoben, denn überall legt sie Herrschaft als Männerherrschaft bloß, um demgegenüber für eine soziale Verfassung, für individuelle Werte und Haltungen einzutreten, die endlich beiden Geschlechtern und allen sozialen Klassen gerecht werden könnten.

Die Herausgeberinnen der »Freien Frau« oder »Tribüne der Frauen«, die Claire in ihrem Pamphlet auch als die »Damen der Tribüne« anspricht, beginnen ihre Publikationen mit ähnlicher Absicht. Auch sie wollen den Grundsatz: »Die Frau sei dem

Manne untertan«, dem die Organisation der Familie und der ganzen Gesellschaft entspricht, nicht länger hinnehmen. Auch sie wollen einen Bewußtseinswandel und eine Veränderung der noch von Besitzgier und Verlustangst gekennzeichneten Gefühle erreichen, um somit bei jedem Individuum die Voraussetzungen für die Verwirklichung der erträumten zukünftigen »freien und friedlichen Assoziation« zu schaffen. Doch vordergründig weniger kämpferisch-kritisch betonen sie die Idee des Zusammenschlusses zum praktischen Erreichen dieser zukünftigen gesellschaftlichen Verfassung; sie setzen diesen Gedanken mit der Gründung des Kollektivs der »Neuen Frauen«, mit der Herausgabe ihrer Zeitung schon für sich um. Von da aus beziehen sie sich auf andere *Frauen* und wollen mit ihnen einen Prozeß der Selbstverständigung über alle Bereiche des Lebens in Gang setzen. Dementsprechend ist ihre Perspektive, ihr Ton eher der einer Einladung, einer Aufforderung an Frauen: über Politik, Industrie, Literatur, Moral, Moden und anderes mehr zu sprechen, »doch nicht nach herrschenden Vorurteilen, sondern nach unserem Herzen«, denn sie wollen vor allem, »daß die Frauen sich aus diesem Zustande der Hemmungen und Zurückhaltung, in dem die Gesellschaft sie hält, befreien und in aller Ehrlichkeit ihres Herzens zu sagen wagen, was sie für die Zukunft wollen und erahnen...«. Diese »Mädchen aus dem Volke« lehnen sich hier gegen ihre doppelte Unterdrückung als Frauen und als Proletarierinnen auf, und mit ihren Veröffentlichungen stellen sie nicht nur ihr »Schicksal« in Frage, sondern rufen andere Frauen auf, welche sozialen Positionen sie auch einnehmen mögen – »vorausgesetzt, sie spüren das Leid der Frauen und des Volkes« –, nun selbst, außerhalb männlichen Einflusses auf ihre Weise für die Befreiung aktiv zu werden.

Flora Tristan trat im Gegensatz zu den erwähnten Autorinnen nicht in unmittelbarer Nähe einer der beiden großen sozialreformerischen Sekten oder »Schulen« des Saint-Simonismus oder Fourierismus hervor. Sie nimmt eine Vielzahl theoretischer Einflüsse auf und macht sie zum Hintergrund der Verarbeitung ihrer persönlichen Erfahrungen. So wurden die beiden großen utopischen Lehren neben anderen Fortschrittsideen dieser Epoche indirekt zu Bezugspunkten ihres Aufrufes und Entwurfes der Gründung einer »Gesellschaft für fremde Frauen«. Gleichzeitig setzt sie sich darin aber auch schon von den »Erbauern brillanter Zukunftsutopien« ab, um das Schwergewicht auf die unmittelbare praktische Verbesserung der Lage einer überschaubaren Zielgruppe zu legen. Die von ihr geplante Organisation soll alleinreisenden Frauen in Frankreich bzw. zunächst in Paris bei ihren Unternehmungen in dieser schwierigen Position als Frauen, die sich ohne Mann in der Öffentlichkeit bewegen, Unterstützung gewähren. Woher diese Orientierung auf Frauen, die alleine reisen? Flora selbst weist am Schluß ihrer Schrift auf das selbst erlebte Leid als einen Beweggrund für dieses Projekt hin. Sie hatte während ihrer Reisen nach England und Südamerika, die sie ganz auf sich gestellt unternahm, eine sonst wenig beachtete Dimension des Ausschlusses von Frauen aus der Gesellschaft kennengelernt. Besonders im neunzehnten Jahrhundert bedeutet, sich als Frau alleine zu bewegen, zu reisen, ein Tabu doppelt zu brechen, gleich zwei den Frauen zugewiesene Plätze zu verlassen: das Haus bzw. die Familie und die Seite eines Mannes. Während ihrer Perureise kommt Flora Tristan zu dem Schluß, daß Frauen die »Parias der Gesellschaft« sind, wie sie auch im Titel ihrer Ende 1835 erscheinenden sozialkritischen Reisetagebücher festhält: »Wanderungen einer Paria.«[1]

Doch bereits in ihrem hier veröffentlichten Text ist ein deutliches Bewußtsein von der Notwendigkeit umfassender gesellschaftlicher Veränderungen im Sinne der Emanzipation aller Unterworfenen, Ausgebeuteten zu erkennen. So erschöpft sich ihr Vorschlag nicht im Karitativen, rein Philanthropischen, sondern weist immer wieder über das angesprochene konkrete Betätigungsfeld hinaus. Und diese Weitsicht wird für Floras späteres Werk und ihr Auftreten in der Öffentlichkeit charakteristisch.

Anders als die Redakteurinnen der »Neuen Frau« und als Claire Démar, deren utopische Schriften beinahe gänzlich in Vergessenheit gerieten, eroberte sie sich mit ihrem schriftstellerischen und praktisch politischen Engagement, das sie zwischen 1835 und 1844 entfaltete, einen Platz in der Geschichte

[1] 1839 erschienen Flora Tristans umfangreiche kritische Schilderungen der Lebensbedingungen von Frauen und Arbeitern in England unter dem Titel »Spaziergänge in London« (Les promenades dans Londres). Ihr bekanntestes Werk, die »Arbeiterunion« (L'union ouvrière) wurde 1843 veröffentlicht. Sie entwarf darin ein Programm zum autonomen Zusammenschluß der Arbeiter und Arbeiterinnen, worin die Forderung nach Bildung und Verbesserung ihrer materiellen Lage stark von Flora hervorgehoben wurde. Zur Propagierung dieser Idee reist sie bis zu ihrem Tode 1844 durch große und kleine Industriestädte Frankreichs und hält dort überall Versammlungen ab, wo sie mit der ihr eigenen leidenschaftlichen Art auftritt. Ihre Tagebuchnotizen, die einen lebendigen Eindruck von dieser Reise entstehen lassen, wurden 1973 in Frankreich unter dem Titel »Flora Tristan – Le Tour de France« (Ed. Tête de Feuilles, Paris) herausgegeben.

der Arbeiterbewegung. Ihr Hauptwerk, der Entwurf für die Organisation der »Arbeiterunion« von 1843 und ihre Aktivitäten zur Realisierung dieses autonomen Zusammenschlusses der Arbeiter und Arbeiterinnen, zeigen deutlich ihr Bemühen, die Breite ihrer theoretischen Einsichten in eine Praxis der Veränderung umzusetzen. Was nun aber die eigene Qualität der weiblichen Unterordnung angeht, so durchdringt sie diese weniger als die Saint-Simonistinnen es tun und macht ihr direktes Betroffensein als Frau, ihre »intimen« Freiheitswünsche nur vermittelt zum Ausgangspunkt ihrer öffentlichen Äußerungen. Auch dies wird in der ersten Publikation Floras schon spürbar.

Subjektiver zeigt sie sich in jenem Brief, den sie im Sommer 1838 von London aus an Olympe, eine Freundin in Frankreich, schreibt. Hier gestattet sie sich einen Ausbruch in die Idealisierung weiblicher Fähigkeiten, hier spricht sie aus, wie sie demgegenüber z. B. die affektiven Qualitäten von Männern, die sie umgeben und die immerhin ihre politischen Gesprächspartner sind, empfindet: Diese Qualitäten genügen ihr nicht. Es scheint so, als deutete sich hinter diesem Urteil ein Begehren an, das gegenüber der Zerstückelung menschlicher Beziehungen und besonders anstatt der Reduzierung auf das Geschlechtliche in den Beziehungen von Männern zu Frauen, die Liebe der ganzen Person will. Und ein solches Begehren nach Entfaltung unreduzierbarer Liebe, nach ihrer Ausdehnung im sozialen Leben, tritt eigentlich – direkter oder indirekter, faßbarer oder unfaßbarer – in den Äußerungen aller Frauen, die hier zu Worte kommen, hervor und charakterisiert ihre Perspektive, ein grundsätzliches Ziel ihres politischen Wollens.

Für Claire Démar wird dieser Anspruch zum Ort, von dem aus sie ihre Rede organisiert, und in ihren Briefen an den »Obersten Vater« der Saint-Simonisten, Prosper Enfantin, und an den »Apostel« Charles Lambert macht sie kein Geheimnis daraus, daß er auch ihre unmittelbaren Wünsche bestimmt: Sie ist zum Saint-Simonismus gekommen, in der Hoffnung, über eine verwendbare Theorie hinaus dort vor allem die Menschen zu finden, die sich ihr öffnen würden. Nicht irgendein »mystisch-sinnlicher Wahn«, den ihr nachfolgende Generationen unterstellten[2], führt Claire zu ihrer praktischen und theoretischen Exponierung. Sie schreibt an Enfantin: »Ich empfinde

[2] Siehe Marguérite Thibert, Le féminisme dans le socialisme français de 1830 à 1850. Paris 1926.

sehr bewegt, und alle meine Gefühle tragen Phantasie im Herzen. Die Freuden, welche Männer bei Frauen suchen, sind zu meinem Glück nicht im geringsten vonnöten.« Ein »zarter« Hinweis ... Doch erlebt sie mit den saint-simonistischen Aposteln und »Frauenbefreiern« herbe Enttäuschungen. Sie klagt über die Kälte und abweisende Haltung der Männer, ja, eine Aufforderung an die Saint-Simonisten, sie bei der Finanzierung und der Organisation des Druckes ihrer ersten Broschüre zu unterstützen, verhallt scheinbar ungehört. Hingegen wird sie wegen ihrer Überlegungen für eine »Neue Moral« sogar von den »Brüdern« der »Familie«, wie die Gruppe sich selbst nennt, beleidigt. Aber auch unter den saint-simonistischen Frauen findet Claire, als »Frau der Ungeduld«, nicht, was sie sucht. Die »Neuen Frauen« erscheinen ihr bezüglich der Moralfrage zu abwartend und vorsichtig. Ihr gefällt der Ton der Zeitung nicht, sie hält die Herausgeberinnen für zu sehr mit den traditionell weiblichen Tugenden der Friedfertigkeit und Konzilianz behaftet. Andererseits ist es Suzanne Voilquin, die sich für den Abdruck ihres hinterlassenen Manuskriptes über die »Moral der Zukunft« verwendet und trotz der grundsätzlichen Verschiedenheiten in ihren Auffassungen diese für das neunzehnte Jahrhundert überaus gewagte, sogar im zwanzigsten Jahrhundert noch mißverstandene Streitschrift für die freie Liebe mit einem anerkennenden und verteidigenden Vorwort versieht.

Claire Démar konnte von dieser Wertschätzung nicht mehr erfahren, sie hatte sich zusammen mit einem jungen Saint-Simonisten im August 1833 umgebracht.

Trotz der Unterschiede zwischen Claire und Suzanne, deren Auftreten sich durch eine gewisse Milde ausgezeichnet haben mag, wird es jedoch bei näherem Hinsehen unmöglich, die Radikalität der Ansprüche, die sie beide – jede auf ihre Weise – formulieren, nach einem »mehr« oder »weniger« zu hierarchisieren.

Und auch Flora Tristan, die mit ihrer ersten Schrift, der »Notwendigkeit, fremden Frauen einen guten Empfang zu bereiten«, noch in christlich anmutenden Termini an die »Nächstenliebe« ihrer Mitmenschen appelliert, hüllt darin nichtsdestoweniger sehr radikale eigene Freiheitsvorstellungen ein. Denn reisen, »sich frei bewegen auf dieser Erde«, wie an einer anderen Stelle Suzanne formuliert, beinhaltet für sie mehr als nur die konkrete Bewegung: Hier beginnt der Wunsch, Neues zu erfahren und kennenzulernen, in eine geistige und seelische

Beweglichkeit einzutreten, nicht nur die konkreten Grenzen des kleinen Haushaltes oder einer Nation zu übertreten, sondern dabei geistige und emotionale Schranken zu durchbrechen.
Wie aber ist zu verstehen, daß sie dennoch strenge Regeln für ihre Organisation entwirft und in Übernahme traditioneller Muster die »Tugend« hochpreist? Mir scheint hierfür weniger eine Anpassung an die herrschende Moral den Hintergrund zu bilden, als Floras Angst vor den Wirkungsweisen des »falschen, egoistischen Interesses«, worin sie Männer wie Frauen befangen sieht, und ihr Wunsch, einen Rahmen zu schaffen, wo im Gegensatz zu dieser Entfremdung die sozialen Tendenzen der Individuen aufleben können.

Darin, daß sie im materiellen, konkreten ebenso wie im psychischen Bereich bestehende Grenzen in Frage stellen und überschreiten, liegt eine Gemeinsamkeit aller hier versammelten Autorinnen. Gleichgültig, wie sie sich der erlebten Festschreibung und Vereinnahmung in ihren Texten nähern und von welcher Seite sie jeweils Hand daran legen – sie alle beginnen, sich nicht nur in Schriften von vorgeschriebenen Plätzen und Rollen zu entfernen: durch die Bildung einer Gruppe, ihr Auftreten in der Öffentlichkeit und überhaupt ihr aktives Verhalten.
Suzanne Voilquin interveniert mit Reine Guindorf in den öffentlichen Versammlungen der »Gesellschaft für Lehrmethoden« zum Thema der Frauenbildung und berichtet darüber in der »Tribüne«. Sie unternimmt später, im Sommer 1834, gemeinsam mit der jungen Isabelle (auch sie schrieb für die Zeitung) eine Rundreise durch Frankreich, auf der sie saint-simonistische Zentren in der Provinz besuchen und lebhafte Diskussionen über die Befreiung der Frau mit Frauen und Männern führen. Désirée Véret geht schon 1833 nach England, wird dort in fourieristischen und owenistischen Kreisen aktiv. Sie erkämpft schließlich, wieder in Paris, in der Revolution von 1848 die Einrichtung staatlicher Werkstätten für Näherinnen. Flora Tristan schult während zahlreicher Reisen als Zofe englischer Damen ihren Blick für die sozialen Verhältnisse anderer Länder und legt ihrem Buch über England, das 1839 unter dem Titel »Spaziergänge in London« erscheint, systematische, konkrete Recherchen zugrunde: Sie besucht die Fabriken, die Elendsviertel, Kranken- und Irrenhäuser, gelangt bis in die Bordelle und mit der Hilfe politischer Freunde sogar in das

Parlament, zu dem damals Frauen der Zutritt verwehrt war, weshalb sie sich als Mann verkleidete. All dies waren für eine Frau noch bis ins zwanzigste Jahrhundert hinein unerhörte Schritte. Ebenso Floras letzte Reise durch Frankreich zur Propagierung der »Arbeiterunion«, in deren Verlauf sie alleine Versammlungen mit Arbeitern und Arbeiterinnen abhält. Welche Zwänge waren zu überwinden, um solche Vorhaben ausführen zu können! Und mangelte es auch den hier vorgestellten Frauen nicht an Selbstbewußtsein und der nötigen inneren Freiheit – wobei sie abweisende Reaktionen gleichwohl sehr deutlich wahrnahmen und schmerzhaft empfanden –, so hatten sie doch immer wieder mit ihrer materiellen Notlage zu kämpfen. Am erschreckendsten geht dies aus einem Brief Louise Crouzats, einer Saint-Simonistin aus Lyon, an Claire Démar hervor.[3] Sie unterbreitet darin ihren Plan, in Amerika zu »missionieren« und möchte Claire dazu gewinnen. Doch in einem zweiten Brief stellt sich die totale Unmöglichkeit dieses Vorhabens heraus: Sie ist schwer erkrankt, muß dennoch, wenn sie in der Lage dazu ist, zwölf Stunden täglich arbeiten, um notdürftig leben zu können und rechnet kaum auf die Unterstützung der weiblichen Mitglieder der Lyoner »Familie«, da diese beinahe ausnahmslos aus Proletarierinnen besteht und entsprechend ebensowenig über Geldmittel und Zeit verfügt wie sie.

Eigentlich lernten sie alle, die hier sprechen werden, am eigenen Leibe weniger die gutbürgerliche Form weiblicher Unterdrückung kennen, als die physisch härtere, zusätzlich durch materielle Unsicherheit gekennzeichnete Existenzweise entweder sozial Deklassierter, wie Flora Tristan und Claire Démar, oder der Arbeiterin, wie die »Mädchen aus dem Volke«: Suzanne, Désirée, Reine und die anderen »Neuen Frauen«.

Flora Tristan wächst als uneheliches Kind eines peruanischen Adligen bei ihrer Mutter in bitterster Armut auf, lernt von ihr schreiben und lesen, arbeitet schließlich, kaum sechzehnjährig, zehn bis zwölf Stunden am Tage als Etikettenmalerin und Koloristin in der Werkstatt ihres künftigen Ehemannes Chazal.

Claire Démar, über deren Person nur sehr wenig bekannt ist, scheint als einzige in gesicherten großbürgerlichen Verhältnissen aufgewachsen und in den Genuß einer besseren Schulbildung gelangt zu sein. Ihre Deklassierung, ihr sozialer

3 Aus der Korrespondenz zwischen Louise Crouzat und Claire Démar, abgedruckt in: Claire Démar, L'affranchissement des femmes. Paris 1976.

»Abstieg«, ist eher die Folge ihrer gewollten Lossagung von der Familie und ihrer Ablehnung einer Heirat, die ihr zu einer »bequemen, aber unklaren und ehrlosen Position« hätte verhelfen können.
Also lebt sie allein und in materieller Misere, denn sie kann sich – wie aus Briefen hervorgeht – auch nicht zu einer der Arbeiten, die Frauen damals offenstanden, überwinden. Sie verkauft ihre Möbel und schließlich alles, was sie irgend entbehren kann, um ihre erste Broschüre, den »Appell einer Frau an das Volk...«, drucken lassen zu können.
Die »Neuen Frauen« hingegen leben ähnlich wie Flora seit frühester Jugend von ihrer Handarbeit. Ihre Umgebung, ihr Alltag verdienen es, näher betrachtet zu werden.

Paris war zu Beginn des neunzehnten Jahrhunderts eines der Zentren für die Herstellung luxuriöser, »modischer« Kleidung. Man muß sich für diese Ära der erst einsetzenden Industrialisierung vorstellen, wie Näherinnen in der quasi familiären Atmosphäre kleiner und mittelgroßer Werkstätten, in denen durchschnittlich etwa zwanzig Arbeiterinnen beschäftigt waren, unter der zumeist strengen Aufsicht einer oder zweier Meisterinnen, die oft gleichzeitig Inhaberinnen der Ateliers waren, ihrem Handwerk als Putzmacherinnen, Spitzennäherinnen, Stickerinnen, Plisseusen usw. nachgingen. Mit der strikten Arbeitsteilung ging eine ebenso strenge Lohnhierarchie zusammen: von der bestbezahlten Putzmacherin, die um 1830 einen Tageslohn bis zu vier Francs erreichen konnte, bis zur einfachen Näherin, die zwischen vierzig Centimes und einem Franc pro Tag verdiente – bei Arbeitstagen, die gewöhnlich um neun Uhr vormittags anfingen und meist um elf Uhr abends, manchmal auch erst um Mitternacht zu Ende gingen. Der Lohn einer einfachen Arbeiterin reichte, wenn man die durchschnittlichen Mietpreise für selbst die bescheidenste Unterkunft in Paris zu dieser Zeit mit 80 bis 100 Francs im Jahr in Betracht zieht, knapp zum Leben. In dieser Luxusindustrie herrschten dazu saisonbedingte Zeiten der Arbeitslosigkeit, Krisen waren häufig und wurden durch die Konkurrenz der Klöster und Gefängnisse oft noch verstärkt. Aber auch andere Gelegenheiten für die Entlassung von Näherinnen ergaben sich: »Am Ende der Regierungszeit Ludwigs des Achtzehnten (1824) wurden überall die Arbeiten zur Luxusausstattung des Königshofes eingeschränkt, denn das Dekorum gebot Strenge. Bälle und Feste waren verpönt – also keine gold- und silberbestickten Kleider mehr, keine luxuriösen Extras, die, obgleich sie nur zum Schmucke einiger hübscher Privilegierter dienten, doch der Arbeiterin ihren Unterhalt gewährten. Das Atelier von Mme. Martin wurde um drei Viertel verkleinert. Da wir als letzte eingestellt worden waren, wurde meine Schwester Adrienne nun zuerst mit Dank entlassen.« So beschreibt Suzanne Voilquin in ihren Lebenserinnerungen die schwierige materielle Lage, in die sie dadurch um 1824/25 geriet. In der Folgezeit mietet sie sich Handwerkszeug und arbeitet gemeinsam mit der jüngeren Schwester zu Hause – an ihren »besten« Tagen, wenn beide um sechs Uhr morgens anfangen und bis Mitternacht arbeiten, erreichen sie je einen Tageslohn von einem Franc.

Doch nicht nur der Beruf der Näherin garantiert bei härtesten Arbeitsbedingungen kaum das Existenzminimum: Für alle Frauenberufe in dieser Zeit kann man festhalten, daß sie, eng orientiert an den Tätigkeiten der Frauen im Haushalt und mit sehr spezieller, eher geringer Qualifikation, immer so schlecht bezahlt wurden, daß eine Frau sich alleine von ihrem Verdienst fast überhaupt nicht ernähren konnte. Marie-Reine beschreibt in der »Neuen Frau« einen Kreislauf der persönlichen Abhängigkeit von Männern, der von diesem Zustand nahezu völliger Verdienstlosigkeit eröffnet wird: »Nur sehr wenige Berufe werden uns im Handwerk und der Industrie angeboten; alle Arbeiten, die irgendeinen Gewinn bringen könnten, werden von Männern ausgeführt. Uns läßt man gerade eben die Freiheit, Stellungen anzunehmen, die mit Mühe und Not etwas zum Leben einbringen. Sobald sich zeigt, daß ein Handwerk von uns Frauen ausgeführt werden kann, beeilt man sich, die Bezahlung zu senken mit der Begründung, wir dürften nicht so viel verdienen wie die Männer. Es ist eine Tatsache, daß unsere Einkommen sehr bescheiden sind, und dies ist einer der Gründe für unsere Abhängigkeit von den Männern, da sie uns so zwingen, Zuflucht zu ihnen zu nehmen, damit wir unser materielles Leben sichern können.« So erhielt der moralische Grundsatz der zeitgenössischen Gesellschaft, daß die Frau für die Familie, das Haus, den Mann geschaffen sei, seine Bekräftigung im Materiellen: Frauen waren zusätzlich durch geringe Arbeitsmöglichkeiten und minimale Löhne in die Ehe gedrängt.

Welches Glück für die junge Flora Tristan! Ihr Werkstattmeister interessierte sich für sie, versorgte den kleinen Mutter-Tochter Haushalt mit Brennholz und Petroleum und »machte ihr den Hof«. Die Mutter ist hocherfreut und drängt Flora in der Hoffnung, somit ihrer beider Existenz in »ehrbarer« Weise zu sichern, zur Heirat mit Chazal. Flora beugt sich trotz ihrer mit einem kleinen bürgerlichen Haushalt unvereinbaren Wünsche also »unter das Joch der Ehe«.

Ähnlich Suzanne, die zuerst ihre jüngere Schwester Adrienne zur Heirat bewegt, um sie dem kärglichen Alltagsleben zu entheben: »Dieses liebe Kind empfand Abscheu vor dem alltäglichen Leben, ihre hochfliegende Natur, die sie immer ein wenig in den Wipfeln des Ideals schweben ließ, konnte sie nicht mit dem ärmlichen Leben, das wir führten, versöhnen. Dieses instinktive Aufbegehren ihrer tiefsten Gefühle verstärkte noch ihre Abneigung gegen die würdevollen, doch schmerzhaften Alltagskämpfe. Sie schmachtete und konnte sich dennoch nicht dazu entschließen, auf die Bitte ihres Verlobten, zu heiraten, einzugehen ... Trotz des Prosaischen in seinem Charakter, glaubte ich gut daran zu tun, Adrienne zur Heirat zu bewegen. Sie war von feinfühliger Schönheit und war erst sechzehn Jahre alt. Ich hatte Angst um sie wegen ihres zu Höherem strebenden Sinnes ... Als ich sie zu dieser Heirat bewegen konnte, dachte ich an ihr Glück und ihre Ehrbarkeit ...« Und Suzanne selbst? Auch sie nimmt Zuflucht zur Ehe und heiratet den Architekten Voilquin, jedoch, wie sie bei der Bekanntgabe ihrer Ehescheidung in der Frauenzeitung bemerkt, »ohne Liebe«.

Doch über die rein materiellen Notwendigkeiten hinaus bilden auf der Seite der Moral die Manifestationen männlicher Vereinnahmungen von Frauen, sobald sie nicht einem Mann »gehören«, einen weiteren Anlaß, besonders für jene Arbeiterinnen, in der Ehe Schutz zu suchen. Ja, die Position von Frauen, die sich bedingt durch ihre Arbeit außer Hause alleine in der Öffentlichkeit bewegen, ist riskant. Dort nämlich wirkt männliche Doppelmoral, dort ist die Frau dem Zugriff aller Männer ausgesetzt. Und immer werden die Frauen selbst für diesen Zustand verantwortlich gemacht – eine Zwangslage, in der sie darauf angewiesen sind, peinlich auf ihren »Ruf« zu achten, wollen sie nicht aus stabilen sozialen Bezügen herausfallen und in die Bahnen des weitestgehenden gesellschaftlichen Ausschlusses, der Prostitution, geraten.

Sie liegt immer nahe, wo Frauen sich öffentlich alleine bewegen. Dieser Zugriff der Männer funktionierte in dieser romantischen Epoche bei weitem nicht nur als krude, simple Gewaltanwendung, sondern recht oft in der Form der »Verführung«, die dann ebensooft zur subjektiven und objektiven Voraussetzung dafür gedieh, daß die Verführte und Verlassene schließlich von Liebhaber zu Liebhaber wanderte, zur Prostituierten wurde.

In der Frauenzeitung wagen Angélique und Sophie-Caroline über dieses heikle Thema zu sprechen und die Gründung einer »Kunsthandwerklichen Assoziation« anzuregen, um die Frauen der Gewalt, der Inbesitznahme ihres Körpers durch Männer und der Gefahr der Prostitution zu entziehen.
Zwischen Ehe und Prostitution – so könnte man die vorgegebenen Beziehungsmöglichkeiten der damaligen Arbeiterinnen in etwa lokalisieren, die immer eng mit ihrer Existenzsicherung verknüpft sind. Im Zusammenhang mit der Ausdehnung der Frauenarbeit, somit der zwangsläufigen Anwesenheit von Frauen in der Öffentlichkeit, formen sich im neunzehnten Jahrhundert absolute männliche Besitzansprüche an Frauen aus, die zunehmend das »Außen«, die »Welt« zum Reich der Männer erklären und entsprechend strukturieren, während sie die Frau im »Innen«, im Haus, bei der Familie festzuhalten trachten. Die Gesetzgebung der Zeit, die die ehelichen bzw. familiären Beziehungen reguliert, reflektiert diese Machtansprüche, denn immer noch – und dies über das neunzehnte Jahrhundert hinaus – galt im Code Napoléon, dem Grundgesetz, daß die Ehefrau ihrem Manne Gehorsam schulde. Die Möglichkeit der Ehescheidung war wohl mit der großen Revolution von 1789 geschaffen worden, jedoch seit 1816 wieder außer Kraft gesetzt. Eine der wenigen im traditionellen Sinne politischen Forderungen der Saint-Simonistinnen ist ihre Wiedereinführung. Auch Flora Tristan übergibt 1837 eine entsprechende Petition an die Deputiertenkammer.
In einem Artikel Suzannes über die »Gerechtigkeit der Männer«, wo sie einige Gesetzesparagraphen, die die Rechte der Frau als Mutter bestimmen, wörtlich zitiert, erfährt man die beinahe unglaubliche Einschränkung auf eine gänzliche Rechtlosigkeit sogar in bezug auf die eigenen Kinder. Geht man weiter und betrachtet die Rechtsprechung bezüglich der Vergehen oder Verstöße gegen die Pflichten der Ehe, die sich Frauen wie Männer zuschulden lassen kommen, so findet sich auch hier zweierlei Maß. Das Strafgesetzbuch sah z. B. für eine Frau, die Ehebruch begangen hatte, eine Zuchthausstrafe von mindestens drei Monaten bis zu zwei Jahren vor. Wurde hingegen ein Mann wegen Ehebruchs angeklagt, so mußte bewiesen werden, daß er eine andere Frau unterhält oder in seiner Wohnung leben läßt, um überhaupt eine Verurteilung aussprechen zu können, die darüber hinaus im Normalfall wesentlich milder ausfiel und meist nur aus einer Geldstrafe bestand.
Ähnlich ungleichmäßig verteilt sind auch die Rechte und An-

sprüche, die von Männern und Frauen geltend gemacht werden konnten, wollten sie die Ehe in der einzig damals möglichen Form der »Güter- und Körpertrennung«, die eine Wiederheirat ausschloß und immer schwieriger durchzusetzen war, lösen. Flora Tristan wird – abgesehen von den ständigen Verfolgungen durch Chazal, der des öfteren die Kinder entführt, um Flora zur Rückkehr zu zwingen – mit der legalisierten Macht dieses Ehemannes während ihres Prozesses, mit dem sie die Körpertrennung erwirken will, nachhaltig konfrontiert. Trotz aller Nachstellungen und Racheakte, die sie ihm nachweisen kann, wird sie im Verlauf der Verhandlungen zunehmend in die Rolle der Schuldigen gedrängt.

Diese legalisierte Gewalt, der gerechtfertigte und bekräftigte Aneignungswunsch von Männern, der individuelle Despotismus werden explizit zum Gegenstand einiger Beiträge in der Frauenzeitung. Doch nehmen die »Neuen Frauen« nicht nur zu dem Gewaltverhältnis in der Ehe Stellung, sie beziehen sich ebenso auf dessen Kehrseite, die Prostitution – wohl nicht zuletzt deshalb, weil die als solche benannte Prostitution auf der Straße in der Zeit nach 1830 in Frankreich, besonders in den großen Städten, zum unübersehbaren sozialen Phänomen geworden war.

Um 1830/31 schwanken Schätzungen der Anzahl aller in Paris lebenden prostituierten Frauen zwischen dreißig- und sechzigtausend. In einer sehr detaillierten Untersuchung über die Prostitution in der Stadt Paris aus dem Jahre 1836 finden sich unter anderem Angaben über die Berufe, die früher oder noch zwischenzeitlich von diesen Frauen ausgeübt worden sind. Sie waren meist Wäsche- oder Spitzennäherinnen, Stickerinnen, Hosen- oder Westennäherinnen, Modistinnen, Handschuhmacherinnen, Kunststopferinnen, Flickzeugnäherinnen; an zweiter Stelle folgten Marktverkäuferinnen, Blumenfrauen, Zeitungsverkäuferinnen, Wanderschaustellerinnen, Kindermädchen, Dienstmädchen und Zimmermädchen. Selbst einige wenige Schauspielerinnen, Musikerinnen und Malerinnen waren unter den Genannten – also kaum ein Beruf für Frauen, der sie der Prostitution enthoben hätte. Andererseits offenbart sich als subjektiv auslösendes Moment für die Ausbreitung der Prostitution in dieser Übergangszeit zur industriellen Gesellschaft auch ein innerer Widerstand von Frauen gegen strikte Reglementierung in der Arbeit. Besonders Marktfrauen, Verkäuferinnen, Schaustellerinnen, alle, die das Leben und Treiben auf den Plätzen und eine gewisse Selbständigkeit kennengelernt hatten, waren oft nicht bereit, sich bei Verlust ihrer Arbeit etwa mit einem handwerklichen oder industriellen Beruf, wo ein strenger Arbeitsrhythmus herrschte, zu arrangieren. Dem bekannten Arzt Parent-Duchâtelet, der diese Untersuchung anstellte, entgeht trotz seiner weitgehend in der Männermoral seiner Zeit befangenen Sichtweise nicht, daß oft ein Bedürfnis nach Ungebundenheit zum subjektiven Antrieb für die Prostitution wird. An anderer Stelle merkt er an: »Dieses Streben nach Bewegung, von dem ich gesprochen habe, ja, diese Liebe zur Freiheit und Unabhängigkeit, führen dazu, daß sie von einer Klasse (unter Prostituierten) zu einer anderen überwechseln, daß einige sogar keine fünf Tage in ein und demselben Hause wohnen. Ist diese Bewegung nicht ein Anzeichen dafür, daß sie überall auf der Suche nach einem Glück sind, das sich ständig von ihnen zu entfernen scheint?«

~ ☆ ~

Unternehmen wir nun einige Ausflüge in die Zeitgeschichte Frankreichs zwischen 1830 und 1840.
Bis zum Datum der republikanischen Revolution von 1848 steht die Politik einerseits im Zeichen des andauernden Kampfes einer aufstrebenden industriellen Bourgeoisie gegen aristokratische Machtansprüche und die reale politische Herrschaft des »Geldadels«, andererseits unter dem roten Leitstern der militanten republikanischen Geheimgesellschaften Buonarottis und Blanquis, deren erklärtes Ziel die Herrschaft der »ärmsten und zahlreichsten«, der arbeitenden Klasse ist. Drei Tage im Juli 1830, die als die »Drei Glorreichen« in der Geschichte Frankreichs die Pariser Julirevolution bezeichnen – und mithin der Sturz des rückschrittlichen Karl X. – hinterlassen Spuren in den Texten der saint-simonistischen Frauen.
Was ist geschehen? Nach sechs Jahren politischer Restauration dieses sonnenkönigliche Zustände herbeisehnenden Regenten schließen sich in Paris große Teile der Bevölkerung zum Sturm auf den Königssitz in den Tuilerien, auf Präfekturen und Rathäuser zusammen und erklären am 29. Juli den König samt allen seinen Ministern für abgesetzt. Hoffnungen auf die Ausrufung der Republik werden wach, und unter den begeisterten Demonstranten, die in diesen Tagen die Straßen von Paris in Massen bevölkern, finden sich auch Flora Tristan und Claire Démar – mit ihren inneren Revolten gegen die Lage der Armen und der Frauen. Allerdings findet hier, auf den »öffentlichen Plätzen und an den Straßenecken«, nur ihr Aufbegehren gegen

die Ausbeutung des Volkes seinen Ausdruck. Claire Démar bleibt später, als sie sich längst zum Saint-Simonismus bekennt, von jenem revolutionären Elan geprägt: »Ich bin noch immer die Frau der Barrikaden, und wann immer welche errichtet werden, ich werde davon wissen ... Ich bin noch nicht gläubig genug, um denjenigen Glück zu wünschen, die das Volk leiden lassen, indem sie das Recht des Stärkeren für sich ausnutzen. Nein! Tausendmal Nein! Barrikaden! Kanonenkugeln in ihre Schlösser!«[4]

Doch allen republikanischen Erwartungen und Freiheitshoffnungen zum Trotze bemächtigen sich während dieses Aufstandes einige geschickt vermittelnde Bankiers und ihnen ergebene Parlamentarier – Thiers und Guizot an ihrer Spitze – der politischen Macht und heben einen neuen König auf den Thron. Louis-Philippe, Herzog von Orléans, tritt nun als »Bürgerkönig« und Aushängeschild der Finanziers sein Amt an. Seine eher schwache, lavierende Regentschaft bis zur »Achtundvierziger Revolution« charakterisiert eine Notlösung, einen Kompromiß zwischen den gegensätzlichen Interessen der neuen Finanzaristokratie im Pakt mit »ihrem« König und dem auf die Eroberung der Macht hinarbeitenden industriellen Bürgertum, wobei sich die Wirtschaftspolitik dieser »Zwitterregierung« als liberal genug erweist, um in der Zeit zwischen 1830 und 1848 einen ersten größeren industriellen Aufschwung zu ermöglichen.

Dieses »Bürgerkönigtum« ist gemeint, wenn Claire in ihrer »Moral der Zukunft« von »monströsen Bündnissen und unmöglichen Zusammenschlüssen«, von einer »Embryoregierung ohne Puls und Atem« spricht, um deren Instabilität sie weiß und deren unausweichliche Ablösung sie ahnt. Nach dieser nur geringe Veränderungen herbeigeführt habenden Revolution verfallen viele in eine Haltung der Hoffnungslosigkeit; unter liberalen Bürgern, die sich zu den gemäßigten Republikanern zählten (»Republikaner« umfaßt alle antifeudal eingestellten politischen Kräfte vom liberalen Bürger bis hin zum radikalen sozialistischen Geheimbündler, denen nur formal der Begriff »Republik« für ihre Vorstellungen von einer neuen Gesellschaftsordnung gemein war), machen sich Zynismus und Bündnisbereitschaft mit den neuen Machthabern breit. Suzanne Voilquin schreibt über die Ernüchterung nach dem Juliaufstand: »In den letzten Monaten des Jahres 1830, zu einer Zeit,

[4] Aus einem Brief an Enfantin, in: Pelosse, a. a. O.

als das Volk mit seinem Poeten Béranger[5] ›Ihr armen Schafe ...‹ sang, um sich für die Enttäuschungen, die ihm die Quasi-Legitimität des Bürgerkönigs auferlegte, zu rächen, waren wir alle gleichermaßen der Widerrufe dieser Ex-Republikaner überdrüssig, die jetzt im Konzert mit den liberalen Bourgeois die ärgerliche Maxime des ›Jeder für sich – Jeder bei sich‹, predigten. Sehr betrübt angesichts all dieser Feigheiten, besonders nach der großen Hoffnung des Juli, warteten wir ... worauf? Wir wußten es nicht.«

Demgegenüber entfalten die sozialistischen Republikaner, wie die »Gesellschaft der Volksfreunde«, ab 1832 die »Gesellschaft der Menschenrechte«, ihre Kampfpropaganda unter den Arbeitern und kleinen Handwerkern gegen das Bürgertum als neue Herrscherklasse und gegen die Aristokratie als eine Schimäre der Vergangenheit. Sie erfreuen sich Anfang der dreißiger Jahre einer zunehmenden Popularität. Während einer Choleraepidemie, die 1832 vor allem in den Arbeitervierteln von Paris ihre Opfer findet, ziehen sie als erste politische Schlüsse aus dieser Tatsache und werden meist sehr schnell dafür vor Gericht gestellt. »Das Plädoyer des Herrn Desjardins«, ein Artikel in der Frauenzeitung, berichtet darüber. Des öfteren sprechen die Saint-Simonistinnen in ihrer Zeitung diese Kämpfer für die Freiheit des Volkes an – oft wenden sie sich direkt an die »Volksfreunde« – und fordern sie auf, nicht bei ihrem Eintreten für das Volk stehenzubleiben, sondern sich auch für die Befreiung der Frau einzusetzen. Welche Resonanz dies bei den Angesprochenen fand, bleibt dahingestellt. Allerdings finden wir in der »Tribüne der Frauen« Artikel von Republikanerinnen wie Louise Dauriat, Marie G. und Armantine M., die selbst solche Appelle an die »Brüder« verfassen.

Die »Volksfreunde« sind es auch, die 1831 beim ersten Seidenweberaufstand in Lyon, der ersten autonomen Arbeiterbewegung in Frankreich überhaupt, aktiv werden. Dieser Aufstand entwickelte sich spontan und kaum organisiert. Nach zunehmenden Krisen in der Seidenindustrie sanken die Löhne der Webergesellen rapide, so daß sie kaum noch das Existenzminimum garantierten. Die Vertreter der zur Verbrüderung aufrufenden saint-simonistischen Sekte in Lyon schreiben bestürzt nach Paris: »Wir hatten eine falsche Vorstellung von diesen Arbeitern, die wir ohne Energie glaubten. Wir wußten noch aus

[5] Béranger, ein bis in die Zeit der Revolution von 1848 sehr populärer Volksdichter und Liederschreiber, wird von Suzanne auch in einem »Brief an Béranger« in der »Tribüne der Frauen« angesprochen.

keiner Erfahrung, wie Menschen sind, die um ihr Brot kämpfen. Wir haben auf beiden Seiten die Verletzten gepflegt; mehr konnten wir nicht tun, da wir in der Stadt noch zu unbekannt sind ... Es gab nur wenige Gruppen, die irgendwelche Meinungen der bekannten Politik laut werden ließen. Die Schreie und Forderungen waren: Von der Arbeit leben oder im Kampf sterben! Brot oder Tod! ... Die verletzten Arbeiter, die zu uns gebracht wurden, sagten: ›Die Händler haben eine Revolution für sich selber gemacht, sie haben sich von Adel und Klerus befreit, sie haben sich dann nicht mehr um uns gekümmert, obwohl sie uns für die Revolution benutzt haben. Wir wollen eine Revolution für uns machen.‹«

Dieser Aufstand, der vielfache Auswirkungen zeitigte, beeinflußte die zeitgenössische Öffentlichkeit nachhaltig. Bei Arbeitern der verschiedensten Branchen entstehen in der Folgezeit unter dem Eindruck dieser Erhebungen in vielen Städten die ersten Unterstützungskassen, die »Associations« oder »Sociétés mutuelles«, die nicht nur eine Art Streikkassen waren, sondern schon eine ansatzweise Selbstorganisation der Arbeiter ermöglichten. Obwohl seit 1832 in Reaktion auf die Lyoner Weberaufstände Zusammenschlüsse über zwanzig Personen verboten wurden – per Erlaß –, blühen diese Assoziationen im Jahre 1833 überall.

Streiks der Zimmerleute, Bauhandwerker, Schneider und Bäkker für bessere Löhne und Lebensbedingungen finden in demselben Jahre in allen größeren Städten Frankreichs statt. Über fünfhundert Arbeiter werden wegen Verstoßes gegen die Einschränkung der Versammlungsfreiheit verurteilt, die »Gesellschaft der Volksfreunde« wird verboten, schließlich berät die Regierung Louis-Philippe im Februar 1834 ein Gesetz zum Verbot aller Bündnisse und Organisationen oppositionellen Charakters. Die Verabschiedung dieses Gesetzes im März desselben Jahres, nachdem kurz zuvor ein zweiter Aufstand der Weber zusammen mit Arbeitern aus anderen Berufszweigen, von Lyon ausgehend, auf große Resonanz unter französischen Arbeitern stieß, wird dadurch noch beschleunigt und bedeutet für das politische Klima eine erhebliche Verschlechterung[6].

Die am stärksten betroffenen republikanischen Gesellschaften reorganisieren sich daraufhin gänzlich in der Illegalität als

[6] Suzanne weist im letzten Artikel der Frauenzeitung, in dem sie die Einstellung des Erscheinens der Zeitung ankündigt, auf dieses Gesetz als auf »dieses gottlose Gesetz gegen die Assoziationen« hin, und darauf, daß viele Saint-Simonisten aus diesem Anlaß Frankreich verlassen.

»Kartoffelpreise«

Ausgaben eines Lyoner Webergesellen für Nahrungsmittel im Jahre 1836 bei Verpflegung in der Werkstatt:	Suppe 5 Centimes Fleisch 30 Centimes Gemüse 15 Centimes
1836 kosten in Lyon:	3 Kilo Brot 90 Centimes 1 Kilo Wein 25 Centimes
Ausgaben eines Lyoner Webermeisters für Nahrungsmittel bei Großeinkauf pro Tag:	Brot 25 Centimes Wein 75 Centimes

Die Mietpreise für Wohnungen und Werkstätten werden gewöhnlich nach der Anzahl der vorhandenen Fenster bemessen.

Zwischen 1830 und 1840 betragen die durchschnittlichen Mieten für Arbeiterwohnungen pro Jahr:	zwischen 50 und 60 Francs in Lyon zwischen 80 und 150 Francs in Paris
Verdienst eines Lyoner Webergesellen im Jahre 1833:	1 Franc bis 1 Franc 50 pro Tag
bei wertvolleren Stoffen:	1 Franc bis 2 Franc 50 pro Tag
Verdienst eines Lyoner Webergesellen im Jahre 1834:	1 Franc 75 bis 3 Francs pro Tag
Ein Webermeister verdient 1834 pro Tag etwa zwischen:	3 Francs 50 und 5 Francs

Geheimbünde, für die Saint-Simonisten wird dies zu einem weiteren Grund unter anderen, sich aus der aktiven Propaganda in Frankreich zurückzuziehen und eine Vielzahl von Auswanderungsprojekten zu entwerfen. Diese Repressionswelle entzündet den erneut von Lyon ausgehenden Aufstand, was besonders im Süden zu Massenstreiks und Demonstrationen führt. Auch kommt es, trotz der Absichten der überwiegenden Mehrzahl der Arbeiter, friedlich, aber machtvoll für die Erhaltung der Versammlungsfreiheit zu demonstrieren, wieder zu Barrikadenkämpfen in Lyon. Hierauf beziehen sich zwei Artikel von Marie-Reine, »Über die Lyoner Ereignisse«, in denen sie die friedliche Perspektive stark betont.

Im Herbst 1835 wird ein Attentat des Geheimbündlers Bruno Fieschi auf den »Bürgerkönig« zum Anlaß genommen, weitere Repressionsmaßnahmen zu ergreifen. Die als »Septembergesetze« in die Geschichte eingegangenen Erlasse sahen eine Strafverschärfung für Beteiligungen an Streiks, Versammlungen usw. sowie Einschränkungen des Prozeßrechtes vor. Um vor allem die linksrepublikanische Propaganda einzudämmen bzw. zu verhindern, wurden die Pressekautionen beträchtlich erhöht und sogar Kautionen für Karikaturen eingeführt.

Die Ideen von Freiheit und Gleichheit aber konnten mit diesen Repressalien dennoch nicht aus der Welt geschafft werden. Die linksgerichteten Republikaner prägten weiterhin das politische Denken dieser Epoche und nahmen, wenn auch unter immer schwierigeren Bedingungen, Einfluß auf die sozialen Bewegungen.

Ebenso bedeutsam wie diese radikalen »Gesellschaften«, die auf das Ziel der »Volksherrschaft« hinarbeiteten, traten zu Beginn der dreißiger Jahre die beiden großen Strömungen der sozialen Utopie – Saint-Simonismus und Fourierismus – in Frankreich hervor. Die Anhänger dieser Ideen entwickelten ausgehend von den Gedanken Saint-Simons und Fouriers eine Praxis, die bis zum Ende des neunzehnten Jahrhunderts andere kommunitäre Bewegungen in Rußland und Amerika sehr direkt beeinflußte – in dem Sinne, daß viele Saint-Simonisten und Fourieristen noch in den sechziger und siebziger Jahren in diese Länder auswanderten und dort Großkommunen auf dem Lande gründeten.[7]

[7] Auch in Frankreich selbst finden Kommunegründungen statt. Pierre Leroux zum Beispiel, einer der ersten Saint-Simonisten, später Herausgeber der »Encyclopédie nouvelle« und bekannter Sozialtheoretiker, gründet 1844 in Boussac eine Landkommune und Druckerei als Experiment eines »attraktiven« solida-

Die Gruppe der Saint-Simonisten setzt sich in der Zeit zwischen 1826 und 1829 größtenteils aus jungen Männern bürgerlicher Herkunft zusammen: Studenten der Medizin und der Volkswirtschaft, Ingenieure, Bankiers und Künstler treffen sich zunächst in Diskussionszirkeln, studieren die Theorie Saint-Simons und ersinnen Wege ihrer Anwendung. Unter dem dirigierenden Einfluß des ehemaligen Kaufmanns und Ingenieurs Prosper Enfantin, der sehr auf eine praktische Umsetzung der neuen sozialen Ideen bedacht ist, nimmt der Kreis von Adepten – sowohl intern als auch in ihrem beginnenden Auftreten nach außen – eine Reihe von Kommunikations- und Vermittlungsformen an, die ihr zunehmend den Charakter einer Glaubensgemeinschaft verleihen. Ab 1830, als sie bereits »Le Globe«, eine eigene Zeitung, herausgeben und öffentliche Predigten halten, in denen ein oder mehrere »Apostel« die Lehre Saint-Simons auslegen, erhält die Gruppe großen Zulauf. Ähnlich den sozialistisch-republikanischen Strömungen dieser Zeit antwortet der Saint-Simonismus auf die im Zusammenhang mit der industriellen Produktionsweise sich ausdehnenden sozialen Probleme, die Verelendung der Arbeiter und ihre Desintegration. Während die Republikaner aber das Hauptgewicht auf den Kampf um politische Freiheiten legen, so streben die Saint-Simonisten und Fourieristen den friedlichen Zusammenschluß, die unmittelbare Verbesserung der materiellen Lage der Arbeitenden an, um nach und nach zum Zustand der »allgemeinen friedlichen Assoziation« überzugehen. Die Losung: »Jeder nach seiner Fähigkeit – Jedem nach seinem Werk«, charakterisiert ihre Zielvorstellungen hinsichtlich einer gerechteren Verteilung der Reichtümer, zeigt aber auch ihre bürgerlichen Grenzen. Die Ambiguität der sozialutopischen Vorstellungen, besonders hinsichtlich ihrer Übernahme hierarchischer Organisationsmuster für die erwünschte Zukunftsgesellschaft, ist in der Literatur ausreichend dargestellt worden. Interessant für die Schriften der sich hier zu Wort meldenden Frauen sind andere Charakteristika dieser »Schulen«. Denn gegenüber jenen mehr auf Kampf um Durchsetzung ausgerichteten politischen Gruppierungen thematisieren die Saint-Simonisten die Unterdrückung der Frau öffentlich, ihre auf »das Wohl aller«, das harmonische Zusammenleben der Gesellschaft abzielenden Ansätze, diese im weitesten Sinne menschenfreundlichen

rischen Arbeits- und Lebenszusammenhanges. Er wird von vielen Intellektuellen, darunter auch George Sand und die frühere Saint-Simonistin Pauline Roland, unterstützt. Siehe dazu auch: Edith Thomas, Pauline Roland, Paris 1956.

Lehren wirken auf die Frauen attraktiv und ermöglichen überhaupt erst, daß Frauen in größerem Umfang die Idee von einer notwendig autonomen Selbstbefreiung innerhalb/außerhalb dieser Gruppen für sich umsetzen und ihre Gedanken, ihre Beiträge zur eigenen Emanzipation und zu der des »Volkes« laut werden lassen. Gleichzeitig setzte der Zustrom von Frauen aus allen sozialen Schichten in der »Familie« widersprüchliche Prozesse in Gang.
Doch werfen wir zunächst einen Blick auf die Saint-Simonisten, die sich mit Prosper Enfantin als »Oberstem Vater« an der Spitze und zuerst noch mit Armand Bazard, einem ehemaligen blanquistischen Geheimbündler, neben ihm, als religiöse Gemeinschaft konstituiert haben und in den einzelnen Stadtteilen von Paris »missionieren«, d. h. ihre Ideen, ihren Glauben verbreiten. Die öffentlichen Predigten in der Rue Taranne, einem damals bekannten Ort für politische Versammlungen und in der Salle Taitbout füllen die Säle. Viele der interessierten Zuhörer entschließen sich hier, dem neuen Glauben und der »Familie« beizutreten. In den verschiedenen Arrondissements, den Stadtvierteln von Paris, bilden ein oder zwei Apostel ein »Direktorium«, um die Verbreitung der Lehre unter Arbeitern und die neu entstehenden Gruppen Interessierter zu organisieren. Eine interne Hierachie entsteht in der Gruppe, unterteilt nach »Graden« von in der Doktrin Fortgeschrittenen, Initiierten bis hin zu den Assoziierten. Das Verhältnis von Mitgliedern der »Familie« zu Proselyten wird affektiv als Beziehung von lehrenden Vätern zu lernenden Söhnen übersetzt.
Mit der Ausdehnung des Saint-Simonismus, der ab 1831 auch in anderen großen Städten durch »Missionen« einzelner oder mehrerer Apostel Verbreitung findet – in Lyon etwa entstand zwischen 1832 und 1833 ein weiteres saint-simonistisches Zentrum –, entwickelte sich eine Gruppensymbolik, die den Charakter des Religiösen betont: Die Saint-Simonisten benutzen einen Kalender, der sich an den Mondphasen orientiert und in dem die Wochentage nach führenden männlichen Mitgliedern der »Familie« benannt sind. Die meisten Apostel tragen eine besondere Halskette und ab 1832 das Apostelhabit, das aus einem weißen, am Rücken geschlossenen Hemd, aus Röcken in unterschiedlichen Blautönen – je nach Zugehörigkeit zu einem »Grad« – und meist hellen Hosen bestand. Jedes Kleidungsstück dieses Habit hatte eine symbolische Bedeutung, und in den zeitgenössischen Karikaturen wurde dies oft als Kuriosum hervorgehoben. Was die saint-simonistischen Frauen angeht,

so sind die in den Bilderbögen und Karikaturen dargestellten Kleidungen erfunden. In den uns bekannten Schriften fanden sich jedenfalls keinerlei Hinweise dafür, daß die Frauen tatsächlich ein einheitliches »Kostüm« getragen hätten. In der Frauenzeitung ist lediglich einmal davon die Rede, die Frauen sollten entsprechend ihrer Haltung zu den Fragen der neuen Moral verschiedenfarbige Bänder als Kennzeichen dafür an ihre Kleider heften. Suzanne schlägt in ihren »Auszügen aus den Grundsätzen und Zielen der Neuen Frauen« den Frauen, die sich bezüglich der Moral abwartend verhalten wollen, die Farbe »dahlia« vor, Joséphine-Félicité fordert im darauffolgenden Artikel alle Frauen, die sich wie sie zur freien Liebe bekennen, auf, ein Band in leuchtendem Rot zu übernehmen.

In den Jahren 1830 und 31 entstehen die ersten saint-simonistischen Assoziationshäuser, die als große Wohngemeinschaften mit jeweils zirka 15 Familien funktionieren. Hier findet in abendlichen Versammlungen das Gruppenleben mit Predigten und Gesängen bei Essen und mit Musik statt. Das Zentrum bildet ein stattliches Bürgerhaus in der Rue Monsigny, wo sich die Familie von Paris zu ihren großen Generalversammlungen und Festen trifft und die illustren Zusammenkünfte, die für interessierte Persönlichkeiten aus dem kulturellen und politischen Leben geöffnet sind, abhält. Unter anderen sind auch Heinrich Heine und Franz Liszt dort zu Gast.

Gegen Ende 1830 nehmen etwa zweihundert Frauen an den saint-simonistischen Versammlungen teil, im Herbst 1831 finden die ersten separaten Frauenversammlungen statt, zu denen Frauen aller sozialen Schichten und anderer politischer Richtungen – nicht selten Republikanerinnen – hinzukommen, angezogen von einer Rede, die ihre Befreiung fordert und den friedlichen Weg der Veränderung propagiert.

Enfantin hatte in Anlehnung an Saint-Simon mit einem engen Kreis von Vertrauten, dem »Kollegium«, Überlegungen zur Unterdrückung der Frauen von der Seite der herrschenden Moral aus angestellt und schließlich daraus Thesen entwickelt, die er im Winter 1831 als seine »Neue Moral« verkündete. Er geht aus von der Erkenntnis, daß Frauen in der bestehenden »alten« Gesellschaft anders als Männer durch die christliche Moral, den Zwang zur ehelichen Treue, einer besonderen Ausbeutung und Verurteilung unterliegen, hingegen von der Natur zu Wahrerinnen der Gefühlswerte ausersehen seien. Das alte Klischee der Frau als Verkörperung der Emotionen, der

Sinnlichkeit und Schönheit erhält von Enfantin die positiven Vorzeichen des Ideals: In seiner Zukunftsgesellschaft gilt es, diese Werte zu entfalten und zum Wohle aller wirken zu lassen. »Männliche« und »weibliche« Tugenden sollen sich in der zukünftigen Zivilisation wie zwei Hälften ergänzen. Dementsprechend versteht er Gott als Mann und Frau und postuliert für die Praxis des saint-simonistischen Gruppenlebens die Errichtung einer Frauenhierarchie – parallel zur Hierarchie der Männer. Um nun die Frauen, die neu hinzukommen, zu integrieren, wird Claire Bazard, Ehefrau des bis Winter 1831 noch an der Seite Enfantins den Saint-Simonisten vorsitzenden zweiten »Vaters« Armand Bazard, zur »Mutter« erkoren und damit beauftragt, die Frauenversammlungen in der Rue Monsigny zu leiten. Jedoch die Einordnung der Frauen in irgendeine Hierarchie will nicht gelingen. Nur wenige »avancieren« in der Lehre und steigen bis in die obersten Grade auf, wie Eugénie Niboyet, die das Assoziationshaus des IV. und V. Arrondissements leitet und als Direktorin der »Industriellensektion« derselben Stadtteile vorsteht. Claire Bazard, Cécile Fournel und Aglaé St. Hilaire, die alle drei in hohe Grade der Gruppenhierarchie gelangt sind, sollen die Frauen in der Lehre unterweisen und organisieren. Doch nicht zuletzt, weil eine Organisierung »von oben« dem Ziel, daß Menschen sich selbst befreien, selbst aktiv werden können, widerspricht, scheitern diese Versuche und die Mehrzahl der Frauen bleibt still während der großen Versammlungen. Claire Bazard bemerkt gegenüber Enfantin, daß ihre Plazierung als »Mutter« einen Zusammenschluß der Frauen eher behindert: »Vergebens setzten Sie mich auf einen Thron über allen Frauen, vergebens erklärten Sie mich zur Ersten unter ihnen. Die Frauen sehen darin nicht ihre Erhebung, sondern eine persönliche, die sie beneiden oder vielleicht verachten. Ach, genug von diesen vorübergehenden Erhebungen, diesen täuschenden Unterscheidungen, die uns niemals an Sie, meine Herren, angenähert haben, sondern uns immer nur von unseren Schwestern entfernten ...«

Unter anderem sind es auch diese Widerstände der Frauen, die dazu führen, daß der »Oberste Vater« Enfantin, anläßlich der Verkündigung seiner Morallehre 1831 und seines damit einhergehenden Appells an die Frauen, selbst für ihre Freiheit einzutreten, den formellen Ausschluß der Frauen aus der internen Gruppenhierarchie proklamiert.

Seine »Neue Moral« – und dies ist als Hintergrund zum Verständnis besonders der Schrift Claire Démars über eine Moral

der Zukunft nicht unwichtig – basiert weitgehend auf den Vorstellungen Fouriers. Eine stark vergröberte »Mathematik der Leidenschaften«, wie sie von Fourier formuliert und zur Grundlage des Funktionierens seiner geplanten Großkommunen gemacht wurde, besteht bei Enfantin nur noch in zwei Charakterdispositionen, die Männern wie Frauen zugeschrieben werden: Charaktere mit tiefgehenden, dauerhaften Gefühlen und andere mit lebhaften, vorübergehenden. Ersterer wird als konstant und unbeweglich, letzterer als beweglich und inkonstant qualifiziert. Dementsprechend soll der erste Typus zum Gelehrten neigen und zu lang dauernden Gefühlsbindungen, denen die Form der Ehe angemessen wäre, der zweitere zum handwerklich-praktischen Leben und zu abwechselnden Liebesbeziehungen. Wenn in der Zukunft eine endgültige Moral, die diesen beiden »Temperamenten« gerecht werden könnte, aufgestellt wäre, würde ein »Oberstes Priesterpaar« als »Vater« und »Mutter« diese verschiedenen Charaktere, die sie in sich selber vereinen, zur Entfaltung und zum harmonischen Zusammenwirken bringen.
Da sich allerdings in der »Familie« bis dahin noch keine Frau »offenbart«, d. h. noch nicht ihre eigenen Wünsche für eine neue Gesellschaft und Moral kundgetan hatte, also für die Männer noch »unbekannt« und passiv blieb, ruft Enfantin nun die Frauen auf, sich zu seinen Moralvorstellungen zu äußern, aktiv zu werden, wozu sie alle auf gleicher Stufe stehen müßten.
Die Diskussion über die Moral, die seit Herbst 1831 die Gemüter erregt, führt zum Austritt von vielen der alten Saint-Simonisten – so Armand Bazard und Pierre Leroux, die sich zusammen mit anderen im November 1831 von der »Neuen Religion« lossagen und die Gruppe verlassen. Bei einer der letzten Generalversammlungen in der Salle Taitbout (dieser Saal wurde kurz darauf von der Polizei im Zuge der politischen Repression als Vortragssaal geschlossen), verkündet Enfantin den Ausschluß der Frauen: »Nicht länger werden Frauen in den Graden der Hierarchie sein. Unser Apostolat, das darin besteht, die Frau aufzurufen, ist ein Apostolat der Männer ... Dies ist unsere Haltung gegenüber den Frauen, und sie sollten fühlen, daß dieser Übergang von einer unvollkommenen Hierarchie zum Zustande der Gleichheit untereinander nur ihre Nützlichkeit und Bedeutsamkeit für das Werk der Doktrin bekräftigen wird. ... Dieser Status der undifferenzierten Gleichheit wird zweifelsohne große Unannehmlichkeiten bein-

halten, doch wird er einen immensen Vorzug gegenüber der falschen Hierarchie haben; die Frauen sind noch nicht durch eigene Werke hervorgetreten, haben sich noch nicht erklärt, und so ist jede Klassifizierung durch das Gesetz der Männer geschehen und damit schlecht geschehen. Die Frauen werden also nicht länger Teil der saint-simonistischen Familie sein, sie werden den Status des Aufgerufenseins teilen wie alle anderen Frauen unserer Umgebung. [Er zeigt auf den Sessel neben sich.] Dies ist das Symbol des Aufrufes, dies allein wird für alle sichtbar den Appell an die Frau zeigen. Die Frau steht bisher außerhalb der Doktrin, sie hat sich noch nicht dazu geäußert. Wir warten auf sie, denn es ist nötig, daß sie spricht. Sie wird sprechen, da sie dazu aufgerufen ist.«

Die Reaktion der anwesenden Frauen ist unterschiedlich: Eugénie Niboyet protestiert lebhaft dagegen, während Suzanne Voilquin in ihren Lebenserinnerungen noch rückblickend feststellt: »Zu glauben, man könnte die Frauen in eine Hierarchie pressen, noch bevor sie ihren freien Willen geäußert haben, war meiner Meinung nach Unsinn. Es bedeutete, den Frauen zu sagen: Wir erklären euch frei, aber folgt unseren Schritten, wiederholt unsere Reden und wachst, wenn ihr könnt, unter unserem Einfluß...« Und die saint-simonistischen Proletarierinnen dachten am allerwenigsten daran, in die oberen »Grade« aufzusteigen, ganz abgesehen davon, daß auch niemand sie dahingehend angesprochen oder gar um etwas Derartiges gebeten hätte. Ihre Bedeutungslosigkeit innerhalb der »Familie«, ihr beinahe totales Ignoriertwerden, scheint sie wenig zu kümmern. Vielleicht angeregt durch den Appell Enfantins und gestärkt durch den saint-simonistischen Glauben überhaupt starten die »Mädchen aus dem Volke« ihr Vorhaben: Sie legen ihre Familiennamen ab, um nur noch »Töchter ihrer eigenen Werke« zu sein, und geben im August die erste Nummer ihrer Frauenzeitung heraus.

Ihr Verständnis des Saint-Simonismus geht in diesem Augenblick dahin, eine Öffnung nach außen zu versuchen – während die »Männerfamilie« mit der Intensivierung ihres Sektenlebens beinahe einen umgekehrten Prozeß vollzieht. Der großzügige Aufruf an die Frauen, sich zu äußern und zu offenbaren, klafft in der Praxis zunehmend mit dem tatsächlichen Verhalten der Saint-Simonisten auseinander. Allgemein wird auf die Frauenzeitung wie auf die Schriften Claires nur mit Schweigen reagiert; es scheint beinahe so, als würden diese Äußerungen von Frauen überhaupt nicht wahrgenommen. In den »Erinnerungen eines Mädchens aus dem Volke« von Suzanne Voilquin kommt dies, wohl aufgrund ihrer Loyalität gegenüber den saint-simonistischen Brüdern, nur recht indirekt zum Ausdruck. Offen hingegen spricht Claire Démar in ihren Briefen an Enfantin und Lambert über die Gleichgültigkeit und das Desinteresse, auf das sie in der »Familie« trifft. Sie macht sogar dem »Obersten Vater« Vorwürfe, der es nicht einmal für nötig hielt, auf einen ihrer Briefe selbst zu antworten.

RÉUNION S^T SIMONIENE

Ähnlich auch die achselzuckende Antwort Enfantins auf eine Anfrage Suzannes, die sein Landhaus in Ménilmontant, als er und die bis dahin dort lebenden Apostel sich entschlossen, nach Ägypten zu gehen, für die in der Frauenzeitung vorgeschlagene »Kunsthandwerkliche Assoziation« zur Verfügung gestellt haben möchte. Er weist dieses Anliegen zurück mit dem Kommentar, nicht zu einem »Frauenwerk« Stellung beziehen zu wollen – weder positiv noch negativ.

In dieses Landhaus hatten sich Enfantin und etwa vierzig Apostel zu Beginn des Jahres 1832, als im Laufe der Verfolgung aller arbeiterfreundlichen Bündnisse verschiedene Vortragssäle der Saint-Simonisten von der Polizei geschlossen wurden, zurückgezogen. Die Idee des Wartens auf eine »Oberste Mutter«, die sich eines Tages offenbaren und an der Spitze der Frauen die »Neue Moral« verkünden würde (»Sie wird sprechen, da sie dazu aufgerufen ist...«), war die symbolische Begründung dieses Rückzuges der »Männerfamilie« in das zölibatäre Gemeinschaftsleben. Hier wollte man arbeiten und derweil im praktischen Kommuneleben die neue Ära, die mit dem Erscheinen dieser »Mutter« anbrechen sollte, abwarten.

Die Vorstellung von einer »Obersten Mutter« taucht auch in den Texten der saint-simonistischen Frauen auf, besonders in den ersten Nummern der »Freien Frau«. Vor allem diejenigen, die eine allgemein anerkannte »Neue Moral«, die die Geschlechterbeziehungen zur Zufriedenheit aller regulieren würde, abwarten und so lange nach der alten herrschenden Moral leben wollen, verbinden mit diesem Gedanken zunächst die Hoffnung auf die Offenbarung einer Frau, die in der Zukunft erscheinen würde. Claire Démar löst den Konflikt zwischen den Ansprüchen der christlichen Moral und den eigenen Wünschen nach einer großzügigen, offenen Lebensweise von Frauen und Männern auf ihre Weise, indem sie die zukünftige »Mutter« zu ihrer Verbündeten macht: »Das Wort der Erlöserin wird ein höchst revolutionäres Wort sein...«, verkündet sie zu Beginn der »Moral der Zukunft«, um so ihre eigenen revolutionären Ideen zu bekräftigen und sie besonders den Frauen, die sie für zu zaghaft hält, zu Gehör zu bringen.

Eine Konkretisierung dieser Vorstellung unternimmt einzig Louise Crouzat in einem Brief an Claire: Sie schlägt vor, die »Oberste Mutter« in Amerika zu suchen. Sie begründet dies damit, daß einzig in Amerika, dieser neuen Welt, die Frauen sich bereits hätten selbständig zeigen und beweisen können, wozu Frauen allein, ohne Männer, in der Lage sind. Folglich müsse dort eine freie Frau zu finden sein, die fähig wäre, alle Frauen zu vertreten. Andererseits entfernen sich spätere Interpretationen Suzannes in der Frauenzeitung ganz von der konkreten Vorstellung der »Mutter« als Person. Sie sieht diese »Mutter« eher in dem Gefühl tiefer Verbundenheit, das entstehen wird, wenn die Frauen unbeeinträchtigt durch männliche Einflußnahme und nachdem sie durch eigene Taten oder Worte ihren freien Willen manifestiert haben werden, sich in einer einzigen großen Assoziation zusammenschließen.

Anders die saint-simonistischen Männer: Ihre Blicke auf den goldenen Horizont einer glorreichen Zukunft geheftet, woher »SIE« kommen würde, interpretieren die Apostel ihre Mission als tätige Vorbereitung, als Männerwerk im konkreten, praktischen Leben. So entsteht der Widerspruch, daß man einerseits

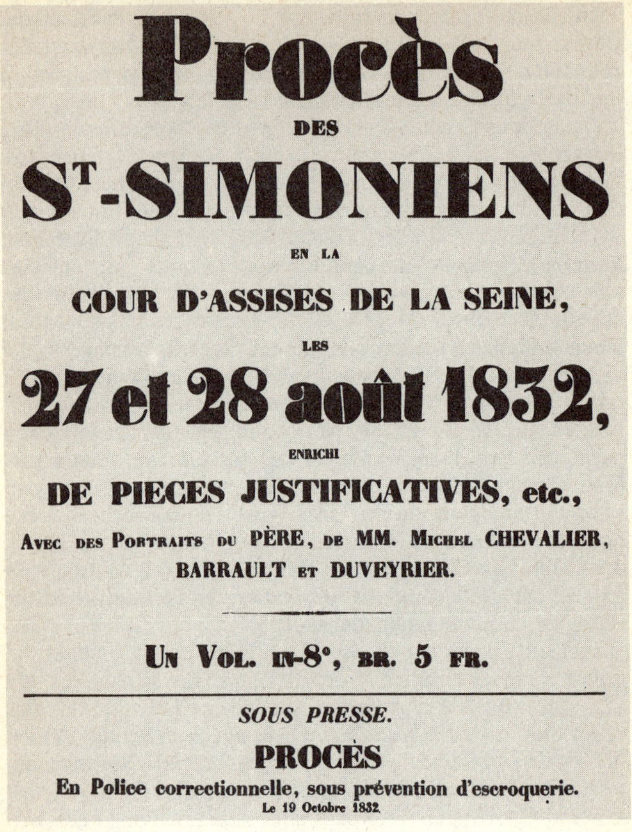

Procès

DES

S^{T}-SIMONIENS

EN LA

COUR D'ASSISES DE LA SEINE,

LES

27 et 28 août 1832,

ENRICHI

DE PIECES JUSTIFICATIVES, etc.,

AVEC DES PORTRAITS DU PÈRE, DE MM. MICHEL CHEVALIER, BARRAULT ET DUVEYRIER.

UN VOL. IN-8°, BR. 5 FR.

SOUS PRESSE.

PROCÈS

En Police correctionnelle, sous prévention d'escroquerie.

Le 19 Octobre 1832.

nach *der einen Frau* sucht, sie immer mehr ins Reich der Ideale verweist, während man sich gleichzeitig fernhält von *den Frauen,* die sehr präsent sind, die ja schon das Wort ergriffen haben. Die praktische Umsetzung des »Männerwerks« bedeutet schließlich: am Auf- und Ausbau der neuen produktiven Kraft, der Industrie, teilzunehmen. So ergehen Anfang des Jahres 1833 Aufrufe, und neue Gruppen bilden sich. Die »Missionen« der Männer – wie in dem Aufruf »Nach Lyon!« zu lesen steht – gehen jetzt dahin, mit den Arbeitern zu leben und zu arbeiten, sie von den Vorstellungen und dem Glauben des Saint-Simonismus zu überzeugen und somit die Assoziation der Zukunft praktisch aufzubauen:

»Die Zeit der theoretischen Politik ist vorbei, die Zeit der praktischen Politik bricht an. Wir werden sie in Lyon praktizieren, denn dort kündigt sich Neues an ... Wir sind Proletarier, der Tag des Arbeitslohnes, der Tag der Taufe, ist gekommen ... Gehen wir nach Lyon, hin zu diesem Riesen der Arbeiter und arbeiten wir wie er und mit ihm in seinen Werkstätten und Kellern, auf seinen schäumenden Flüssen und in den Eingeweiden seiner Erde ... Unsere Arme sind ungeduldig, unsere Muskeln gespannt ... Gib uns die Arbeit, GOTT der Männer! Wir hungern und dürsten danach! Arbeiten wir zur Ehre des *Vaters* und für die Ankunft der *Mutter;* auf daß die MUTTER erscheine! ...«
Eine andere Gruppe saint-simonistischer Apostel, die »Ritter der Frau« mit Emile Barrault als »Vater«, sehen ihre Mission darin, die »Mutter« im Orient zu suchen. Das Jahr 1833 wird von Barrault zum »Jahr der MUTTER« erklärt. Ausgehend von den Ideen Enfantins über die Aufgabe der neuen Religion, d.h., des Saint-Simonismus, Orient und Okzident aus ihrer alten Gegenüberstellung herauszuführen, erscheint ihnen nun der Orient als der Kontinent, wo die »Mutter« sich zeigen müßte. Also brechen sie im März 1833 auf, um in Istanbul, Smyrna und anderen Städten Kleinasiens die saint-simonistische Lehre zu verkünden und nach einer »Obersten Mutter« zu suchen.
Auch Enfantin und viele Apostel mit ihm brechen ins Morgenland auf. Mehrere Gruppen fahren im Spätherbst 1833 nach Ägypten, wo sie sich praktisch mit Plänen zum Bau eines Kanales bei Suez und eines Nil-Staudammes beschäftigen, während sie symbolisch auf die »Mutter« warten.
Im Gegensatz zur Verherrlichung der Industrie, des Auf- und Ausbaues dieser »produktiven Kraft«, die die Saint-Simonisten so weit treiben, daß über dem Zauberwort »produzieren« die Kehrseiten der hierarchischen arbeitsteiligen Produktionsweise völlig in Vergessenheit geraten, formuliert Suzanne:
»Weder die Gewalt noch die Industrie haben die Frau jemals vereinnahmen können. Ihre Natur widersteht immer wieder den repressiven Gesetzen der Männer, die ihre Rechte negieren.«

Bettina Schäfer

Aus dem Leben der »Familie«

»Richtige Familienfeste ...«

Oft hielten wir unsere großen Versammlungen sonntags am Stadtrande, und alle Mitglieder der Familie kamen dazu herbei. Manchmal übernahmen Julien Gallé, Louis Vinçard, Victor Laudy und ich die Organisation.
Nach unserem Pilgergange zum Haus des Vaters in Ménilmontant gingen wir in Gruppen zur Versammlung in einen großen Saal, wo wir regelrecht spartanische Mahlzeiten miteinander teilten. Ja, wir bereiteten diese brüderlichen Mahle mit frugaler Sparsamkeit.
Nach dem Abendessen nahmen zwei junge Mädchen ihre Violinen zur Hand und spielten uns bis um zehn Uhr zum Tanze. Es waren richtige Familienfeste. Unser Heimweg führte entlang der äußeren Boulevards, und wir sangen dabei auf Anregung und unter der Anleitung Gallés, Vinçards, Ducatels und anderen die schönen Lieder von Ménilmontant.

Widernisse einer saint-simonistischen Landpartie

Einmal verließ uns das Wohlwollen, das uns die Proletarier sonst bezeugten. Wir begleiteten den jungen Poeten Mercier, der – unterstützt von Vinçard – als Apostel in die Provinz aufbrach, ein Stück weit auf seinem Wege.
Hinter Charenton wären wir beinahe gesteinigt worden, als wir von unseren Planwagen absteigen wollten. Die Bauern des Dorfes überfielen uns geradezu mit Schreien, Beleidigungen und recht vielen Steinen. Dies zwang die Damen, sofort wieder aufzusteigen und unter den Planen unserer ländlichen Fuhrwerke Schutz zu suchen. Meine liebe Célestine und ich waren unter den ersten, die flüchteten, denn wir verspürten nicht den geringsten Wunsch, mitten in diesem neunzehnten Jahrhundert gesteinigt zu werden.

(aus Suzanne Voilquin, Erinnerungen ...)

Die »Familie« in der Rue Monsigny oder »Inspirierender Blick der Frauen...«

Alles war dazu angetan, die aktive Propaganda der Saint-Simonisten anziehend wirken zu lassen. Die Familie in der Rue Monsigny erstrahlte in ihrem gleißenden Lichte zugleich als Stätte einladender Großzügigkeit. Die Doktrin entwickelte sich hier unter den inspirierenden Blicken der Frauen inmitten der Feste.

Ingenieure, Künstler, Ärzte, Rechtsanwälte und Poeten waren zusammengekommen, nachdem sie ihre Berufe, ihre Träume von Reichtum und oft ihre familiären Bindungen aufgegeben hatten, um nun ihre weitestgehenden Hoffnungen mit anderen zu teilen.

Die einen hatten ihre Bücher mitgebracht, andere ihre Möbel, wieder andere ihre ganze Habe. Man nahm die Mahlzeiten gemeinsam ein, ja, überhaupt versuchte man sich im Kulte der Brüderlichkeit.

Alltag in Ménilmontant – Kommuneleben der »Männerfamilie« 1832–33

Der Apostel Gustave D'Eichthal über den Mangel an Abwechslung:

Uns fehlte in Ménilmontant das Unplanmäßige und Malerische. Die Appelle, Zimmervisiten, gelegentliche Lektüre von Zeitschriften und Spaziergänge in der Gruppe oder einzeln bildeten die einzige Abwechslung zwischen den Stunden gemeinsamer Arbeit.

Ein Tagesplan – am 5. Juli 1832

um 4.30	Aufstehen
bis 4.45	Fußbad und Appell
4.45	Appell und Frühstück
um 5.00	Beginn der Arbeiten
um 9.00	Suppe
um 10.00	Wiederaufnahme der Arbeiten
Mittag	Ein Stück Brot
um 1.00	Musikgeneralprobe
	anschließend Freizeit
um 4.30	halbes Habit ankleiden
um 5.00	Abendessen
	nach dem Abendessen: Gartengießen
um 8.00	Appell
um 9.15	Licht aus

Verstöße gegen die Gruppendisziplin, ein Aushang im Juli 1832:

Desloges	blieb länger als zwei Stunden in Belleville, obwohl er mit dringenden Einkäufen beauftragt war.
Broet	wird wegen Verweichlichung vom Tischdienst suspendiert.
David	hat sich geweigert, andere Arbeiten, als solche, die dem Komponieren und Einüben der Musik dienen, zu übernehmen.
Justus	hat sich trotz seiner Beteuerungen immer wieder der Arbeit entzogen.
Massol Mercier Retouret	haben verschiedene Gegenstände aus Küche und Büro entwendet.

Enfantin über Sympathiebezeugungen seitens der Nationalgarde, die das Haus in Ménilmontant überwachte

Ein Gefühl der Verbindung zu uns ist unter Männern aufgekommen, die uns bisher nur sehr vorsichtig begegnet sind. Nun aber bekunden uns die Soldaten der Nationalgarde von Belleville, die jeden Tag als ganze Truppen unsere Türen bewachen, abends beim Gehen ihre Sympathie.

Winter 1831: Die »Neue Moral« Enfantins erregt Aufsehen

Die »Gesellschaft für christliche Moral« konnte nicht gleichgültig bleiben. Ihre Mitglieder beschlossen in der monatlichen Versammlung im November 1831, einen Preis von 500 Francs für die Abfassung einer Streitschrift auszusetzen, die die »beste und umfassendste Widerlegung saint-simonistischer Lehren, besonders zu den Punkten, die der christlichen Moral entgegenstehen«, enthalten würde.

August 1832: Ein Prozeß wegen Verstoßes gegen die öffentliche Sittlichkeit

Man begibt sich zum Verhandlungsort:

Am 25. August, um 7.30 Uhr, findet sich die Familie im Hof von Ménilmontant im Apostelhabit versammelt. Michel Chevalier läutet zum Aufbruch. Männer und Frauen aus Paris reihen sich unter der Leitung von Fournel und Lemonnier hinter der Familie ein. Der »Appell« und das »Salut« werden gesungen, worauf sich der Zug in Bewegung setzt. Durch die Straßen von Ménilmontant, über die äußeren Boulevards, durch die Rue de la Juiverie erreichen sie zu Fuß den Justizpalast ohne Behinderung und unter Beteiligung einer beträchtlichen Menge. Um 11.00 Uhr rufen die Gerichtsdiener die Angeklagten im Gerichtssaale mit der Bitte zusammen, ihre Rechtsbeistände mitzubringen. Schon bei der Eröffnung der Verhandlung beginnen die ersten Zwischenfälle.

Frauen als Rechtsbeistände vor Gericht?

Auf die Frage des Richters nach seinen Verteidigern, verweist Enfantin an Aglaé St. Hilaire und Cécile Fournel, die beide anwesend sind. Er fügt hinzu, keiner der Angeklagten habe Verteidiger, und diese Damen seien als seine Beraterinnen vor Gericht anzusehen. Der Richter erklärt, daß es unmöglich sei, Personen weiblichen Geschlechtes als Rechtsbeistände vor Gericht zuzulassen, und verfügt, daß beide im Gerichtssaale unter den Zeugen Platz zu nehmen hätten.

Provozierende Antworten der angeklagten Apostel:

Der Richter versucht Chevalier in seinen Ausführungen über das Los der Frauen mehrmals zu unterbrechen. Schließlich droht er ihm, er werde ihm das Wort entziehen und einen Rechtsanwalt verordnen, wenn er in seiner »Apologie orientalischer Sitten« noch weiter fortfahren wollte.
Darauf Chevalier: »Einen Rechtsanwalt! Wie wollen Sie denn einen finden? Ich habe bei unserer Ankunft zu allen Anwälten hier gesagt, daß ich angeklagt bin, weil ich schrieb, die Welt lebe mit Prostitution und Ehebruch, und daß auch sie alle mit Prostitution und Ehebruch leben würden, also auch den Mut haben sollten, dies offen auszusprechen, und daß dies das einzige Plädoyer sei, welches sie für uns halten könnten. Dies lehnten die Herren aber ab – also kann mich gar niemand verteidigen!«

> »Wer weiß, ob Sie tatsächlich große Lust haben, die freie Frau zu finden. Die Propheten sprechen alleine ...«
> (Hortense Allart an Enfantin)

Am 8. April ankern Barrault und die Ritter der Frau zum ersten Male im Orient, bei Llacota, einer Küstenstadt nahe des Cap Blanc. Als sie an Land gingen, erregten sie einiges Aufsehen, und das Begrüßen einer jeden Frau hätte ihnen beinahe größere Unannehmlichkeiten eingebracht, wenn sie nicht schnell wieder an Bord gegangen wären.
Am 15. April erreichten die Ritter der Frau um sieben Uhr morgens schließlich Istanbul. Für vier Tage begaben sich nun die Gruppen von Saint-Simonisten in die belebtesten Straßen und auf die zentralen Plätze. Dort sangen sie ihre Lieder und predigten die Doktrin, grüßten alle Frauen mit tiefer Verbeugung und verkündeten bis vor dem Serail des obersten Paschas, daß sie die Messias-Frau finden wollten, die sie im Orient wüßten.

Eine mißglückte Mission in Deutschland

Von Lyon aus gingen Rousseau und Massol in Richtung Norden und erreichten bald Deutschland. Die Behörden von Baden und Württemberg ließen sie ohne Behinderung passieren. Doch in Augsburg wurden sie von der bayerischen Landesregierung verhaftet. Man brachte sie sodann zur Landesgrenze zurück, von wo aus sie sich nach Ulm begaben. Aber dort versah sie die Polizei nur mit einem Paß für Straßburg und brachte sie wieder zur Grenze. So wanderten sie nun nach Straßburg mit der Absicht, dort ihr Hauptquartier für die Verbreitung der Lehre in Deutschland einzurichten.

Sie schrieben an die »Augsburger Zeitung«:

»Da es uns unmöglich ist, unseren Glauben persönlich zu propagieren, werden wir schreiben und unser Wort aussenden. Wir bleiben in Straßburg, wo wir die edlen und würdigen Kinder Germaniens erwarten.«

(aus: H.R. d'Allemagne, Les St. Simoniens. Paris 1970)

La femme libre

Artikel aus der Frauenzeitung »Apostolat des femmes/Tribune des femmes«

La Femme Nouvelle.

TRIBUNE DES FEMMES.

VÉRITÉ. **UNION.**

Notre bannière étant à la peine, il est juste qu'elle soit à l'honneur. (Jeanne-d'Arc)

Egalité entre tous de droits et de devoirs.

Appell an die Frauen

Während sich alle Völker im Namen der Freiheit in Bewegung setzen und der Proletarier seine Befreiung fordert, sollen wir Frauen da etwa passiv bleiben bei dieser großen Bewegung für die soziale Emanzipation, die sich unter unseren Augen vollzieht? Ist denn unser Los so glücklich, daß wir nicht auch etwas zu fordern hätten?

Die Frau wird immer noch tyrannisiert und ausgebeutet. Diese Tyrannei und Ausbeutung müssen aufhören. Wir werden frei geboren wie der Mann, und eine Hälfte der Menschheit kann nur durch Unrecht der anderen untergeordnet werden. Besinnen wir uns also auf unsere Rechte, erkennen wir unsere Stärke – wir besitzen die Macht der Anziehung, die unwiderstehliche Waffe unseres Charmes –, verstehen wir sie zu gebrauchen.

Lehnen wir jeden Mann als Ehemann ab, der nicht so großmütig ist, freiwillig seine Macht zu teilen. Wir wollen nicht mehr diese Regel: »Frau, sei deinem Manne untertan!«

Wir wollen die Gleichheit in der Ehe. Lieber ledig, als Sklavin!

Wir sind frei und dem Mann ebenbürtig. Dies hat ein einflußreicher und gerechter Mann verkündet, viele haben sich ihm angeschlossen und verstehen ihn. Ehre diesen großzügigen Männern! Ein Glorienschein erwartet sie in Zukunft!

Erheben wir die Stimme, fordern wir unseren Platz in der Gesellschaft und in der neuen Religion, die der Frau die gleichen Rechte wie dem Mann zuerkennen werden!

Die weltweite Assoziation beginnt, und die Beziehungen zwischen den Nationen werden nur noch auf der Industrie, der Wissenschaft und der Moral aufbauen. Die Zukunft wird friedvoll sein. Keinen Krieg mehr! Keinen nationalen Haß mehr! Liebe für alle! Die Zeit der Harmonie und des Friedens auf der Erde bricht an, und der Augenblick naht, wo die Frau dort ihren Platz einnehmen muß.

Freiheit, Gleichheit ... das heißt, gleiche Möglichkeiten für die freie Entfaltung unserer Fähigkeiten: dies bleibt uns zu erobern; und wir können es nur unter der Bedingung, daß wir Frauen uns alle wie ein Strahlenbündel zusammenschließen.

Bilden wir nicht länger zwei Lager: das der Frauen des Volkes und das der privilegierten Frauen. Auf daß unser Interesse uns verbinde! Auf daß aller Neid unter uns verschwinde, damit wir dieses Ziel erreichen! Ehre nach Verdienst, Anerkennung einer jeden Fähigkeit, wo auch immer sie sich zeigt.

Frauen der privilegierten Klasse! Ihr, die ihr jung, reich und schön seid, ihr wähnt euch glücklich, solange ihr in euren Salons den Duft der Schmeicheleien atmet, mit denen ihr von allen Seiten reichlich beschenkt werdet. Ihr regiert, aber eure Herrschaft ist von kurzer Dauer. Sie endet mit dem Ball. In euer Heim zurückgekehrt, werdet ihr wieder zu Sklavinnen und findet wieder einen Herren, der euch seine Macht spüren läßt. Und ihr vergeßt alle Freuden, von denen ihr gekostet habt.

Frauen aus allen Klassen, ihr habt eine große Tat zu vollbringen! Ihr seid aufgerufen, die Idee der Harmonie und Ordnung überall zu verbreiten. Laßt den sanften, hinreißenden Zauber eurer Schönheit und eurer beflügelnden Rede zugunsten der Gesellschaft wirken, auf daß sich alle Menschen auf ein gemeinsames Ziel hinbewegen.

Kommt und erweckt im Volk eine heilige Begeisterung für das gewaltige Werk, das sich ankündigt.

Kommt und besänftigt die kriegerische Leidenschaft der jungen Männer; der Wunsch nach Größe und Ruhm ist in ihren Herzen. Jedoch sehen sie Größe und Ruhm nur darin, mit dem Helm auf dem Kopf und der Lanze in der Hand zu kämpfen. Wir werden ihnen sagen, daß es nicht länger darum geht, zu zerstören, sondern daß wir etwas aufbauen wollen.

Die Damen des alten Rom schmückten die Krieger mit Lorbeerkränzen, wir aber, wir werden Blumenkränze winden, um die friedvollen und moralischen Männer zu schmücken, die der Menschheit ein soziales Ziel weisen und die Erde durch die Industrie und die Wissenschaft bereichern werden.

Jeanne-Victoire

~ ☆ ~

Die Frauen waren bis zum heutigen Tage entweder unterjochte oder rebellierende Sklavinnen, aber niemals frei. Die ersteren, die sich den Konventionen beugen, die unserer Erziehung zugrunde gelegt sind, werden zu Sklavinnen sozialer Vorurteile, doch werden sie durch dieselben Vorurteile, denen sie sich unterwerfen, vor jeglichem individuellen Despotismus geschützt. Demgegenüber geraten letztere, die sich von den Fesseln der allgemein vorherrschenden Meinung befreit haben und daher den Schutz dieser von ihnen verachteten Meinung nicht beanspruchen können, in persönliche Abhängigkeit von Männern, die für ihre persönlichen Prinzipien und Urteile nur ihre Laune oder Willkür zur Richtschnur erheben, da sie einer allgemeingültigen Moral nicht verpflichtet sind.

S[t]Simonienne. appelant les Adeptes au travail.

Wir verstehen einerseits das Wesen der Frauen, die einer mißbilligten Befriedigung die Entsagung vorziehen, und wir wissen ihren Sinn für Ordnung und den edlen Stolz, der sie ihrer Pflicht treu sein läßt, zu schätzen – doch verstehen wir auch diejenigen Frauen, die sich nicht einer Moral haben unterwerfen können, deren Unerbittlichkeit das Herz beschwert und die Pflicht beinahe unerträglich macht.
Ihre Revolte war von dem Augenblick an heilig und berechtigt, als die Männer begannen, das Gesetz, das sie alleine formuliert hatten, zu verletzen. Sie erinnerten sich nämlich seiner erhabenen Reinheit nur, um sie von uns zu verlangen und uns das Joch seiner Kasteiungen aufzuzwingen – Kasteiungen, die sie für sich selbst so gut zu umgehen wissen.

Seitdem erstarb jegliches religiöse Gefühl. Die Frauen waren gezwungen, Listen gegen den Egoismus der Männer zu gebrauchen; auf die alte, aufrichtige Moral folgte das Vorurteil in deren Gewand; und in demselben Maße, wie im intimen Leben die Ausschweifungen zunahmen, erstarrte und verknöcherte das gesellschaftliche Leben.

Das erste Glied unserer Kette wurde zerbrochen, und unsere Freiheit lebte inmitten der Ausschweifung weiter, in deren Sog so viele Frauen gerieten. Sie waren sich ihrer Auflehnung nicht bewußt und kannten keine Regeln mehr, die sie in dieser flutenden Auflösung hätten leiten können: einer Auflösung, die nur die höchste Negation einer für unser Jahrhundert der Aufklärung zu beengenden Moral darstellte.

In der Vergangenheit mag unsere Unterjochung unter ein Gesetz, das uns den Männern untertan machte, noch sinnvoll gewesen sein, da es uns Beschützer gegen die Gewalt sicherte, die einst auch für das Walten und Fortschreiten der Menschheit von gewissem Nutzen war. Heute jedoch, da wohl allgemein anerkannt ist, daß die Gewaltherrschaft nach und nach von der Herrschaft der Moral abgelöst wird, ist es richtig, daß wir Frauen Schritt für Schritt nun auch im Recht die Stellung einnehmen, die wir praktisch im Leben schon innehaben. Der Schutz der Männer ist nicht mehr als ein leeres Wort, denn seit langem verwenden unsere Beschützer ihre Macht, die sie aus diesem Titel beziehen, nur darauf, uns zu verführen, zu verurteilen und zu verdammen. Wir stehen ihrer moralischen Verwahrlosung alleingelassen gegenüber und ziehen sie erst dann zum Laster hin, nachdem wir von ihnen hineingestürzt worden sind.

Ehre den Frauen, die ihre Natur verleugnen und sich den Geboten der christlichen Moral unterwerfen; sie haben ihr Herz einem edlen Stolze geopfert, denn es kann von einer Welt, die wahre Tugend verlacht und mit kalter Zurückhaltung und lauem Konformismus gleichsetzt, nicht verstanden werden. Sie haben ihre Würde aufgrund eines guten Gewissens, das vom Gefühl der erfüllten Pflicht immer gewährt wird, bewahrt, und auf die Männer üben sie einen Einfluß aus, der Respekt gebietet und ihnen die moralische Überlegenheit von Frauen zeigt, ohne daß sie es bemerken würden.

Ehre aber auch den Frauen, die ihrem Freiheitsdrange gefolgt sind und dadurch den Weg für unsere Emanzipation geebnet haben. Wie auch immer das Durcheinander aussehen mag, in das ihre Schwäche sie hat hineinstoßen können und selbst wenn sie in den Sumpf geraten sind, so wird doch ihr Name eines Tages gepriesen werden! Weil die öffentliche Meinung darin nur die erniedrigende Seite sah, sind diese Frauen beschmutzt worden.

An uns ist es daher, sie zu rehabilitieren, an uns, die tiefen Abgründe der Korruption, worin so viele glänzende Hoffnungen und Existenzen gefangen sind, zu ergründen...

Jeder Mann, der uns liest und der uns sieht, sollte sich hüten, über uns zu urteilen, wenn er nicht erkennt, welche hohen moralischen Gefühle uns handeln lassen und welcher religiöse Glaube uns die Kraft gibt, jene Zurückhaltung, womit unsere Erziehung uns umgeben hat, zu überwinden, um öffentlich das verborgenste Innere eines Frauenherzens zu enthüllen, das eine fruchtbare Quelle der höchsten Tugend oder einen Abgrund aus Laster und Heuchelei hervorbringen kann – je nachdem, ob es sich entwickeln konnte oder unterdrückt wurde...

Wir werden frei von jedem Vorurteil den Ursprung dieser fürchterlichen Verwahrlosung, die einen Teil der Gesellschaft zur wahren Hölle hat werden lassen, zurückverfolgen. Dort werden alle Überreste von Geist, Geschick und Schönheit nur dazu benutzt, diejenigen anzulocken, die dieser Verderbtheit noch nicht erlegen sind, oder jene, die sich erst am Rande dieses Abgrundes bewegen. Schreckliches Abseits, wo alle Macht der Anziehung nur verderbend wirkt und sich in tausend verschiedenen Formen ausdrückt: als Betrug, Diebstahl, Mord und Selbstmord, Prostitution! ... Ach, Erbarmen und Mitleid für die Unglücklichen, die von den Fluten mitgerissen werden!

Und wir, die wir aufgrund unserer Kraft dem widerstehen konnten oder durch von unserem Willen unabhängige Umstände davon unberührt blieben – wir sind weit davon entfernt, die unglücklichen Opfer mit Verdammungen zu überhäufen, von deren erdrückender Last sie sich nicht alleine befreien können. Unsere Stimme wird sich für sie erheben; wir werden sie schützen mit unserer Liebe und mit dem Respekt, den wir zu Recht für uns beanspruchen, denn der christlichen Moral zufolge ist unser Leben frei von jedem Makel.

Wie auch immer das vergangene Leben der Frauen, die sich unter unserem Banner versammeln werden, ausgesehen haben mag, sie haben wie wir das Recht auf Achtung, denn unsere Losung ist religiös; und mehr als eine, die durch unsere Unterstützung ihre Leiden enthüllen würde, gäbe damit ihren Anklägern den Schmutz zurück, mit dem sie vergeblich suchten sie zu überhäufen.

Wir Frauen, die dieses Banner tragen, erklären uns frei – nicht, um für unser intimes Leben die alte Moral abzuschaffen, denn wir werden sie so lange befolgen, bis eine neue und weniger beengende sie ersetzen wird –, aber wir erklären uns frei von allen äußerlichen Formen, die uns die Konvention aufzwingt.
Indem wir der christlichen Moral genauso treu bleiben wie diejenigen, die alles an ihr messen, werden wir mit ihnen durch unser Handeln und unsere Hingabe an die Pflicht und die Ordnung verbunden sein. Aber wir werden auch jenen zugeneigt sein, die diese Moral ablehnen: durch unsere Wertschätzung, die wir ihrem Temperament entgegenbringen, durch unsere Ungezwungenheit und den Wunsch, ihnen eine neue Moral nahezubringen, die den oft durch sie selbst verursachten Übeln und dem Durcheinander ein Ende setzen und sie rehabilitieren wird.
Zwischen diesen beiden so gegensätzlichen Lagern, deren erstes in seine Vorschriften und Regeln genauso eingeschlossen ist wie das zweite in seine Unordnung, werden wir so lange all unsere versöhnende Kraft einsetzen, um den Antagonismus zwischen ihnen zu beenden und um ihnen gegenseitig ihren Wert und ihre Tugenden zu zeigen, bis ihre beiderseitigen Fortschritte ihnen erlauben werden, nicht ein einziges und einheitliches Lager zu bilden, sondern gemeinsam in dem neuen Tempel nebeneinander Platz zu nehmen und sich in ein und derselben Liebe, mit ein und demselben Wunsche zu verbinden: Ihr individuelles Interesse mit dem sozialen Interesse in harmonischen Gleichklang zu bringen.
Sodann kann eine neue Moral formuliert werden, die jeder dieser Haltungen Befriedigung gewähren und eine Richtschnur geben wird. Dann wird unser Apostolat beendet sein, denn die Frau wird dann ihre Eigenschaften und Fähigkeiten durch ihr Wirken auf eine Stufe mit dem Mann erhoben haben. Sie wird ihm in der Gesellschaft endlich gleichgestellt sein, und ihre Verbindung mit ihm wird die Herrschaft Gottes auf Erden herbeiführen.

Jeanne-Désirée

~ ☆ ~

Unsere Broschüre dient nicht dem Erwerb, sie ist vielmehr ein Werk unseres Apostolats für die Freiheit und die Assoziation der Frauen. Da wir die Versklavung und die Bedeutungslosigkeit, die alle Frauen niederdrücken, selbst tief empfinden, erheben wir die Stimme und rufen die Frauen auf, zu uns zu

kommen und die Stellung zu fordern, die uns in der neuen Religion, im Staat und in der Familie zusteht.
Unser Ziel ist die Assoziation. Die Frauen hatten bisher keine Organisation und konnten sich daher keiner großen und erhabenen Aufgabe widmen, sondern nur kleinen persönlichen Angelegenheiten, die sie alleingelassen und vereinzelt haben.
Wir schlagen ihnen heute ein soziales Werk vor und eröffnen ihrer Aktivität ein erreichbares Ziel, in der Hoffnung, daß viele zu uns kommen und andere unserem Beispiel nacheifern werden, indem sie sich zu mehreren Gruppen zusammentun. Und eine jede Gruppe sollte gemäß den Ideen der Frauen handeln, die sie bilden – bis zu dem Zeitpunkt, wo sie ihre verschiedenen Werke vollbracht haben werden und sich in ein und derselben Assoziation vereinigen.
Diese Publikation ist also nur ein Mittel, das Ziel, welches wir uns gesetzt haben, zu erreichen. Deshalb rufen wir alle Frauen auf, sich uns zu nähern und an unserem Werk, unserer Arbeit teilzunehmen, gleichgültig welcher Art ihre soziale Position, ihre Religion und ihre Meinung sein mögen – vorausgesetzt, sie fühlen die Leiden der Frau und des Volkes.
Wir sind Saint-Simonistinnen und gerade deshalb kennen wir kein kleinliches Denken, das uns alle jene zurückweisen ließe, die nicht genauso denken wie wir. Unsere neue Religion bewirkt, daß wir in allem das Gute und Große erkennen und das fortschrittliche Moment überall suchen und aufnehmen, wo es sich findet.
Wir glauben nicht, uns mit dem Werk der sozialen Erneuerung eine Aufgabe gestellt zu haben, die über unsere Kräfte geht. Wir werden der Lage der Frauen, in die sie durch ihre Erziehung geraten sind, Rechnung tragen. Wir wissen, daß diese Erziehung im allgemeinen nur beschränkte und unzusammenhängende Ideen bei ihnen zuläßt.
Indes entgehen einige Frauen der Regel, andere wechseln mit Leichtigkeit von einem sehr tiefgreifenden Gedanken zu einem oberflächlichen über. Wir sehen, welch Gutes in diesen Eigenarten liegt, und empfinden es als angemessen, sie alle zufriedenzustellen. Deshalb werden unsere Schriften unsystematischen Charakter haben, denn dies entspricht der hervortretendsten Eigenart der Frau unserer Zeit am besten:
Wir werden über Moral, Politik, Industrie, Literatur und Moden sprechen, aber nicht gemäß der vorherrschenden Meinung und mit ihren Vorurteilen, sondern nach unserem Herzen. Wir

werden weniger auf Wissenschaftlichkeit und Eleganz des Stils achten als auf Freimütigkeit und Offenheit der Gedanken, denn wir wollen vor allem, daß die Frauen sich aus ihrem Zustand der Gezwungenheit und Hemmung, in dem die Gesellschaft sie festhält, befreien und mit aller Aufrichtigkeit ihres Herzens zu sagen wagen, was sie für die Zukunft erahnen und wollen.

Marie-Reine

~ ☆ ~

Wir werden nur Artikel von Frauen abdrucken und begrüßen alle, die in dieser Broschüre schreiben wollen. Wir bitten sie, sich an Marie-Reine, die Herausgeberin, zu wenden: Rue du caire, No. 17, jeden Tag von 12 bis 16 Uhr, außer sonntags. Wir werden auch persönliche Briefe aufnehmen, wenn sie sich auf Fragen beziehen, die hier angesprochen werden.
(Briefe frankieren)

Jeanne-Désirée, Gründerin
Marie-Reine, Herausgeberin

Friedlicher Kreuzzug

Welche Anhäufung von Vorurteilen hat die Vergangenheit nicht über uns aufgetürmt, noch bevor wir es wagen, der Welt darzulegen, was wir für die Zukunft vorsehen! Und weil diese Vorurteile als das Heiligtum der Gesellschaft angesehen werden, sind die Frauen, die als erste wagen, Hand daran zu legen und sie zu zerstören, gezwungen, der Sache ihres Geschlechtes vor allem ihren guten Ruf als Opfer darzubringen. Denn sind die Herren Frauenbesitzer nicht ganz und gar in der Stimmung, die tausenderlei Verleumdungen weiterzuführen, die schon über die saint-simonistische Gesellschaft verbreitet worden sind? Hat man etwa nicht behauptet, daß wir in der Politik die Agrarordnung einführen wollten? Und wenn man nun sogar die Frauen von Freiheit sprechen hört, wird gewiß gleich behauptet werden, wir forderten ein erniedrigendes Jede-mit-Jedem.
Aber nein! Wir wollen unseren Anspruch, die moralischsten und religiösesten Frauen und Männer dieser Zeit zu sein, schließlich nicht mit der Zerstörung des Kostbarsten der Freiheit und des Zartgefühls in der Liebe untermauern.
Die Männer mögen sich also beruhigen: Nur Sklaven betrügen, greifen zu Listen und schaffen Unordnung als Protest!

Hört man in der bürgerlichen Ehe nicht noch immer das Wort »Schutz«? Ach, wenn doch die Männer nicht die Gewalt über alles erheben würden, sondern uns als Personen und mit unserem Willen respektierten, ja, müßte dieses Wort »Schutz« dann nicht von dem Begriff der »Gleichheit« abgelöst werden? Und wäre dann in der christlichen Ehe dieser Grundsatz von Gottes Gnaden: »Frauen, seid euren Männer untertan!« nicht noch viel veralteter?

St. Simonienne Couvreur.

Aber was in der Vergangenheit noch zu erdulden war, ist es das auch heute?
Welche Verblendung, zu glauben, die Menschheit müßte sich ewig in den Bahnen einer früher, inmitten eines unwissenden und unaufgeklärten Jahrhunderts getroffenen Entscheidung weiterentwickeln!
Ich rufe also zu einem neuen, friedlichen Kreuzzug gegen den Despotismus, gegen das erdrückende Joch der Vorurteile auf, das die Schwachen verdammt und daran hindert, sich aufzurichten, vor allem aber gegen diesen beleidigenden Glauben, der unser Geschlecht als untergeordnet betrachtet und dem anderen unterlegen erklärt.

Ich rufe die schöne Jugend Frankreichs, die allem ihr erhaben und groß Erscheinenden so offen und leidenschaftlich begegnet, ich rufe sie auf, sich unseren religiösen Fürsprechern zu nähern und unsere Sache so wie jene zu unterstützen, uns ebensolche Achtung entgegenzubringen und Schweigen zu gebieten, denn unsere Stimmen sind schwach und schüchtern... und gleichwohl haben wir viel mitzuteilen!

Suzanne

~ ☆ ~

Befreiung der Frauen

Mit Recht wollen wir uns von den Hindernissen befreien, die uns von der Moral und den Sitten bis heute in den Weg gestellt werden. Wie man auch darüber denken mag, für eine Frau liegt Erhabenes darin, weder Sklaverei noch Entehrung zu akzeptieren, und ihre Stimme gegen diese Welt zu erheben, die ihr nur das eine oder andere anbietet. Nach ihren Gesetzen soll die Frau sich in den Kreis häuslichen Lebens einschließen und nur die Feste und Freuden, die ihr dort erlaubt sind, genießen: Man zwingt ihr soviel Verkrampfung und Hemmung auf, daß sogar Feste und Freuden zumeist nur noch Mühsal für sie bedeuten! Und heute, da alle Welt uns von Freiheit sprechen hört, entrüstet sie sich, weil sie außer der Sklaverei nichts kennt als die Prostitution! Irrtum! Die Freiheit, die wir verlangen, weist das eine wie das andere zurück. Wir alle empfinden schmerzlich die Versagungen, die uns erwarten, wenn wir uns dem Joch der Vorurteile beugen – doch spüren wir auch, daß nicht dort das Glück liegt, wo viele es glauben. Wir erschrecken nicht vor den Verdammungen, die sie uns entgegenschleudern werden – so sehr sind wir zuinnerst davon überzeugt, daß sie eines Tages einsehen werden, wie sehr sie sich getäuscht haben mit der Annahme, unsere Liebe zur Freiheit sei ein Hang zur Ausschweifung. Heute urteilen sie nach ihren Prinzipien – aber was erwuchs denn aus diesen Prinzipien? Nichts als Lüge und Verworfenheit. Und kann es anders sein, solange Gebote auf uns lasten, die unserer Natur zuwiderlaufen? Andererseits, wie sollte noch Heuchelei bei uns herrschen, wenn wir liebende Frauen sein dürfen, so wie Gott uns erschuf? Und wie schließlich sollte die Schamlosigkeit zu unserer Natur werden, wenn uns nicht länger kalte Zurückhaltung als Pflicht auferlegt wird, die für bestimmte Charaktere so hinderlich ist?

Die Freiheit wird der Schöpferkraft der Frau, wird allen ihren geistigen Fähigkeiten freie Entfaltung gewähren. Die Frau wird in ihrer Aufrichtigkeit und Offenheit erstrahlen – und in dem Maße, in dem sie sich von dieser Welt der List und Lüge entfernt, wird auch das Laster von ihr weichen. Bald wird sie nur noch schöne Pflichten kennen; und wenn sie nicht mehr gezwungen wird, dem schmalen, geraden Weg zu folgen, wird sie auch nicht mehr Gefahr laufen, in den Sog der Auflösung zu geraten. Dann werden diese Abgründe des Lasters verschwinden, in denen so viele Frauen untergegangen sind, nachdem gerade diejenigen, die sich über unsere Freiheit so empören, sie hineinstürzten.
Bei all den unglücklichen Frauen, die diese Herren verführten und denen sie jede Rückkehr zum Glück und zur Achtung verstellten, befürchteten sie die Ausschweifung nicht im geringsten. Sie fürchten sie nur bei den Frauen, die sich aus ihrer Tyrannei und Ausbeutung befreien wollen. Insgeheim würde uns jeder, der uns öffentlich mißbilligt, sofort gutheißen, wenn wir unsere Freiheit dazu benutzen würden, seinen Verführungsabsichten entgegenzukommen. Welches Vertrauen kann man also zu solch widersprüchlichen Meinungen haben?
Was mich betrifft, so traue ich keinem, und niemals bin ich Opfer des Wohlwollens derer geworden, die mich davon überzeugen wollten, daß meine Freiheit eine Schande sei!
Ihr alle, die ihr unter der Gezwungenheit, die die Gesellschaft euch abverlangt, leidet – ihr, deren Liebe oft mit kalter Verachtung beantwortet wurde: Werft das Joch ab! Antwortet auf den Appell, den begeisterte Menschen, die sich für unsere Befreiung opfern, an euch gerichtet haben! Glaubt nicht, was man über die Saint-Simonisten verbreitet – lernt sie kennen, bevor ihr über sie urteilt!
Auch ich habe sie verlacht, weil ich zuerst ihren Verleumdern Glauben schenkte. Doch das erste Wort, das sie an mich richteten, ließ ein ganzes Gebäude aus Lügen zusammenstürzen.
Heute lobe und verehre ich sie, denn sie haben die Sache der Schwachen und Unterdrückten zu ihrer Sache gemacht.
Und heute, wo diese Menschen wegen Verstoßes gegen die Sittlichkeit angeklagt werden, müßte man ihren Richtern die Worte Jesu an die Ankläger der Ehebrecherin zurufen – dann fänden sie gewiß Gnade wie Maria Magdalena.
Ihr Frauen, so kommt und sagt aller Welt, daß ihre Gesetze euch zum Leiden verurteilen, klagt sie an für das Laster, wenn

ihr dessen Opfer wurdet! Schreckt nicht vor den Kämpfen zurück, die wir zu führen haben, bleibt nicht vor den Hindernissen stehen, die wir überwinden werden:
Am Ende des Weges warten Ehre und Glück!

Joséphine-Félicité

Verbesserung des Schicksals der Frauen und des Volkes durch eine Neuorganisierung des Haushaltes

Wir sind junge Mädchen aus dem Volke und haben mit unserem Glauben als einzigem Wissen, ohne andere Geldquelle als die unserer Näharbeit, eine kleine, noch unbekannte Publikation angefangen, die sich aber schnell vergrößern und wichtige politische Fragen aufwerfen wird.
Gerade die proletarische Frau, die an den häuslichen Herd verbannt ist, weiß besser als der Mann, was vom »Jeder-für-sich« und andererseits von der Unabhängigkeit des Volkes zu halten ist.[1] Politische Wunschvorstellungen lassen sie die Fessel der Not und der Armut in der Enge der Familie noch grausamer spüren. Und dort in der Familie hat sich auch die antike Sklaverei erhalten, dort ist die Ehe eine schwere Kette und die Mutterschaft eine zusätzliche Last und Sorge! Ja, nur wenn man die Frau befreit, wird man den Arbeiter befreien können, denn ihre Interessen sind miteinander verknüpft, und von ihrer Freiheit hängt die Sicherheit aller Klassen ab.
Dies ist das Problem, welches auch die eifrigen »Volksfreunde« nicht haben lösen können. Sie haben sich auf die Verbreitung der Aufklärung und die neuen Bedürfnisse der Massen gestützt, um die veralteten Privilegien des Adels abzuschaffen, doch haben sie vergessen, daß auch unser Geschlecht mit dem Fortschritt gegangen ist und an der allgemeinen Emanzipation teilhaben muß.
Also werden wir den Männern der Politik sagen: Gott hat nicht erlaubt, daß ihr ungerechte Privilegien abschafft, dann aber auf halbem Wege stehen bleibt und die Waffen, die er euch zum Wohle aller anvertraut hat, allein zu eurem Vorteil gebraucht. Ihr werdet viel Mühe und wenig Erfolg haben, wenn ihr immer

1 »Jeder für sich – Jeder bei sich« wurde nach den politischen Enttäuschungen der Julirevolution 1830 für große Teile der Republikaner zu einem Schlagwort des Rückzuges. Désirée nimmt die Gegenüberstellung der »männerpolitischen« Vorstellungen (hier das »Jeder für sich«, da die »Freiheit des Volkes«) zum Ausgangspunkt für ihre Betrachtungen über die Situation der Frauen.

wieder den Willen der Frauen eurer Willkür unterordnet und diesen alten Glauben aufrechterhaltet, daß die Frau nur dazu geeignet ist, Kinder zu produzieren, für einen Ehemann hauszuhalten und seinem Vergnügen zu dienen. Ja, wenn ihr nicht überall in der Gesellschaft die Frauen und das Volk gemäß ihren Fähigkeiten zusammenschließt, der Begabung nicht freie Entfaltung gewährt – gleichgültig, in welchem sozialen Range, bei welchem Geschlecht sie sich zeigt –, werdet ihr nicht im Sinne Gottes handeln, der Glück für *alle* will, sondern ihr werdet immer wieder scheitern.

Ihr werdet eure Liebe zum Eigentum nur zufriedenstellen, es vermehren und euch in Ruhe daran erfreuen können, indem ihr das Wirtschaftssystem ändert, den Haushalt zusammen mit der Industrie neu organisiert, sonst wird euch beides in jeder Hinsicht aus den Händen gleiten: durch die Komplikationen im Handel, den Bankrott, die Konkurrenz, die mangelnde Ordnung und die geringen Kenntnisse der Frauen, die nicht alle als gute Hausfrauen geboren werden – und schließlich durch die Verteuerung der Lebensmittel aufgrund der Mängel in der Verteilung und der Zersplitterung der Interessen.

Diese Fragen betreffen die Frauen sehr direkt. Oft sind sie Anlaß für den Ärger, der die Übel in der Gesellschaft noch steigert und der erst aufhören wird, wenn die Frauen solidarisch miteinander auftreten werden, um in eigener Verantwortung zu handeln, und auch daran denken, sich zu organisieren und ihre jeweiligen Tätigkeiten entsprechend einzurichten.

Unser erster Schritt in die moralische Freiheit heißt also, den Frauen mit unseren Lehren und Schriften das Gute dieser Assoziation zu zeigen, damit sie die Irrtümer und Vorurteile des Gewohnten ablegen, mit vereinten Stimmen eine neue soziale Ordnung fordern und die Anstrengungen aller gutwilligen Menschen auf eine Reform der Industrie und des Haushaltes hinlenken. Denn diese Reform ist eine unabdingbare Voraussetzung für das Glück und den Frieden der Völker.

Wir werden mit unseren ersten Schritten in die Freiheit auch jenen hervorragenden Mann loben und ehren, der einen Aufruf zur Freiheit an die Frauen gerichtet hat. Sein Wort hat in den Herzen der Frauen ein Echo gefunden! Wir antworten auf diesen Appell, indem wir den Weg für die FRAU bereiten, die von Gott unter allen dazu ausersehen ist, der Welt eine neue Moral zu verkünden, den Beziehungen in der Familie neue Grundlagen zu geben. Ihre Zeit ist noch nicht gekommen, die Welt noch nicht bereit, und alles wird zu seiner Zeit geschehen:

Die Lippen der Auserwählten Gottes werden nicht verschlossen bleiben!
Heute aber wollen wir uns Naheliegenderem zuwenden. Für uns müssen sich alle Nuancen religiöser Anschauungen in einem einzigen Gedanken treffen: dem unserer Emanzipation! Das Banner der Frauen ist allumfassend, denn sind nicht alle – wie unsere Schwester Suzanne gesagt hat – durch das Band der Mutterschaft miteinander verbunden?
Von den Männern, die zur gleichen Zeit wie Saint-Simon erkannten, daß die Zeit der Befreiung der Frau gekommen ist, lebt heute noch einer, der in der Abgeschiedenheit alt geworden ist. Dieser Mann heißt Charles Fourier, und er erschließt der Welt praktische Wege zu großen Arbeiten der Erneuerung. Seine Theorien und Entwürfe der Assoziation sind, so ist anzunehmen, die umfassendsten, die bisher zu diesem Thema erschienen.
Er gestaltet die industrielle Arbeit für jeden einzelnen anziehend, indem er die Menschen einsetzt, wie sie sind, mit allen ihren Leidenschaften, die auf diese Weise in der sozietären Ordnung ein mächtiges Mittel zur Verschönerung des Erdenballes und Bereicherung des Menschengeschlechtes werden.[2]
Männer und Frauen, deren Wissen ihrer Ergebenheit in nichts nachsteht, bereiten im Augenblick die praktische Erprobung dieser Theorien vor. Wir schätzen uns glücklich, einige unter ihnen zu finden, die unseren Glauben geteilt haben. Wir gehen demselben Ziele entgegen und sind nicht mehr so weit davon entfernt, wie sie zu glauben scheinen.[3]
Bildung, moralische Erziehung und materielles Wohlleben der Gesellschaft schreiten heute weiter voran und werden – nachdem sie ihre unterschiedlichen Ziele erreicht haben – miteinander verschmelzen. Die Frauen werden diesem Augenblick ent-

[2] Die Konzeption Fouriers einer zukünftigen »sozietären«, oder aktueller: kommunitären Gesellschaftsordnung, die auf dem Zusammenschluß vieler einzelner Großkommunen von etwa 2000 Personen (als Lebens- und Arbeitsgemeinschaft) beruhte, enthält differenzierte Einteilungen und Klassifizierungen der menschlichen Charaktere entsprechend ihrer Gefühlstendenzen. Jeder charakterlichen Neigung ordnet Fourier bestimmte Arbeiten zu und macht dies zur Grundlage des harmonischen Funktionierens einer Kommune (oder »Phalanstère«). (Siehe dazu auch: Charles Fourier, Aus der neuen Liebeswelt, Berlin 1978)

[3] Désirée bekundet hier ihr Wohlwollen für die Fourier-Adepten der 1832 gegründeten »Sozietären Schule«, die damals bereits in Frankreich (wie später in Amerika) erste Großkommunen nach den Entwürfen Fouriers gründeten. Obgleich Saint-Simonismus und Fourierismus sehr verwandte sozialutopische Strömungen waren, standen die Organisationen eher in konkurrierendem Verhältnis zueinander.

gegeneilen; sie haben die Kraft der Begeisterung und Inspiration, die gewaltige Ergebnisse zeitigen und bisher unbekannte Tugenden offenbaren wird, wenn sie sich mit guter Anleitung entfalten kann.

Wir werden noch Gelegenheit haben, eingehender von Herrn Fourier zu sprechen. Abgesehen davon, daß wir diesem ehrwürdigen alten Manne, der sein Leben der Menschheit gewidmet hat und dessen Anteil an der Verwirklichung unserer Freiheit groß sein wird, gern Ehre erweisen, erfüllen wir mit der Verbreitung seiner Ideen eine Pflicht gegenüber der Gesellschaft. Denn seine Ideen werden sie erneuern und einem Glück zuführen, an dem die vielen Enttäuschungen schon Zweifel haben aufkommen lassen.

Die Religion der Zukunft darf nicht wie die der Vergangenheit alles zurückweisen, was sie nicht selbst hervorgebracht hat. Alle, die den neuen Glauben teilen, müssen sich so verhalten, als sei er schon über die ganze Erde verbreitet.

Sie sollen hochherzige Menschen suchen und ansprechen, sollen mit ihrer ganzen Kraft dazu beitragen, daß er sich ausbreitet und gleichzeitig seinem Begründer alle ihm gebührende Ehre für sein Werk lassen.

Die Religion der Zukunft will in der Schönheit ihrer allseitigen Liebe alles umfangen und in sich vereinigen, was dem Wohle des Menschengeschlechtes zuträglich ist – denn sie ist eine liebevolle Mutter.

Jeanne-Désirée

~ ☆ ~

Über die Prostitution

Im allgemeinen denkt man bei dem Wort »Prostitution« nur an diejenigen Frauen, die zu fünfunddreißigtausend an der Zahl abends den Vorübergehenden ihre Reize anbieten, die von brutalen Berührungen in Begleitung vulgärer Beleidigungen schon ganz entstellt und erniedrigt sind. Man sieht sie als Abschaum der Gesellschaft an, so wie die Männer sie als Schmutz betrachten, wenn sie angeekelt den Blick von ihnen abwenden, nachdem sie sie mit ihren schändlichen »Zärtlichkeiten« überschüttet haben.

Doch auch anderswo lebt die Prostitution, denn sie bewohnt prunkvolle Paläste und elegante Hotels genauso wie die armseligsten Kammern in der kleinsten winkligen Gasse. Ja, die Prostitution ist überall.

Sie findet sich bei dem jungen Mädchen aus dem Volke, das aufgrund seiner Naivität einem geschickten Verführer, der sich aus all seinen »Eroberungen« einen abstoßenden Heldenlorbeer flicht, erlegen ist und so die Zahl seiner Opfer vergrößert, die er schließlich noch ehrloseren Händen als den seinen überläßt.

Auch die unglücklichen Mädchen, die sich in großer Misere mit einer harten Arbeit abkämpfen, deren Lohn nicht einmal für ihren verzehrenden Hunger ausreicht, entrinnen ihr nicht. Also müssen sie sich an irgendeinen Schurken, der den Augenblick ihrer schlimmsten Verzweiflung abpaßt, verkaufen, um weinend ihrer alten und kranken Mutter wenigstens ein Stück Brot bringen zu können.

Sie ist bei jener hübschen, anspruchsvollen jungen Frau zu finden, die sich nach schönem Schmuck und Vergnügungen sehnt, deren Familie jedoch weder das Geld noch einen Namen hat, um ihre Wünsche nach Glanz und Größe zu erfüllen.

Und auch bei dir, Mädchen der privilegierten Klasse, findet Prostitution statt. Ja, bei dir, deren Kindheit und Jugend mit so viel Fürsorge und Verehrung umgeben wurde und deren Empfinden sich mit Hilfe einer mütterlichen Erziehung so gut entwickelt hat: Auch du wirst verkauft werden. Dein Vater wird dir nicht den Mann als Gatten aussuchen, der deiner am ehesten würdig wäre, sondern denjenigen, der die größte Summe an Geld einbringt, der deine Person samt Mitgift also ohne große Anstrengung aufkaufen kann. Du armes Mädchen! Bist doch auch du dazu verdammt, deine Zärtlichkeit einem Unbekannten zu schenken, der dir fremd ist und dich vielleicht niemals verstehen wird. Glücklich, zehnmal glücklich, wenn deine Blicke und dein Herz sich nicht einem anderen zuwenden, auf den du verzichten müßtest!

Überall finden wir die Prostitution also vor, indes wagen es dieselben Männer, die sie so offen praktizieren, andere Männer anzuklagen und zu verurteilen, weil letztere den Mut fanden, gegen diese Unmoral zu protestieren. Allzu ängstlich und mit allzu gewissenhaften Mienen sprechen sie von einem »Skandal«! ... Ein Historiker hat einmal gesagt: »Nur die Korruption errötet, wenn sie sich demaskiert sieht ...« Solche Zustände dürfen nicht länger andauern.

Es ist an uns, mit unserer Rechtsprechung jeden Mann inquisitorisch zu verfolgen, der sich uns gegenüber der Ausbeutung,

St Simonienne. Forgeron.

wie sie ihm die Gesetze der Vergangenheit und die heutigen Vorurteile als selbstverständlich gewähren, schuldig macht, und uns andererseits in die Grenzen der christlichen Moral, so wie er sie festgelegt hat und für sich selbst nicht anerkennen kann, hineinzwängen will.
Es ist an uns, zu Anklägerinnen und Richterinnen dieser Männer zu werden – an uns, ihnen immer wieder die Maske der Scheinheiligkeit, hinter der sie sich verstecken, vom Gesicht zu reißen und sie zu zwingen, unser wohlverdientes und für eine neue soziale Ordnung und deren neue Erfordernisse unabdingbares Recht auf Gleichstellung anzuerkennen.

Christine-Sophie

~ ☆ ~

Mit der Befreiung der Frau
kommt die Befreiung des Arbeiters

Auf den Bänken des Schwurgerichtes saßen heute die Apostel der Befreiung der Frau und des Volkes, und ein ausschließlich aus Männern bestehendes Tribunal hat ihre Theorien gerichtet

– gerade die Frauen aber sind berufen, diese Theorien zu beurteilen.

In meinem und im Namen aller Frauen, die sich mir anschließen, fordere ich heute unsere Rechte. Ich appelliere an die Unparteilichkeit der Männer und verlange die vollkommene Freiheit, Frauenversammlungen einzuberufen, in denen wir über die als unmoralisch deklarierten Theorien diskutieren können.

Ich appelliere an die Offenheit und Aufrichtigkeit aller liebenden Frauen und aller Mütter, diese schwerwiegende Frage zu untersuchen. Wenn die Doktrin in der Tat amoralisch sein sollte, dann wird ihr Herz sie gewiß ablehnen – genauso zuverlässig wie die Gelehrsamkeit der Männer.

Mit all meiner Kraft protestiere ich dagegen, daß den Aposteln unterstellt wird, sie forderten das Recht der ersten Nacht und wollten gemeinsame Verfügung über die Frauen! Derartige Ideen würden wir mit Entsetzen zurückweisen, wenn sie sie überhaupt gehabt hätten. Aber wir wissen mit Sicherheit, daß sie an so etwas gar nicht gedacht haben.

Wir wollen frei sein, damit wir die Aufrichtigkeit und die Würde erlangen, die die Frauen brauchen, um die Rolle in der Moralerziehung auszufüllen, zu welcher sie aufgrund ihrer Feinfühligkeit berufen sind.

Das Recht der ersten Nacht aber bedeutete für das unschuldige junge Mädchen doch nur die Unterjochung unter den allmächtigen, oft liederlichen Feudalherren.

Die gemeinsame Verfügung über Frauen bedeutet die vollkommene Erniedrigung unseres Geschlechtes, und sie existiert tatsächlich: in der Prostitution. Die Prostitution wollen wir aber gerade abschaffen für die Zukunft. Dort verfügen Männer gemeinsam über Frauen, dort dienen die Frauen als Gemeineigentum ihrem willkürlichen Vergnügen – vom Staate besteuert, der auf diese Weise mittels Geld solchen schädlichen Handel erlaubt und die Schönste dem Meistbietenden ausliefert.

Die Gesellschaft sollte endlich aufhören, das schönste Werk Gottes – die Vielfalt nämlich, die ebenso in der Menschheit lebendig sein muß, wie sie es in der übrigen Natur ist – zu zerstören, indem sie uns Frauen alle nach dem gleichen aufgezwungenen Muster zu einem einförmigen Modell erzieht. Im Gegenteil, sie soll uns mit einer umfassenden Erziehung endlich freie Entfaltung unserer moralischen, geistigen und körperlichen Fähigkeiten gewähren, und das Durcheinander, wofür

Frauen oft ein heimlicher Anlaß sind, wird nicht länger existieren. Also fordern wir unsere Freiheit im Interesse der ganzen Gesellschaft.
Wir haben unser Apostolat gegründet, um die Grundlagen und Grenzen dieser Freiheit zu bestimmen und sie Frauen wie Männern zu erklären. Wir sind zumeist proletarische Frauen, der Zufall der Geburt hat uns gestärkt und darauf vorbereitet, die schwere Last dieses Apostolates tragen zu können. Wie die früheren christlichen Apostel legen wir die alten Vorurteile der Zivilisation ab und kleiden uns in ein neues Gewand. Doch ebenso wie sie werden wir das große Babylon nicht beweinen, denn wir wissen, daß sich die zahlreichen Laster, die es beherbergt, durch uns in große und erhabene Tugenden verwandeln werden.
Dies ist unser Glaube, und dies zu verkünden, haben wir uns zur Aufgabe gemacht. Wir nennen unser Werk göttlich, denn es hat das Glück aller zum Ziele.

Jeanne-Désirée

~ ☆ ~

An die Männer

Sie, meine Herren, entsetzen sich über unsere Freiheitsideen!
Sie, die Ihr Leben lang darauf aus sind, uns aus allen anderen persönlichen Bindungen herauszulösen – sofern nicht gleichzeitig Ihr Interesse als Bruder, Ehemann oder Vater davon beeinträchtigt wird.
Ja, wenn nur Vergnügen daraus hervorgeht, und eine Ehre, die ich mindestens unmoralisch nennen werde, dann wollen Sie sehr gerne, daß wir frei sind! Frei von Gehorsam gegenüber unseren Eltern, frei von den Pflichten gegenüber unserem Glauben und der öffentlichen Meinung – dafür Sklavinnen Ihrer Gelüste!
Alsbald aber werfen Sie uns dieselbe Freiheit, von der Sie uns so gerne überzeugen wollen, als ein Verbrechen vor.
Und heute, wo wir in allen Beziehungen aus unserer Versklavung ausbrechen wollen (die um so furchtbarer ist, als sie unser Glück sehr direkt betrifft), brauchen wir mehr als Mut, um uns solchen Vorwürfen zu entziehen.
Sie empören sich über unsere Unmoral – wir seien verführt, verloren, sagen Sie – wir hätten keine Moral mehr, kein Gefühl.

Sind wir verloren und verführt, weil wir uns Ihrer Ausbeutung widersetzen? Ich glaube, ganz im Gegenteil, daß man gerettet ist, sobald man den nötigen Mut hat, diesen Verdammungen zu trotzen. Wenn wir bescheiden und zurückhaltend sind, uns besonders den Aufgaben des Haushaltes widmen, und ein stilles Leben dem Wirbel der gesellschaftlichen Vergnügungen vorziehen, dann deshalb, weil Sie als Herren und Meister, denen man gehorchen muß, uns ein solches Leben als Pflicht auferlegt haben. Aber augenscheinlich verträgt sich unser Temperament mit dieser Art zu leben. Und wenn wir offen das Bekenntnis zu einer festen und dauerhaften Liebe ablegen, wird es nicht mehr aus Angst geschehen, andernfalls von Ihnen zurückgestoßen und besudelt zu werden – von Ihnen, die uns sofort des Verbrechens bezichtigen, wenn wir anders sind, als Sie es wünschen –, sondern es geschähe, weil unsere Natur uns so lieben ließe.

Und Sie, würden Sie die edlen und großzügigen Gefühle, die zwischen Gleichen herrschen, nicht eher wollen als die käufliche Gefühle des Sklaven für seinen Herren? Wenn nicht, wären Sie von Sinnen oder aber blind.

Doch wie dem auch sei, das Wort der Maria: »Dein Wille geschehe«, wird nicht länger über unsere Lippen kommen, und nicht länger werden wir zu Ihrer despotischen Herrschaft lächeln. Die Frau, die wir erwarten, ist als neue Maria dazu berufen, das Werk Gottes zu vollenden – aber gemeinsam mit dem Manne und nicht als unterjochte Sklavin. Auch sie wird die Welt retten und den Kopf der Schlange zertreten, doch wird der Erlöser nicht mit einer Miene der Autorität sagen: »Frau, was existiert an Gemeinsamem zwischen dir und mir?«

Er ruft sie an seine Seite, auf daß sie die Macht mit ihm teile. Sie wird nicht leichtfertig irgendwelche neuen Bräuche mitbringen, die aufgrund einer selbst wenig schamlosen Neuheit abstoßend wirken könnten – so, wie Sie, die Herren Puristen der Moral und des guten Geschmacks, uns immer glauben machen wollen. Deshalb: Enthalten Sie sich jeden Urteils! Wenn Sie jetzt richten, werden schließlich Sie entlarvt werden – denn die Zukunft nähert sich und kommt herbei auf Wolken aus Gold und Purpur und Azur, um Ihre nebelverhangene und gewitterreiche Vergangenheit abzulösen.

Joséphine-Félicité

Meine lieben Kinder,
ihr braucht Unterstützung für euer Apostolat, so vage es auch noch erscheint, ich will damit sagen: sowenig seine Grundlagen bisher noch definiert sein mögen für die Frauen, die euch hören.
Euer Werk stellt euch außerhalb der gemeingültigen Regeln und Sitten, und um zu euch kommen zu können, muß man spüren, daß es im Grunde zutiefst Nützliches birgt. Wenn ihr diesem innersten Gehalt eures Werkes die Form ein wenig angleichen würdet, das heißt, wenn ihr »Neue Frauen« und Frauen getreu der herkömmlichen Ordnung zugleich sein könntet, dann würden viele sich beeilen, euch zu unterstützen.
Meine lieben Kinder, ich gebe euch diese schwerwiegende Tatsache zu bedenken, und ihr solltet dies als eine Aufgabe begreifen, die ihr mit einem Wunder an Perfektion zu lösen habt – Perfektion, die euch noch fehlt und die bewirkt, daß man sich euch nur theoretisch, aber nicht praktisch annähern kann.
Doch will ich meinen Wunsch, daß ihr dieses Werk weiterführen mögt, hier bekräftigen, deshalb schreibe ich diesen Brief. Nur kann ich für mich nicht festlegen, von welcher moralischen und materiellen Nützlichkeit ich euch sein könnte, so groß ist die Unordnung eurer Ideen.
Erkennt in diesen Worten den Ausdruck meines Wohlwollens für euch und euer Werk und habt die Stärke, sie in eurer Zeitung zu veröffentlichen.
Ich schicke beiliegend 25 Francs.
Eure Mutter aus Erfahrung

Juliette B ...

Wir begrüßen voll Dank die mütterlichen Weisungen von Mme. Juliette B. und sehen vor, ihr in der nächsten Nummer zu antworten.

Jeanne-Désirée

~ ☆ ~

An unsere Leser

Freiheit für die Frauen,
Freiheit für das Volk –
durch eine Neuorganisierung
des Haushaltes und der Industrie

Als wir unser Apostolat noch schwach und isoliert begonnen haben und nur über den Erlös aus unserer Näharbeit als einzige Geldquelle verfügten, haben wir uns mit vielen Schwierigkeiten abmühen müssen. Die größte Schwierigkeit war, uns bekannt zu machen und in der Öffentlichkeit vorzustellen, um Frauen zu uns rufen zu können, die uns helfen würden, das Ziel, das wir uns gesetzt haben, zu erreichen.
Alle unsere Mittel – so gering sie sein mögen – haben wir zusammen mit unserem Glauben an die Zukunft der Menschheit für den Erfolg unserer Ideen eingesetzt. Bis hierher sind wir auf unserem Weg ohne Verbindung untereinander weitergegangen; wir haben zwar »Apostolat der Frauen« an die Spitze unserer Publikationen gesetzt, doch drückte dieser Teil eher einen Wunsch als eine Wirklichkeit aus. Heute aber können wir diesen Titel annehmen, denn schon erahnen und fühlen wir jenes religiöse Band unter uns, das alle Menschen, die ein gemeinsames Werk vollbringen wollen, einen muß. In einer der nächsten Nummern werden wir erste Grundlagen der Organisation unserer Assoziation veröffentlichen.
Gewiß ist diese Organisation noch unvollkommen, bedeutet aber immerhin einen ersten Schritt auf dem neuen Weg, den alle Frauen einschlagen sollten. O ja, von dem Tage an, an dem die Frauen sich mit gegenseitigem Vertrauen zusammenschließen und all diese kleinen Rivalitäten, die nur auf Nichtigkeiten beruhen, zwischen ihnen verschwunden sein werden, von diesem Tage an wird ihre Sache gewonnen sein, meine ich. Dann werden sie den Männern wirklich gleichgestellt sein.
Mit wahrhaftiger Überzeugung und Hoffnung schreibe ich diese Zeilen, denn ich glaube fest, daß diese Assoziation sich bilden wird, und ich hoffe und spüre, daß die unsere – so unvollkommen sie auch ist – eine Keimzelle jener heiligen und strahlenden Assoziation aller Frauen in der Zukunft sein wird.
Als wir mit unseren Veröffentlichungen anfingen, waren unsere Geldmittel beschränkt, und wir waren unsicher über die Anzahl unserer möglichen Leser, also haben wir dieser Broschüre eine sehr leichte Form gegeben. Und heute, da unser Werk sich

festigt, halten wir eine Erweiterung für nötig. Die »Neue Frau« wird von nun an den Umfang eines ganzen Druckbogens haben, doch um niemanden in Bedrängnis zu bringen, werden wir den bisherigen Preis beibehalten.
Wir vertrauen ganz auf den guten Willen derjenigen, die Interesse an unserem Werk haben und seinen Wert erkennen, oder die – auch wenn sie nicht daran glauben – gerne junge Frauen unterstützen wollen, die ohne jegliche Ressource eine Arbeit angefangen haben, deren Auswirkungen immens sein werden: Denn unser Apostolat hat zum Ziele, den Frauen ihre verborgenen Kräfte zu zeigen, auf daß sie sie zum Wohle der Menschheit gebrauchen.
Und so wenden wir uns an alle diese Personen: Sie mögen uns helfen, unsere Publikation weiterzuführen und zu vergrößern, ohne den Preis erhöhen zu müssen. Gewiß werden sie spüren, daß wir Opfer bringen, daß es uns aber unmöglich sein wird – sollte niemand uns helfen –, solche Opfer lange Zeit über zu bringen. Und eine Erweiterung scheint uns unverzichtbar, denn wir wären sonst gezwungen, alle Fragen, die zur besseren Verständlichkeit einer ausführlichen Darlegung bedürfen, in wenigen Worten abzuhandeln und vieles mangels Platz unerwähnt zu lassen, was unserem Ziel zuträglich sein könnte.

Marie-Reine

~ ☆ ~

»Meine Werke werden meinen Namen bestimmen«

Als ich in der letzten Versammlung der Damen zum Ausdruck brachte, daß ich den Namen »Saint-Simonistin« nicht tragen will, dann geschah es nicht, weil ich das Gute bestreite, das die Saint-Simonisten getan haben und tun werden – ich glaube sogar, daß sie besser als sonst irgend jemand die Zukunft der Menschheit vorausgeahnt haben und daß sie die fortschrittlichsten Männer unserer Epoche sind. Wenn ich mich unter einem Namen einordnen wollte, so wäre es gewiß der ihre, den ich annehmen würde.
Aber ich fühle mich zu einer anderen Aufgabe berufen. Für mich hängen alle sozialen Fragen von der Freiheit der Frauen ab, und deshalb streben alle meine Anstrengungen diesem Ziele zu. Mit dem Banner der Neuen Frauen will ich alles verbinden, was ich für unsere Emanzipation tun werde: Die

Sache der Frauen ist allumfassend, und nicht nur eine saint-simonistische Angelegenheit. Denn auch anderswo werden wir Kraft schöpfen; andere Männer haben zur gleichen Zeit wie Saint-Simon erkannt, daß die Freiheit der Frauen an die Freiheit des Volkes gebunden ist. Einen von ihnen haben wir schon erwähnt, und möglicherweise leben andere, die wir noch nicht kennen. Seither haben auch andere diese Ideen verbreitet, und viele unter ihnen werden bereit sein, uns zu unterstützen, denn sie sind – obgleich mit anderem Namen als dem Saint-Simons geschmückt – durch eine gleiche Idee mit uns verbunden.

Überlassen wir den Männern diese Einteilung von Namen, von Meinungen, denn ihnen sind sie hilfreich: Ihr Geist, der systematischer ist als der unsere, muß die Fortschritte, die er macht, an einen Namen, an ein Individuum knüpfen, um geordnet zu handeln. Wir jedoch, als Geschöpfe des Gefühls und der Inspiration, wir springen über die Traditionen und Regeln hinweg, von denen die Männer sich nur mühevoll lossagen können. Wir Frauen sollten im Menschengeschlecht nur die Kinder ein und derselben Familie sehen, deren Mütter und natürliche Erzieherinnen wir von unserem Wesen her sind.

Alle Menschen sind Brüder und Schwestern und durch unsere Mutterschaft miteinander verbunden. Die Männer gebären Lehren und Systeme und taufen sie mit ihren Namen, doch wir, wir gebären Menschen und sollten ihnen unsere Namen geben, ebenso unsere eigenen Namen nur von Gott und unseren Müttern empfangen. Dies ist das Gesetz, welches die Natur uns diktiert. Wenn wir aber immer wieder die Namen von Männern und ihren Doktrinen übernehmen, die sie hervorgebracht haben und über die sie eine Art Vaterschaft ausüben, werden wir unmerklich und gegen unseren Willen zu Sklavinnen ihrer Prinzipien und müssen ihnen, um konsequent zu sein, auch unterworfen bleiben: Auf diese Weise werden wir Väter haben, deren Autorität milder und liebevoller als in der Vergangenheit sein wird, doch werden wir so niemals den Männern gleichgestellt und ihre Mütter sein.

Dies waren, in allgemeinen Worten, die Gründe für mein Handeln. Ich bleibe mit euch verbunden, ich behalte unsere Devise bei: »Einigkeit – Wahrheit«, aber damit die Einigkeit und die Wahrheit zwischen uns dauerhaft sei, will ich unabhängig von euch Saint-Simonistinnen sein.

am 4. November 1832 Jeanne-Désirée

~ ☆ ~

Auszug aus den Grundsätzen und Zielen der Neuen Frauen

Das Ziel, das wir alle erreichen wollen, ist unsere Befreiung in dreierlei Hinsicht: in der Moral, im geistigen und im materiellen Leben. Aber von der Freiheit, auf die wir uns seit langer Zeit zubewegen, sind wir noch weit entfernt. Die saint-simonistische Religion überließ uns – als sie die Frau als frei und dem Manne gleichgestellt erklärte und ihr vor allem weder Bedingungen noch Grenzen auferlegte – die nicht weniger große Aufgabe, den Männern (die noch unsere Vormunde sind) zu zeigen, daß wir dieser Freiheit würdig sind und daß wir unsere soziale Situation vollkommen erneuern können, ohne zum Durcheinander und zur Anarchie überzugehen.
Wir, die Redakteurinnen der Neuen Frau, laden alle unsere Gefährtinnen, die sich uns annähern und unter unserem Banner versammeln wollen, dazu ein, über die Ziele des Apostolates, das wir begründen, nachzudenken.
Wir rufen alle Frauen auf, sich daran zu beteiligen. Wir weisen niemanden ab, denn unsere Gefühle sind großzügig, und wir wollen niemanden ausschließen.
Und wahrhaftig, wie sollte es von Nachteil sein, wenn Frauen unter uns sind, deren Leben von einer einzigen, beständigen Liebe erfüllt wird – und andere hingegen, die dank ihrer lebhaften Vorstellungskraft das Bedürfnis nach Bewegung empfinden?
Noch geht es für uns nicht darum, all diesen so unterschiedlichen Charakteren Bestätigung zu geben und sie alle zufriedenzustellen. Wir sollten spüren, daß wir – solange wir eine Moral für die Zukunft erst vorbereiten – im Interesse unserer Sache der christlichen Moral noch treu bleiben müssen, wenn sie auch für bestimmte Temperamente hinderlich sein mag. Denn nur so werden wir mit Einigkeit handeln und für unsere Anstrengungen Erfolge erzielen können. Und wir handeln eher im Sinne Gottes und von uns aus konsequenter, wenn wir unserem Tun ein gemeinsames Ziel geben, anstatt dem Drängen eines individuellen Gefühls zu folgen und sogleich die Freiheit ohne Regeln noch Grenzen zu praktizieren – was nach unserer Meinung nur als Durcheinander bezeichnet werden kann.
Denn wer würde ohne das Moralgesetz der Zukunft eine jede neue Verbindung segnen? Also müssen wir – gleichgültig, welche geheimen Wünsche wir haben mögen und wie wir unser zukünftiges Leben erträumen – das heute gültige Gesetz noch befolgen, bis ein in allen Dingen erhabenes Paar an unserer

Spitze stehen wird, dem wir das Recht, zu verbinden und zu trennen, zuerkennen.

Aber laßt uns bei aller Beachtung der christlichen Moral auch den Titel Neue Frauen verdienen, indem wir uns ganz der Sache der Frauen verschreiben und unsere Zukunftsideen energisch und aufrichtig zum Ausdruck bringen!

Hoffen wir, daß mit der Zeit unser Apostolat auch den Erfolg zeitigen wird, daß eine großmütige, ebenso gute wie kluge Frau kommen wird und uns alle zusammen vertritt. Hoffen wir, daß diese Frau den Gefühlen und Wünschen, die wir äußern werden, durch die Verbindung ihres Willens mit dem des Obersten Vaters Gesetzeskraft geben wird.

Und wir sagen es noch einmal, wir lehnen keine Frau, keinen Charakter, der anders ist als der unsere, ab. Wir bitten alle Frauen, eine gemeinsame Devise anzunehmen, die die allgemeine Verbundenheit unter allen Frauen herstellt. Die unserer Schwester Désirée: »Einigkeit – Wahrheit«, scheint mir diesen Zweck am besten zu erfüllen.

Ein Unterschied in der Farbe unserer Bänder sollte sodann andeuten, wie jede von uns ihre Freiheit versteht.

Wir Neuen Frauen haben beispielsweise als Symbol für die Treue und unser Abwarten die Farbe der Dahlie gewählt. Diejenigen also, die sich mit diesem Zeichen schmücken, werden die christlichen Moralregeln – wie schon gesagt – befolgen.

Andere Frauen voller Kraft und Freizügigkeit werden eine andere Farbe wählen.

Respekt und Schweigen auch für diese Frauen, wenn die freie Liebe, die sie sich vorstellen, den Zauber ihrer überschäumenden Phantasie zum Glück der ganzen Gesellschaft wirken läßt!

Die Neue Frau erhebt sich nicht zum Richter über ihre Gefährtinnen. Es steht uns nicht an, zu loben oder zu tadeln – denn lehnen wir nicht alle unsere gegenwärtige Situation ab? – Sei es, unter moralischen oder unter politischen Aspekten.

Das große Konzil der Frauen möge kommen – nur dann werden wir die Grenzen des Guten und des Schlechten diskutieren können.

Suzanne

~ ☆ ~

Nein, meine Damen, ich bin keine Christin. Ja, Sie hören es hier – aber verstehen Sie es auch? An mir ist es also, Ihnen zu erklären, warum ich keine Christin bin, denn ich wünsche Ihre Anerkennung und will Sie nicht vor meiner Annäherung zurückweichen sehen.

St Simonienne, Menuisier.

Hinweg mit euch, ihr Ideen von Chaos, Laster und Lüge! – Prostitution und Ehebruch, verschwindet aus den Gedanken der Menschen, wenn ich sage: Ich bin keine Christin! Nein, das Joch der christlichen Moral habe ich nie gekannt, und niemals haben mich ihre Ideen und düsteren Pflichten geknechtet. Meine Gefühle entwickelten sich seit meiner Kindheit frei von diesem Glauben.

Als ich mit zehn Jahren zum Taufbecken geführt wurde und man mir das geheiligte Zeichen auf die Stirne schrieb, da sträubten sich meine Gefühle dagegen – denn schon damals hatte ich beschlossen: Ich bin keine Christin. Als ich von meinen Gefährtinnen umringt war und, unschuldig wie sie, ihr seliges Gefühl beim Anblick dieses Gottes, den sie empfangen sollten, bemerkte, blieb ich unbewegt und bewunderte sie. Das war alles, was ich tun konnte, und dieser schöne Tag der ersten

Kommunion, dieser Tag voller frommer Rituale und Liebe für den Gott der Christen, fand mich selbst am Fuße des Altars als Heidin vor. Trotz des Aufzuges priesterlicher Heiligkeit und Majestät des Allerheiligsten wurde die Phantasie meiner jungen Jahre nicht im geringsten geblendet.

Nun habe ich Ihnen meine Gefühle mitgeteilt – Gefühle, die dieser Religion fremd gegenüberstehen und die durch die Erfahrung mit ihr noch bestärkt worden sind.

Ja, was hätte sie mir, die sich so stürmisch begeistert, denn an Versöhnlichem anbieten können? Was hätte sie mir geben können, mir, die so leidenschaftlich empfindet?

Diese Religion hat verkündet, daß die Leidenschaft das Werk Satans ist. Also sagt sie mir, die ich Liebe will, daß ich nicht lieben soll; mir, die Freude und Vergnügen will, befiehlt sie das Leid. Mir gegenüber, die ich die Form ebenso hochschätze wie den Inhalt – den Körper ebenso wie den Geist –, verdammt sie das eine und erhebt das andere in den Himmel.

Ihre Verdammungen haben mich erschauern lassen, doch sehr bald habe ich sie an dem, was sie austilgen wollten, zerbrechen sehen – so, wie sie schon an meinen Sehnsüchten zerschellt waren. Ja, ich habe die Ohnmacht dieser Verdammungen, genau wie ich es bei mir schon beobachtet hatte, nun auch überall sonst kennengelernt – selbst bei denjenigen, die sie aussprechen.

Ich habe gesehen, wie Frauen diese Moral zunächst übernahmen, sie später verwarfen ... schließlich tief in den Abgrund gerieten! Diese Unglücklichen! Sie hätten den ersten Schritt tun müssen, ein Joch abzuschütteln, ja es war an ihnen, eine ganze Religion zu verneinen!

Und ich blieb von dem Durcheinander, der Prostitution und dem Ehebruch verschont, weil ich kein Joch gekannt habe. Da die Entsagung für mich nie eine Pflicht gewesen ist, mußte ich nichts zerbrechen und brauchte kein außergewöhnliches Ereignis, um zur Liebe ohne Ehe zu gelangen.

Wie Sie kenne ich aber das Glück einer Liebe, die das ganze Leben erfüllt. Wie für Sie ist die Treue in der Liebe Gegenstand all meiner Wünsche, und ich betrachte den Wechsel von einer Liebe zu einer anderen nur als ein mittelmäßiges Glück. Auch ich will die Pflichten der Ehefrau, dennoch möchte ich nicht diesen Namen tragen, denn ich bin keine Christin, und so wäre das Gelübde, das ich ablegen würde, ganz sinnlos für mich. Ich würde es vor einem Gott ablegen, an den ich nicht glaube. Vor dem zivilen Standesbeamten wäre es dasselbe: ein Kaufvertrag

ohne Sinn und Zweck, da ich nicht über eine Erbschaft oder über eine Mitgift verfüge.
Im übrigen ist das Gelübde etwas Absurdes für mich. Ich werde also kaum die Achtung der Öffentlichkeit genießen und nicht die Ehre haben, mich mit dem Titel der Ehefrau zu schmücken. Hingegen werde ich Liebe und Glück finden, ohne meine Würde zu verlieren.
Im Namen dieses Gefühls habe ich mich hier bekannt, und ich rufe heute die Frauen, die die Freuden der Feste und Bälle schätzen, die Frauen, die den Mut finden, die öffentliche Meinung zu überwinden und demjenigen nicht widerstehen wollten, der von Liebe zu ihnen sprach; die Frauen, die die Liebe zu Großem in sich fühlen und Liebe und Vergnügen wollen, aber auch Pflichten und Achtung suchen.
Ich rufe sie zur Freiheit, die sie schon haben! Ich rufe sie zu der vollkommenen Unabhängigkeit, die uns noch zu erobern bleibt – für die Gegenwart und besonders für die Zukunft!
Ich rufe sie dazu auf, sich des Schicksals derer anzunehmen, die das eiserne Joch der christlichen Moral in die tiefen, zerklüfteten Abgründe hineingestürzt hat, die sich in der heutigen sozialen Ordnung aufgetan haben!
Ich schlage ihnen vor, als ein gemeinsames Band, als Zeichen der Verbundenheit, das ponceaufarbene Band zu wählen, denn diese Farbe knüpft an die Ideen an, die mit unseren Charakteren so gut in Einklang stehen.

Joséphine-Félicité

~ ☆ ~

»An die Redakteurinnen der Neuen Frau«

Obwohl ich für die Freiheit geboren bin und immer davon träumte, wollte ein bizarres Schicksal mich doch zur Sklavin machen. Seit meiner Kindheit war ich in ein Kloster eingesperrt, und ich verließ es nur im Austausch gegen eine neue, vielleicht noch härtere Sklaverei: die in den Pensionaten. Dort sollte ich mein Leben verbringen.
Plötzlich stellte sich mir diese ideale Freiheit, die ich mir erschaffen hatte, nicht mehr als Traum, als Hirngespinst dar, sondern als etwas Natürliches und Mögliches, und seitdem wurde sie mir unentbehrlich. Auf meinem Wege aber traf ich auf tausend Hindernisse. Bis ich schließlich das Joch zerbrach,

welches man mir aufzwingen wollte, und trotz allem frei wurde – oder zumindest mich frei glaubte. Wie ein Vogel, der aus seinem Käfig entflogen ist, lief ich hierhin und dorthin und wollte, wenn es mir möglich gewesen wäre, in einem einzigen Augenblick den Anblick des ganzen Universums genießen. Alle meine Handlungen, die ebenso Betätigungen meiner Freiheit waren, schienen mir eine Freude, und ich glaubte, endlich das Glück ergriffen zu haben. Ich lebte ganz in der Begeisterung des Augenblicks. Aber ach! ... Dieser Augenblick währte nur kurz, und diese mir so teure Illusion verflüchtigte sich vor den dummen Vorurteilen einer Welt, die von Sklaven bevölkert wird.

Beißende Kritik fiel von allen Seiten über mich her, und um nicht zu verlieren, was man seinen »Ruf« nennt, sah ich mich in den vier Wänden meines Zimmers eingeschlossen – einsam und isoliert, ohne daß es mir auch nur möglich gewesen wäre, meinen Kummer zu vertreiben.

In dieser Zeit kam jene Träumerei, die mir vormals zu Hilfe eilte, wieder zu mir und bot mir ihre melancholischen Freuden. Als ich das Bild der Gesellschaft an meinen Augen vorüberziehen ließ, sah ich die so teure Freiheit überall gepredigt, gepriesen und vergöttert, dennoch beinahe unbekannt, wenn man von der Wirklichkeit ausgeht. Nichtsdestoweniger erschien mir der Mann äußerlich freier, besonders gegenüber der Frau, die er aufgrund ihrer Schwäche nach seinen Wünschen beherrschen zu wollen schien.

Ich, die ich mir bis dahin vorgestellt hatte, die Frau müßte, da sie wie der Mann ein vernünftiges und denkendes Wesen ist, als seinesgleichen durch das Leben gehen, ich gehe also dieser Ungleichheit, die mir ungerecht erschien, auf den Grund – und erhalte als Antwort diesen Vers von La Fontaine:

»Die Räson des Stärkeren ist immer die bessere.«

Sehr gut, antwortete ich, ich hatte geglaubt, daß allein die Intelligenz ein Recht auf Souveränität gewähre; jetzt sehe ich, daß der Mann sich genauso wie das wilde Tier verhält.

Und dennoch, auch hier seid ihr ungerecht: Der Löwe und viele andere Tiere sind unendlich viel stärker als ihr, also müßtet ihr sie als eure Herren betrachten und ihnen Respekt und Gehorsam entgegenbringen. Wir Menschen haben die Tiere unterworfen, einige jedenfalls – jedoch widerstehen euch die meisten, und alleine könnt ihr sie nicht überwältigen –, also sind sie stärker, also sind sie eure Herren.

Lassen wir diese Tiere einmal beiseite: Gemäß eurem System

werdet ihr aber mit mir darin übereinstimmen, daß der Stärkste unter den Männern euch die Gesetze diktiert. Dann allerdings müßte euch der Wilde, der alleine Felsen bewegt oder Eichen fällt, beherrschen. Doch nein, mit der Kraft muß die Intelligenz verbunden sein ... Nur müßt ihr dann die Natur verändern, weil sie selten beides vereint. Wenn aber, im Gegenteil, die Intelligenz die Kraft inspirieren, sie leiten und zum Handeln bringen soll, dann stimmt mit mir überein, daß die Frau, ebenso wie ihr, einen Willen hat und andere dazu bewegen kann, ihm zu folgen, wenn ihre Absicht gerecht und vernünftig ist:

Also laßt ab von eurer Tyrannei! Versucht nicht, unseren Verstand von der Wiege an zu unterjochen! Laßt uns unseren Geist der Wissenschaft und der Kunst widmen, wenn dies der Wunsch ist, den die Natur uns eingibt! Umgebt unser Dasein nicht länger mit Ketten, die deshalb so schwer sind, weil unser Herz damit gebunden wird! Betrachtet uns nicht länger als ein Spielzeug zu eurem Vergnügen: mit einem Wort: Gebt uns frei! ...

Aber nein, mich erniedrigen und euch um unsere Freiheit bitten wie um eine Gnade! Unsinn! Sie gehört uns! Die Natur hat sie uns zugedacht. Euch die Körperkraft und uns die Kraft der Anmut! Zwei schöne Augen lassen euch innehalten, und ohne daß ihr es gewahr werdet, diktiert ein hübscher Mund euch die Gesetze! ... Haltet uns nur weiterhin als Sklaven, dann werdet ihr jeden Tag einen Herkules sich der Omphale zu Füßen werfen sehen und einen Samson von einer Dalila überlistet. Ihr verdient euer Schicksal! Und die Fehler, die wir Frauen machen, sollten euch vorgeworfen werden.

Doch heute erfahre ich, daß wahrhaft gute, wahrhaft philanthropische Menschen, ebenso wie ich, die Richtigkeit dieser Argumente erkannt haben und sie den Frauen nahebringen – ja, den Frauen, die diese Richtigkeit zwar spürten, aber aufgrund ihrer Unterwerfung dem Übel noch nicht abhelfen konnten.

Ehre euch, ihr großherzigen Frauen, die ihr als erste gewagt habt, das Joch abzuschütteln! Ehre euch, ihr mutigen Saint-Simonistinnen! Euer Name wird den Frauen in der Zukunft mit Respekt genannt werden, als die Erneuerinnen eures Geschlechtes und die Schöpferinnen seines Glücks!

Stolz gehe ich mit eurem Banner.

Zeigen wir denen, die sich für unsere Gebieter halten, daß sie nicht vergeblich überall die Fahne der Freiheit aufpflanzen!

Bekämpfen wir im Interesse der Freiheit die Vorurteile und ihre Urheber, entfalten wir die Kräfte, die – obgleich sie

weniger scheinen – nicht wirklich weniger sind! Und zerreißen wir endlich unsere Ketten!
Mögen die Ketten der Zukunft, solange sie uns noch umschlingen werden, nur aus Blumen geflochten sein zu unserem wie zum Glücke der Männer!

Isabelle

~ ☆ ~

An Madame Laure Bernard

»Frauen, behalten wir unsere Sklaverei bei, so wie sie ist.« Oh, wenn Madame Laure wüßte, was die Versklavung bedeutet, die auf der Frau lastet, wenn sie wie meine Schwester und ich aus dem Arbeiterstand käme! Sie wüßte dann, welche Schmerzen die heutige soziale Ordnung den Müttern, den Frauen und den Töchtern des Arbeiters auferlegt! Und wenn sie auf der sozialen Stufenleiter ein wenig höher stiege, erführe sie auch, wie der Despotismus dieser Klasse aussieht, deren Verstand beinahe entwickelt und deren Erziehung beinahe vollendet ist.
Ich kann dem Wunsche nicht widerstehen, Ihnen als Beispiel ein Ereignis zu erzählen, das mich berührt hat und noch nicht lange zurückliegt.
Der Ehemann einer meiner Freundinnen erklärte ihr förmlich, als er zornerfüllt etwas von »Freiheit« und »Emanzipation der Frau« hörte, daß er sie als »*seinen* Gegenstand, als *sein* Eigentum« betrachte und »an ihr alle diejenigen *bestrafen*« werde, »die sich ihrem unterdrückenden Joch entziehen« wollten. Ach, der Unglückselige! Zweifelsohne hält er sein Wort, denn vor kurzem gestand mir meine arme Freundin, sie werde *das Haus ihres* Ehemannes nur noch einmal verlassen – und dann nur, um sich in die Seine zu stürzen!
Und sie ist Mutter! Wie viele Selbstmorde geschehen aus ähnlichen Gründen!
Mögen diese Zeilen, sofern sie Sie erreichen, Ihre Seele zu heilsamer Besinnung bewegen!
In der gehobenen Gesellschaft hingegen ist die Zivilisation weiter fortgeschritten, das ist wahr. Ein Ehemann kann mit seinem liederlichen Lebenswandel zwar das Herz seiner Frau brechen oder sie in ihren Börsengeschäften ruinieren, doch immer bleiben zumindest die Formen gewahrt, auf immer ist alle unwürdige Brutalität aus der guten Gesellschaft verbannt.

Auch ist es wahr, meine Damen, daß Sie Ihren Kummer, wenn schon nicht vermeiden, so doch mittels aller möglichen Vergnügungen mildern können. Die Wissenschaft und ihre Reichtümer eilen Ihnen schon in jungen Jahren zu Diensten und helfen, Ihre Intelligenz zu entwickeln; die Form Ihrer Kritik ist immer anmutig, der Zauber der schönen Künste begeistert Ihre Seele in der Stille des Glücks und läßt Ihre Leiden in Tagen der Anfechtung leichter werden.
Doch ebenso begierig auf Bildung sind die jungen Mädchen aus dem Volke. Auch sie erfreuen sich an der Harmonie der Kunst und erschauern angesichts artig erklärter Liebe. Aber ach! Wenn diese jungen Mädchen sich nicht in aussichtslosen Sehnsüchten verzehren wollen, bleibt ihnen – um diesem langsamen Tod zu entgehen – auf einer Seite nur das Theater, wo die Öffentlichkeit sie immer noch verfolgt, falls sie nicht das Zepter der Schönheit und der Begabung in Händen halten, und auf der anderen die Prostitution in all ihren Formen!...
Privilegierte Frauen, Frauen aller Stände! Diese armen Unglücklichen teilen mit uns unsere schönste Auszeichnung: die Mutterschaft!
Schließen wir uns also alle zusammen! Vereinen wir unsere Anstrengungen, um diese Schande zu tilgen, die auf unserem Geschlecht lastet! Arbeiten wir einmütig daran, die bestehende soziale Ordnung umzuformen!
Und wir werden es erreichen! Auf daß diese Worte Ihnen Gewißheit geben mögen – gleichgültig, welche eitlen und hohlen Reden alle Welt über die große, allumfassende Religion und über die Apostel, die sie predigen, halten wird.
Während ich darauf warte, daß andere Frauen sich auf die Höhe ihrer Zeit erheben, rufe ich Ihnen zu: Courage! Mut, ihr privilegierten Frauen! Ihre elegante Zeitschrift geht mit dem Fortschritt, Sie kennen die Sprache der Gesellschaft, also ist es an Ihnen, sich ihrer Erziehung anzunehmen![1]
Unser Werk ist größer und auch religiöser: Wir treten für die Frauen des Volkes ein, deren Schmerzen wir selbst so sehr gefühlt haben. Ich nehme mir vor, mich mit meiner ganzen Existenz der Verbesserung ihres Schicksals zu widmen.

[1] Suzanne wendet sich hier an Laura Bernard, Redakteurin der Zeitschrift »Journal des femmes«, die ab 1832 als Modemagazin erschien. Ein weiterer Artikel in der »Neuen Frau«, der sich an dieselbe Redakteurin und eine Mitarbeiterin wendet (»An Mmes. Laure Bernard und Fouqueau de Passy«, von der uns unbekannten M.F.), kritisiert beide sehr streng als Verfasserinnen eines Artikels gegen die Saint-Simonisten.

Ich habe den lebendigen Glauben, daß alle Frauen sich eines Tages solidarisch fühlen werden, ja, daß die durch Herkunft und Reichtum begünstigten Frauen, angerührt vom Schicksal unserer unglücklichen Leserinnen, sich uns proletarischen Frauen annähern und mit uns zusammenschließen werden.

Madame, seien Sie hochachtungsvoll gegrüßt

Suzanne

~ ☆ ~

Saint-simonistische kunsthandwerkliche Assoziation

Wir leben in einer Zeit, in der das Bedürfnis nach Zusammenschluß, nach einem religiösen Band, welches alle Menschen miteinander verbinden soll, lebhaft empfunden wird.

Gerade gestern fand eine Versammlung der saint-simonistischen Männer statt. Dort sind Vorschläge gemacht worden, wie das große Ziel, nämlich die Menschen untereinander derart zu vereinigen, daß sie sich gegenseitig unterstützen und Vertrauen und Einigkeit zwischen ihnen herrschen, am besten zu erreichen sei. Heute nun sollten wir Frauen, die wir uns frei und fähig nennen, an diesem Werk des Fortschrittes und der Befreiung teilzunehmen, auch mit Mut und Ausdauer daran arbeiten.

Wenn die Frauen bisher vollkommen unterworfen und Sklavinnen waren, so deshalb, weil sie nicht einig waren und es keine religiöse Gemeinschaft zwischen ihnen gab. Kleine Rivalitäten, Zerwürfnisse ohne Grund und Gegenstand waren bis heute ihre Hauptbeschäftigungen, ihre täglichen Sorgen. Und dieses Fehlen von Einigkeit und Harmonie setzt sie jeden Tag den Fallen und Brutalitäten der Männer aus.

Diese unerfreulichen Gedanken kamen mir anläßlich eines Vorfalles, von dem ich vor kurzem erfahren habe. Ein junges Mädchen, das brav und christlich lebt, aber auch unsere Ideen von Freiheit und Befreiung übernommen hat, wurde das Opfer eines Mannes. Sie ist Waise und lebt allein von ihrer Hände Arbeit, zurückgezogen in einer elenden Kammer. Ein Mann wohnt unter ihr – ein großer, starker Mann. Sie ist hübsch, und so weckte sie seine Begierde. Eines Tages kam er unter irgendeinem Vorwand hinauf in ihr Zimmer und machte dort von seiner Stärke Gebrauch. Was hätte das junge Mädchen tun können? Sie war damals sechzehn Jahre alt, die Gerichte aber gestehen Klagerecht in solchen Fällen nur bis zum Alter von fünfzehn Jahren zu. Die Gesetze werden ihr kaum Genugtuung verschaffen, und ihr Peiniger weigert sich, sie vor aller Welt zu rehabilitieren. Er will sie keinesfalls heiraten, indes klopft er abends und morgens an ihre Türe, um seine schändlichen Versuche zu erneuern.

Dies ist der Fall, auf den ich Ihre Aufmerksamkeit lenken wollte. Nun, meine Damen, wenn das Verbrechen Folgen zeitigt, wenn das junge Mädchen die Spuren der ihr angetanen Gewalt in der heutigen Situation austragen muß, dann ist sie für den Rest ihres Lebens entehrt. Sie wird vergeblich sagen und öffentlich ausrufen: »Ich habe es *nicht* gewollt, ich habe mich gewehrt! Ich war zu schwach ...!« Die spottende Öffentlichkeit wird sie zurückstoßen, die Männer werden über sie lachen, wenn sie vorübergeht, und die Frauen werden schreien: »Hinweg!« Es wäre ja auch wirklich lächerlich, heutzutage noch an die Tugend einer Frau zu glauben. Und sie, unschuldig und brav, wird Schande und Gemeinheit zu erdulden haben, weil ein Mann stärker war als sie.

St. Simonienne étudiant la Médecine

Diese Vorfälle wiederholen sich alle Tage in unserer Gesellschaft. Wenn man nachforschen und alles aufschreiben wollte, was es an unmoralischem Verhalten von Männern gegenüber Frauen gibt, dann würde man sehen, daß nicht ein Tag, nicht eine Stunde vergeht, ohne daß derartige Verbrechen der Ausbeutung begangen werden.

Tatsächlich findet man recht selten junge Mädchen aus dem Volke, die ganz auf sich gestellt leben und nicht gegen das verstoßen würden, was man gemeinhin Ehre und Tugend nennt – sei es, ihnen wurde Gewalt angetan, sei es, sie wurden verführt. Arme, von allen verlassene Kinder, ohne Eltern oder Freunde, die sie an Gewittertagen trösten, deren Stimme sie beleben und deren Hände sie unterstützen würden! So sind sie in diese Gesellschaft geworfen, die ihnen nur Hindernisse bietet und deren kalte Gleichgültigkeit es nicht für nötig hält, sich ihrer Seele anzunehmen, die soviel Liebe bräuchte und doch nur Verachtung und Kränkung findet.

Wie können sie sich ohne Unterstützung, ohne Verteidiger und sogar ohne Rächer der Brutalität der Männer entziehen?

Wenn sie nun über ihre Einsamkeit weinen und ihre traurigen Blicke auf diejenigen lenken, die sie umgeben, dann werden sie nur Gesichter antreffen, die die Selbstsucht eingefroren hat. Keine Seele, die der ihren etwas entgegenbringen könnte oder verstünde, was sie wollen!

Die armen Mädchen! Wenn in diesem Augenblick des Schmerzes sich ihnen ein Mann nähert, wenn er in ihren Ohren das magische Wort Liebe ertönen läßt und verspricht, sie zu lieben, wenn sie sich dann vertrauensvoll und naiv ganz dem Glück hingeben, zum ersten Male zu lieben und geliebt zu werden, ja, wenn sie ihren Verführer, der sie nun mitzieht, folgen, so sind sie schon gefallen. Dann können die Männer leicht verächtlich lachen über ihren Fall und die Frauen sie mit übler Nachrede beleidigen.

Die Damen von Welt werden mit Grund geliebt und sind glücklich, denn sie können Liebe bekommen, ja Liebe, wie und soviel sie wollen – für ihren Reichtum und ihre Mitgift.

Diese privilegierten Frauen, so gänzlich ihrem Glück hingegeben, aufgeblasen und übermäßig von ihrer Person überzeugt, verstehen die Verzweiflungsschreie ihrer leidenden Gefährtinnen nicht. Sie sind nicht dazu fähig, ihnen die Hand zu reichen, und dennoch: ein Börsensturz, ein Bankrott – eines dieser grausamen Spiele von Zufall und Glück, die sich so oft wiederholen – kann sie von ihrem seidenen Diwan rücksichtslos auf das Pflaster oder den Dachboden des Elends werfen und sie die harten Lebensbedingungen der armen Mädchen aus dem Volke teilen lassen.

Was werden sie tun, wenn ihre Freunde im Überfluß sich von ihnen abwenden und sie meiden? Denn in dieser Welt fügt man auch noch die Schande zum Elend, ja, man glaubt sich häufig dazu verpflichtet, Armut herablassend zu entschuldigen. Was also würde aus ihnen in bitterer Not werden? Was würden sie anfangen? Wie würden sie sich dann verhalten, in welche Richtung würden sie gehen? Von allen verlassen – wie schrecklich wäre ihr Los!

Würden sich doch die Töchter der Reichen nur einen Augenblick lang diesen Zustand vorstellen. Nur für einen Augenblick sollten sie sich selbst im Elend vorstellen und darauf beschränkt, von ihrer Hände Arbeit zu leben. Mögen sie doch einmal reiflich und ernsthaft darüber nachdenken.

Nun, wäre es dann für sie nicht von ebenso großem Vorteil wie für die Töchter der Armen, wenn es Häuser gäbe, gegründet im Geiste der Liebe und der Religion, wo Kunst und Handwerk gemeinsam betrieben würden – Häuser, in denen die jungen Mädchen, durch einen gemeinsamen Gedanken miteinander vereint, Sicherheit und Schutz fänden gegen Elend und Hunger, gegen Brutalität und Verführungskünste der Männer und gegen die Verlockungen des Goldes, die für jeden übermächtig werden, der unter Kälte, Durst und Hunger leidet?

Ja, wir wiederholen es noch einmal, die Assoziation ist das einzige Mittel, um gleichzeitig Frauen und Männer zu befreien: Die Frauen, weil dann ihr Lebensunterhalt nicht mehr von ihren Vätern oder Ehemännern abhängt – die Männer, weil sie sich freier ihren Berufungen hingeben können, wenn sie sicher sein werden, daß Töchter und Frauen sie nicht mehr brauchen, um ihr tägliches Brot zu essen.

Die Assoziation der Frauen ist also wesentlich, folglich muß man sie verwirklichen. Hier nun, was wir vorzuschlagen haben, um dieses Ziel zu erreichen.

Wir wollen:

Die Gründung einer Vereinigung von jungen Mädchen, die eine neue Moral abwarten wollen, und von älteren Frauen, die durch Tod oder Abwesenheit des Ehemannes Witwen geworden sind und ihre jüngeren Schwestern mit Erfahrung und Rat leiten können. Diese Vereinigung soll den Namen »Saint-simonistische kunsthandwerkliche Assoziation« tragen.

In dieses Haus können alle jungen Mädchen kommen – wie

auch immer ihre Position in der heutigen Gesellschaft sein mag – vorausgesetzt, sie wollen in den Fragen der Moral abwartend bleiben und mit ihrer Arbeit sinnvoll zur materiellen Existenz und zum Wohlergehen der Gemeinschaft beitragen. Jede Person sollte zuinnerst von der Notwendigkeit des sozialen Lebens, der Einigkeit und der Liebe zwischen allen Mitgliedern der Vereinigung überzeugt sein, bevor sie sich zur Aufnahme vorstellt.

In unserem künstlerischen und handwerklichen Hause sollen die Arbeiten jeder einzelnen zum Wohle aller wirken; und die Erfordernisse aller werden sich, besonders zu Beginn, stark bemerkbar machen.

Vor allem in der ersten Zeit sollten diejenigen, deren Arbeit höhere Erträge als die der anderen einbringt, ihre persönliche Befriedigung in der Liebe und der Wertschätzung ihrer Gefährtinnen suchen. Dennoch wird über Einlagen und Arbeitsertrag jeder einzelnen Buch geführt, um ihr Rechenschaft darüber geben zu können, wenn sie sich entschließt, die Gemeinschaft zu verlassen; dies wird sie jedoch nur nach reiflicher Überlegung tun und dann dafür sorgen, daß die Trennung dem Gemeinwohl keinen allzu großen Schaden zufügt.

Nicht nur die materiellen Güter sollten geteilt werden, sondern alle Mitglieder der Gemeinschaft sollten von einem religiösen Gefühl beseelt sein, das sie leitet und anspornt, alle Schätze der Wissenschaft, der Kunst und des Handwerks, die sie als einzelne besitzen, miteinander zu teilen.

Bestimmte Stunden des Tages, vor allem am Sonntag, werden religiösen Gesängen gewidmet sein.

Hier nun, meine Damen, die wichtigsten Grundlagen der Assoziation, die wir vorschlagen wollen. Und glauben Sie nicht, daß wir vor Ihnen auftreten, ohne vorher alle Berechnungen angestellt zu haben, die die Existenz unserer Gemeinschaft sichern werden.

… Dies sind unsere Kalkulationen:

Für 1200 Francs im Jahr können wir ein kleines Haus hinter dem Jardin de Luxembourg, einsam zwischen Hof und Garten gelegen, anmieten. In diesem Hause werden sein: Salon, Empfangszimmer, Werkstatt, Schlafsaal, Speisesaal, Wäscherei, Küche, Krankenzimmer.

Ausgehend von 20 Mitgliedern der Gemeinschaft am Anfang und einer Mindesteinnahme von 1 Franc am Tag erbringen die verschiedenen Einkünfte eine Einnahme von:				7200 Francs
Für die Miete sind aufzubringen:				1200 Francs
Für das Essen pro Person etwa 12 Sous, gleich 12 Francs an einem Tag, folglich betragen die jährlichen Ausgaben hierfür:				4380 Francs
Bleiben übrig für Kleidung, Heizung und Beleuchtung:				1620 Francs
Heizung und Beleuchtung pro Jahr:			300 Francs	
Wäsche	*pro Monat*	*pro Jahr*		
80 Hemden	12 Francs	144 Francs		
80 P. Strümpfe	8 Francs	96 Francs		
160 Handtücher	8 Francs	96 Francs		
alle sechs Wochen:				
20 Paar Laken	6 Francs	72 Francs		
40 Schwämme	1 Franc	12 Francs		
		420 Francs	420 Francs	
			720 Francs	720 Francs
				900 Francs

Bleiben also 900 Francs zur Instandhaltung von Wäsche und Kleidung, für jedes Mitglied 45 Francs.
Dies haben wir Ihnen vorzuschlagen, so ist unser Plan.
Wir hoffen, daß Ihre aufmerksame Beachtung ihn weiterhin verbessern wird.

Angélique
Sophie-Caroline

~ ☆ ~

»In der ›Revue des deux mondes‹ wird Ihre ›Neue Frau‹ erwähnt, Madame«, höre ich vor kurzem, und ich naive Unwissende schreie gleich auf: »Die ›Revue des deux mondes‹? Welch schöner Titel! Was ist das für ein Magazin?« – »Madame, das ist in der Tat eine sehr ernsthafte Broschüre, die von Gelehrten herausgegeben wird.«
Wißbegierig wie alle Töchter Evas und mit dem Drange, Neues kennenzulernen, gehe ich sofort zum nächstgelegenen Lesekabinett und frage nach diesem Werk der Wissenschaft in der Überzeugung, eine gewissenhafte Analyse unserer Artikel oder eine kluge und vernünftige Kritik unserer Prinzipien darin zu finden. Mit dem kostbaren Magazin in der Hand setze ich mich also in die entfernteste Ecke, um nicht von den stürmischen Bewunderern des jungen Republikaners Prospère, dessen schöne Verteidigungsrede in der »Tribüne« des Tages abgedruckt war, gestört zu werden, und überlasse mich dort voller Ungeduld meiner Lektüre.[1]
Aber wie hatte mich meine Phantasie geblendet! Was muß ich entdecken, als ich meinen Blick auf dieses Werk richte! Anstatt der Dinge, die ich zu finden hoffte, sehe ich in diesem Artikel nur einige taktvolle Anspielungen und Äußerungen dieser Art: »Die neuen Frauen haben ihre Unabhängigkeit mit der Nadelspitze erobert. Sie haben sich von der Beherrschung des Mannes befreit, indem sie ihm Hemden nähen.« Wie elegant! Welche Feinsinnigkeit! Selbst du, »Figaro«, hättest diese Pointe in deinen besten Zeiten für dich beanspruchen können! Großer und teurer Schatten der Vergangenheit, sie sei dir hiermit zurückgegeben; schmücke damit deine neueste Freundlichkeit über uns!
Und Sie, meine Herren Gelehrten der »Revue«, glauben Sie mir, im Witz liegt nicht Ihre Stärke! In Ihren Händen verführt er nicht zum Lachen, sondern verletzt und wirkt abstoßend.

Suzanne

[1] Die »Revue des deux mondes« erschien bis 1934 in Frankreich und war ein tonangebendes literarisch-politisches Magazin. Der Verfasser des Artikels, auf den sich Suzanne hier bezieht, ist uns nicht bekannt; dem Zitat Suzannes gehen folgende Zeilen voraus: »Sie hätten besser daran getan, einen anderen Laden – vielleicht ein Wäschegeschäft – zu eröffnen. Ja, diese Neuen Frauen sind geschickte Handwerkerinnen....« (folgt Zitat Suzanne).

Gerechtigkeit der Männer

Das Interesse an einem ganz bekannten Fall hat mich vor einiger Zeit in die Gerichtssäle der Ordnungspolizei geführt, wo er verhandelt werden sollte. Vielleicht werde ich eines Tages darüber berichten, denn er ist nicht uninteressant. Doch heute, liebe Leserinnen, möchte ich euch die Gründe für den Wunsch nach Zerstörung, der mich seit einigen Tagen ergriffen hat, erklären, indem ich die Einzelheiten einer Verhandlung, die an demselben Tag stattfand, schildern werde. Gewiß werdet ihr dann ebenso wie ich fühlen, wie wenig wir von den Männern, sogar von den Rechtsprechern, beschützt werden.

Vor Gericht erschien zunächst eine junge Frau. Sie wirkte ergreifend in ihrer Blässe, ihrem seelischen Schmerz und ihrer unverdienten Qual. Inmitten all dieser strengen Männer erzählte sie einfach und aufrichtig, wie ihr Ehemann, der ihr doch vor der ganzen Gesellschaft Schutz und Beistand versprochen hatte, den gemeinsamen Besitz verkaufte und ihr als einzige Geldquelle nur seine Schulden hinterließ. Er hatte alles Geld mit einer anderen Frau verschwendet. Arme Ehefrau! Du hast gläubig deine Stirn unter das Joch ihrer Gesetze gebeugt – und welchen Trost haben die Männer jetzt für dein gebrochenes Herz übrig, da einer der ihren deine Existenz zerstört, indem er dich verläßt und der Verachtung aussetzt? Alles um dich herum antwortet: Einsamkeit! Verachtung! ... Ich frage mich, welche unermeßliche Duldsamkeit doch in uns Frauen ist, denn trotz ihrer nur zu berechtigten Gründe, gegen den Ehemann Klage zu erheben, schien es ihr peinlich, alle Einzelheiten anzugeben. Und sie klagte nicht einmal gegen ihn, sondern gegen die unglückliche andere Frau, die nicht nur diese Ehe in Unordnung gebracht hatte, sondern die Ehefrau eines Tages brutal schlug, weil sie die verdienten Vorwürfe der bedauernswerten Verlassenen nicht ertragen konnte. Diese Frau hatte Berufung eingelegt, und das Gericht gestand ihr einen Pflichtverteidiger zu.

Oh, wie kann ich meine Empörung schildern, als ich sah, wie dieser Anwalt auf Gericht und Zuhörer mit seinen elenden Erklärungen einwirkte. »Sehen Sie, meine Herren, die Eifersucht hat die Klägerin so erregt, daß sie beleidigend wurde. Meine Mandantin hat darauf ein wenig heftig geantwortet. Sie werden diese Sache niederschlagen, denn es handelt sich hier, wie Sie sehen, nur um Streitigkeiten zwischen Frauen.« (Die Angeklagte wurde nicht gänzlich freigesprochen, aber ihre Strafe um die Hälfte gemildert.) Hätte dem Richter eine Frau zur Seite gesessen, so wäre diese wichtige Frage der Beziehungen zwischen den Geschlechtern nicht so leicht als »Streitigkeiten zwischen Frauen« abgetan worden. Wie gehässig ist doch ein solcher Ausspruch! Wo bleibt hier die Moral? Was ist denn mit dem Schutz für die Schwachen, wenn er nicht einmal vom Allerheiligsten, von der Justiz gewährt wird? Was für eine Gesellschaft, die – ohne die geringsten moralischen Bande – uns nur Kränkungen vorbehält, gleichgültig, ob wir ihren Gesetzen Folge leisten oder nicht! Wie sollte ich in meiner düsteren Stimmung nicht versucht sein, dieses Prinzip der Ungleichheit, das uns regiert, umzustürzen! – Erdrückt es doch die Hälfte der Menschheit.

Um euch, liebe Leserinnen, zu beweisen, daß dieser Wutausbruch kaum übertrieben ist, laßt mich auf seinen Anlaß zu sprechen kommen, d. h., laßt uns gemeinsam einmal das Gesetzbuch, dieses Meisterwerk der Zivilisation, wie es uns die Männer auferlegen, untersuchen.

Wer Gesetzbuch sagt, meint gesellschaftliche Festlegung im Interesse aller und von allen gebilligt und genehmigt. Und wer sind alle? Besteht die Menschheit etwa allein aus Männern? Also, ihr Gesetzgeber aller Zeiten, sagt mir, wann ihr jemals Frauen in der Rechtsprechung zugelassen hättet, damit sie die Rechte ihres Geschlechtes vertreten können? Da wir also niemals Fürsprecherinnen hatten, um eure unterdrückerischen Gesetze, die ihr gegen uns erlaßt, zu diskutieren oder sogar zurückzuweisen, sagt mir auch, mit welchem Recht ihr verlangen wollt, daß wir uns diesen Gesetzen ewig unterwerfen. Männer! Hört endlich auf, über die Unordnung, die in eurer Gesellschaft herrscht, zu erschrecken – die Unordnung ist ein energischer Protest gegen das, was ihr allein geschaffen habt. Ich, als schwache Frau, fühle heute die Kraft und das Bedürfnis in mir, lautstark gegen das zu protestieren, was eure Gesellschaft an Willkürlichem und Lasterhaftem hervorgebracht hat und was sich als Konsequenz eines schlechten Prinzips zwangsläufig in einigen Gesetzesparagraphen niederschlägt.

Wie kann es möglich sein, daß im neunzehnten Jahrhundert auch nur noch ein einziger eurer Vertreter ernsthaft bekundet: »Die Frau schuldet ihrem Ehemann Gehorsam«? Ich hatte schon in einem anderen Artikel nach dem Warum gefragt, mein Fehdehandschuh aber blieb liegen – keiner hob ihn auf. Allein die Zeitschrift »La Revue des deux mondes« scherzte darüber, doch scherzen heißt nicht beweisen. »Die Frau ist verpflichtet (so der Gesetzestext), bei dem Ehemann zu wohnen und ihm überallhin zu folgen.« Der Geist dieser Gesetze bestätigt nur unsere Sklaverei. Ihr werdet vergeblich erwidern, daß ihr den Buchstaben des Gesetzes nur sehr selten gegen uns anwendet – warum ihn dann überhaupt bestehen lassen? Wenn es um die Verwaltung eurer eigenen Angelegenheiten geht, seid ihr, meine Herren, nicht so inkonsequent.

St Simonienne Docteur en Droit.

Und der Geist eurer Gesetze ist der Mutter gegenüber noch böswilliger als gegenüber der Ehefrau. Gegenüber der Ehefrau herrscht Willkür und Despotismus, dem sie mit den alltäglichen, heimlichen Kämpfen entrinnen kann, doch mit welcher Ungerechtigkeit und welchem Mißtrauen, wie sie aus euren Paragraphen sprechen, verletzt und brecht ihr das Herz einer Mutter. Seht nur den § 373 an: In der Familie hat nur der Vater die Gewalt über die Kinder. § 374: Ein Kind darf das Elternhaus nicht ohne die Erlaubnis des Vaters verlassen.

Und wieviel bedeutet doch die Mutter in der Familie! Ihr Einfluß ist gewaltig, aber ihre Rechte sind nichtig! Oh, Gerechtigkeit der Männer!

§ 389: Allein der Vater verwaltet alle materiellen Güter seiner minderjährigen Kinder.

Des öfteren habe ich mich beim Lesen dieser Paragraphen

gefragt: Besitzt denn der Vater allein jegliches Urteilsvermögen? Behauptet sich jetzt die Unfehlbarkeit des Mannes nunmehr in der kleinen Ehefestung? – Oh, seht nur, mit welcher Anmaßung die Gesetzgeber verfügen! Denn wenn die Ehefrau in ihrer Mutterliebe die Kraft findet, die Entscheidungen ihres Ehegatten zu beeinflussen, dann greift das Männergesetz ein, um ihr flugs Verweise zu erteilen: Hinweg, Usurpatorinnen! Ihr maßt euch ein Recht an, das euch nicht zusteht!

§ 390: Nach dem Tode eines der Ehegatten geht die Vormundschaft auf den hinterbliebenen über.

Dieser Paragraph schien bereits zuviel Gleichheit zwischen Mann und Frau herzustellen, und sogleich nimmt ihn auch der folgende wieder zurück:

§ 391: Der Vater kann vor seinem Tode der verbleibenden und die Vormundschaft innehabenden Ehefrau einen besonderen Rechtsbeistand benennen, dessen Einverständnis sie in allen, die Vormundschaft betreffenden Angelegenheiten einholen muß.

Es ist allgemein anerkannt, daß die Mutterliebe eines der tiefsten Gefühle ist – warum also dieses Mißtrauen? Wer vermag besser als die Mutter über das Glück ihrer Kinder zu wachen? Wer hat mehr als sie selber die Gewißheit, daß sie ihre Kinder sind? Und selbst, wenn eine neue Liebe einer Frau weitere Kinder schenkt, schöpfen sie dann nicht alle gemeinsam aus derselben Lebensquelle? Vereint denn die Mutter nicht sie alle in ihren Gedanken und in ihrem großzügigen Herzen? Oh, Gerechtigkeit der Männer!

Ihr jungen Mütter aber, verscheucht die trüben Gedanken über solche Gesetze! Möge euch die Liebe eurer Kinder glückliche Jahre bescheren, und wenn die Ehe zu fortwährender Enttäuschung für euch geworden ist, dann flieht in die Zukunft eurer Kinder – auf daß eure Vorstellungskraft ihr Leben mit all dem Glück verschöne, welches euch versagt geblieben ist! Denn es sind doch eure Kinder.

Oh, Gerechtigkeit der Männer! Wahrhaftig, die Zeit naht, da eure Rechtsprechung entlarvt werden wird. Nicht länger werden dann Geist und Körper einer Mutter gemartert werden. Gott hat ihr allein die Gewißheit der Abstammung gegeben. Im Busen des jungen Mädchens liegt das lebendige Band, das die aufeinanderfolgenden Generationen immerfort miteinander verbindet, und es ist die Mutter der Menschheit, die dieses Mysterium immerwährend erfüllt!

Suzanne

Bankett der Lyoner Arbeiter

Freiheit für die Frauen, Freiheit für das Volk – durch eine Neuorganisierung des Haushaltes und der Industrie

Die »Tribüne« vom 13. November enthält einen Bericht über das Festbankett der Arbeiter in Lyon und zitiert die Trinksprüche, die dort ausgesprochen worden sind. Diese Worte sind der beste Beweis für die Gesittung des Volkes und die Fortschritte, die es seit einigen Jahren macht, aber auch dafür, daß es an der Zeit ist, sich um das materielle, intellektuelle und moralische Wohlergehen des Volkes zu bemühen.
Wo kann man Wahreres, Energischeres und dennoch Gelasseneres finden, als in diesen Worten Bergers: »Wir neiden ihnen weder ihre Vermögen und Vergnügungen, die vergoldeten Zimmertäfelungen, prunkvollen Betten und reichen Equipagen, noch ihre köstlich übervollen Gedecke – nein! – aber wir wollen einen Lohn, der uns eine bescheidene Heimstatt, eine Wohnung, die uns nicht allen Witterungen aussetzt, sichert, und das Brot für unsere alten Väter garantiert, die heute noch Not leiden, nachdem sie ihre Jugend damit verbracht haben, ihre Geldschränke zu füllen. Wir wünschen zum Schluß, daß Sie alle unsere Differenzen vergessen, wir wollen Ihre Freundschaft im Austausch mit der unseren.«
Und wer unter Ihnen, Sie privilegierte Männer, besitzt edlere und großzügigere Gefühle als die, die aus diesen Worten sprechen? Ja, an solcher Rede erkennt man das Volk, und zu Recht kann man sagen, seine Stimme sei die Stimme Gottes, wenn es sich so äußert.
Ehre dem Volke! Das Volk beginnt zu verstehen, welche seine Würde ist. Es will keine Wohlhabenheit, die es nur der Mildtätigkeit zu verdanken hätte, und es kennt keine Haßgefühle.
Finden sich trotzdem einzelne, die Ausschreitungen begehen, so ist dies weniger ihren Herzen anzulasten als der Gesellschaft. Ja, wie sollen denn Männer mit großer Intelligenz da ruhig bleiben, wenn sie merken, welche Kraft und welche Macht sie haben könnten, unter der Voraussetzung, daß ihr Geist gefördert würde – während sie mitansehen müssen, wie man für den Aufstieg von oft weniger Intelligenten alle Mittel der Bildung ausschöpft, aber sie selbst aufgrund ihrer Armut allein läßt und zurückweist?

Ich bin weit entfernt davon, diese Sorgfalt für die Bildung der Reichen zu tadeln, bloß will ich, daß sie für alle da sei, damit ein jeder den Beruf erlernen kann, zu dem er sich am fähigsten fühlt – gleich, welches Elternhaus der Himmel ihm geschenkt haben mag. Natürlich wird man mir entgegenhalten, daß es Individuen gibt, die zur Bildung Zuflucht nehmen wollen, um sich der Handarbeit zu entziehen, die ihnen auferlegt ist. Ja, viele versuchen sich dieser harten und qualvollen Arbeit zu entziehen, denn sie bringt ihnen in den meisten Fällen nicht einmal genug zum Leben für sich und ihre Familie ein, und sie ist außerdem von keinerlei Ansehen oder Respekt begleitet. Die Gesellschaft ist so schlecht eingerichtet, daß alle Achtung nur demjenigen gehört, der im Müßiggang lebt, für den Arbeitenden jedoch nichts übrigbleibt.

Ach, ich weiß, man wird mir sagen, daß das Volk verroht sei: Aber ist denn nach diesen Menschen gefragt worden? Hat ihnen irgend jemand Wissen und Sittlichkeit gegeben? Nein! Sie bleiben sich selbst überlassen, und dann klagt man darüber, daß sie sich ihre Erziehung und Bildung nicht selbst geschaffen haben!

So werten Sie doch die Industrie, die handwerkliche Arbeit endlich auf, bringen Sie den Arbeitenden Hochachtung entgegen, und gewähren Sie dem Volke Freuden und Vergnügen: Dann wird es nicht mehr versuchen, sich der Arbeit zu entziehen. Sorgen Sie für das Wohlergehen und die Sittlichkeit des Volkes, und nicht länger werden Sie ihm die Unruhen vorzuwerfen haben, zu denen es sich manchmal hat hinreißen lassen. Dies ist einfach, denn Sie sehen doch, wie gut das Volk versteht, daß es seine Rechte nur erlangen kann, wenn es sie friedlich und mit Mäßigung fordert. Ja, das Volk fühlt deutlich, daß sein Los nicht mehr mit Aufständen verbessert werden kann; man versammelt sich nicht mehr auf öffentlichen Plätzen, sondern in ruhigen Zusammenkünften. Dort drückt das Volk seine Wünsche und Hoffnungen aus, dort assoziiert es sich – denn, wie ein Arbeiter sagte, die Kraft ist da, wo Einigkeit ist.

Wir Mädchen aus dem Volke freuen uns, zu sehen, wie gut unsere Brüder ihre Rechte und Pflichten erkennen; und auch wir, die Frauen, haben vieles zu fordern!

Beeilen wir uns, es ist an der Zeit! Schließen wir uns zusammen, auf daß auch wir unsere Wünsche und Hoffnungen kundtun können. Es ist an der Zeit, den Männern zu zeigen, daß wir genauso gut wie sie für unsere Rechte eintreten können, und dennoch nicht aufhören, Frauen zu sein.

Ehre dir, Volk! Die Stunde deiner endgültigen Befreiung hat geschlagen, denn du hast dich großzügig und erhaben gezeigt!
Ehre denen, die als erste unter den Arbeitern die ruhigen, friedfertigen Gefühle ihrer Brüder so gut zum Ausdruck gebracht haben!

Marie-Reine

~ ☆ ~

Eine Geburtstagsfeier

Noch unter dem Eindruck der fröhlichen religiösen Gefühle, die gestern die saint-simonistische Familie belebten, will ich versuchen, euch, liebe Schwestern, ein Bild von alldem zu geben, was den gestrigen Tag zu einem wahrhaftigen Fest der Familie werden ließ.
Am Freitag, dem achten Februar, hatte unser Vater Enfantin Geburtstag.
Am zehnten Februar zog eine große Gruppe von Saint-Simonisten mit ihren Sängern an der Spitze vom Quai de l'Archeveque nach Sainte-Pélagie. Eine große Volksmenge, immer begierig nach Sensationen, stand am Rande, und viele Proletarier schlossen sich ihnen an. Zweimal umrundete ihr Zug das Gefängnis, sie ließen dabei die Gesänge zur Ehre des Vaters laut erschallen. Die Gefangenen wiederholten die Refrains unserer Lieder.
Ja, das Volk beginnt uns zu verstehen. Auf dem Rückweg von Sainte-Pélagie drängte sich eine immer größere Zahl junger Burschen voller Energie, deren lärmende, freudige Rufe jedem Fest und jedem Aufruhr vorausgehen, am Rande unseres Weges. Während der recht langen, zur Erholung für unsere Sänger angesetzten Pausen ließen sie ihre ungeduldigen Schreie laut werden, bis ihnen ein Arbeiter im Vorübergehen zurief: »Kinder! Anstatt ›nochmals! nochmals!‹ zu rufen, kommt her und singt mit den Saint-Simonisten! Sie wollen euer Glück und das Glück eurer Eltern! ... Also, alle zusammen: Die Saint-Simonisten sollen leben!« Und diese Kinderhorde, glücklich darüber, ernst genommen zu werden, ruft sogleich: »Die Saint-Simonisten sollen leben!«
Sie durchquerten Paris mit uns und folgten uns singend bis zur Barrière des amandiers. Dort fand das Festmahl der einhun-

dertfünfzig Proletarier der Familie statt, zu dem sich noch einige andere Personen gesellten, die der Anblick unseres Zusammenseins besonders berührte.
Nachdem die Büste Saint-Simons von Mitgliedern der Familie und einem uns unbekannten Arbeiter, der um diese Ehre gebeten hatte, aufgestellt worden war, führten wir eine kleine Sammlung durch, um die mehr als hundert Kinder auf das Wohl des Vaters trinken lassen zu können. Sie nahmen dies hocherfreut an und versprachen, jeden Saint-Simonisten, dem sie künftig begegnen würden, wie einen Bruder zu begrüßen. Mehrere Arbeiter, die von unserer freundlichen Art beeindruckt waren, baten uns an diesem Fest der Familie teilnehmen zu dürfen – also erhielten sie Zugang. Im Laufe des Festmahls wurden verschiedene Trinksprüche dargebracht. Ein erster auf den Vater, und die Rufe »Es lebe der Vater« erschallten aus allen Teilen des Saales. Ein nächster auf die Befreiung der Frau und des Volkes, und weitere auf unsere Freunde, die Republikaner, die unsere Brüder sein werden und deren politische Grundsätze – wie sie in der »Tribüne« so gut dargestellt werden – die unseren sein werden, sobald sie eingesehen haben, daß alle Gewalt rückschrittlich ist und man für die Arbeit zum Glück aller keinen Haß im Herzen tragen darf.
Warum soll ich nicht auch die sozialen Gefühle und die Ergebenheit eines jungen Mädchens namens Pauline hier erwähnen? Als es uns eines Sonntags an Musikern mangelte, erkühnte sich diese junge Person, das Wort zu ergreifen: »Meine Schwestern, meine Brüder, ich erbiete mich, jeden Sonntag zur Contredanse zu spielen. Da es nun dem Vater und Michel im Gefängnis materiell sehr schlecht geht, könnten wir, wenn alle Tänzer ein Entgelt von zehn Centimes pro Contredanse zahlen würden, den Erlös dem Vater im Namen der Familie schenken.« Wir nahmen diesen Vorschlag freudig auf, und seither widmet sie sich der Freude aller.
Ich möchte auch von einer anderen Tat erzählen, die einen Eindruck tiefer Verbundenheit in den Gemütern hinterließ. Nach dem Essen erhob sich Gallé und erinnerte an diesen so religiösen Akt, der in Ménilmontant vollzogen worden war (ich meine die Abschaffung des Dienstbotenverhältnisses). Er bat die Familie, nun in diesem Sinne ihre Sympathie mit den Bediensteten des Hauses zu bekunden. Gleich darauf stand unser guter, gelehrter Lambert, Freund des Vaters und dessen ehemaliger Mitschüler an der polytechnischen Hochschule, von seinem Platz auf und ging zu Gallé hin. Er dankte Gallé, und um

diesem Akt größere Feierlichkeit zu verleihen, brachte er seine Freude darüber zum Ausdruck, bei dieser Gelegenheit die Tat von Ménilmontant bekräftigen zu können. Er sagte: »Als Bürger im Augenblick, aber Sohn von Dienstboten, nenne ich mich glücklich, mit den Bediensteten dieses Hauses auf die Abschaffung des Dienstbotenverhältnisses zu trinken!« Ehre ihm! Und all denen, die wie er sagen können: Ich bin Sohn meiner Werke.

Die Gesänge begannen kurz darauf: Einstimmig wurden die unseres beliebten Dichters verlangt, und das Lied von den »Erhabenen Narren« wurde mit Begeisterung aufgenommen – als Würdigung der Erneuerer der Menschheit.

Suzanne

~ ☆ ~

Verschiedenes

Ich bitte Sie, meine Herren des uneigennützigen »Figaro«, sagen Sie mir doch, was Sie unter menschlicher Würde verstehen, und ob ein halbes Dutzend Näherinnen, wie Sie uns nennen, wenn sie ihre Unabhängigkeit mit Näharbeiten sichern, nicht ebenso respektabel sind, wie so viele andere, die beispielsweise ihre leichte und geübte Feder in den Dienst dieser oder jener Clique stellen.

Nein, meine Herren, nicht aus Scham oder Furcht verzichten wir auf die Namen unserer Ehemänner oder Väter, sondern weil wir selbst mit unseren Worten und unseren Werken antworten wollen.

Die Neuen Frauen sehen ihre Würde in edler Aufrichtigkeit und werden immer bereit sein, die Mühe von Nachforschungen zu ersparen, sofern man positive Auskünfte über sie einholen will.

Suzanne

~ ☆ ~

Sie, die Herren der Zeitung »L'Industriel«, muß ich in einem anderen Ton schelten.

Wie bitte! De Verdun! Sie bemühen sich in boshafter Absicht, uns an die Herren des Gerichtes zu denunzieren und versuchen sogar, mit Ihren Einschmeicheleien den kleinen Paragraphen 291 auf uns anwenden zu lassen, der ja so wohlwollend, so fortschrittlich ist, daß er in der Charte wohl aus Zufall vergessen worden ist.

Dies ist wahrhaftig aber sehr schlecht von Ihnen!

Sagen Sie mir doch bitte, ob in diesem politischen Potpourri, das unter unseren Augen stattfindet und je nach Laune eines jeden lustig oder traurig erscheinen mag – ob dort allein wir Frauen nichts zu fordern hätten. Und wenn nicht, dann weshalb? Wir, die im Leben so viel bedeuten, aber im Recht so wenig!

Sie, meine Herren, treten für die Industrie ein, was ich sehr begrüße (Sie sehen, daß ich trotz Ihres Unrechtes uns gegenüber Ihre guten Seiten zu schätzen weiß), andere Zeitungen setzen sich für die politischen Rechte des Volkes ein und für die entsprechende Partei, wieder andere für die schimärenhaften Rechte der Vergangenheit, aber sie alle gehen an der Frage vorbei: Niemand fragt nach uns.

Für uns Frauen bringt die Presse weder ein Gefühl noch Gerechtigkeit auf, und dennoch kann doch ohne uns nichts vollbracht werden. Da dem so ist, lassen Sie uns also die freie Ausübung unseres eigenen Willens fordern! Denn die göttliche Vorsehung hat uns ebenso mit einem Willen ausgezeichnet wie Sie.

Und ich mache Sie darauf aufmerksam, daß der meine sehr hartnäckig ist und daß ich mit Gottes Hilfe nicht bereit sein werde, Sie in Ruhe zu lassen. Nehmen Sie zur Kenntnis, was ich sage.

Indes kann ich Ihre niederschmetternde Anklage nur bestätigen, denn ich stimme mit Ihnen darin überein, daß wir selbstverständlich an Ihrer Moral etwas ändern wollen. Doch seien Sie beruhigt, wir werden nicht bis zu diesem allgemeinen Durcheinander gehen, das Sie zu befürchten scheinen. Beschuldigen Sie uns ruhig der Majestätsbeleidigung des Ehemannes, der teuflischen Konspiration gegen die so zärtliche und so wohlwollende Herrschaft der Ehemänner – es bleibt dabei, daß gegenüber der Sache der Frauen und des Volkes heute nicht mehr behauptet werden kann: »Es gibt nichts zu fordern.«

Meine Herren, um Ihnen zu beweisen, daß ich hier keine Herausforderung an Sie gerichtet haben will, erlauben Sie mir, die Worte Ihres letzten Satzes zu übertragen: Was Gott will – Freiheit, Gleichheit, Glück für alle – das will auch die Neue Frau.

Suzanne

Frau, hilf dir selbst – so wird Gott dir helfen!

Als aus Vernunft und Gerechtigkeit die Menschenrechte proklamiert wurden, war damit noch nicht alles getan: Die Menschen schlossen sich zusammen, um das alte Recht, die frühere Rechtsprechung, die nur noch eine überholte Form der Vergangenheit darstellte, anzufechten und schließlich abzuschaffen. Ihre Devise dabei lautete: »Hilfst du dir selbst, so hilft dir Gott.«
Sie hatten recht, diese Erneuerer, und sie fühlten sich stark, weil sie sich auf Gott und die ewige Gerechtigkeit stützten. So konnten sie auch anhand der Ergebnisse aufeinanderfolgender Umstürze beweisen, daß es Rechte gibt, die mit der Zeit vergehen, und andere, die neu entstehen, beziehungsweise daß Rechte mit der Zeit ihre Form verändern, sich verjüngen. Denn Gott gibt sich von Jahrhundert zu Jahrhundert, von Epoche zu Epoche den Menschen besser zu erkennen.
Also besinnt euch, ihr Frauen! Wie lange soll das Urteil des Mannes noch die Gesetzeskraft haben, euch zu unterdrücken? Wie lange noch, o mein Gott, werden deine Töchter ihr Ich

Dame St Simonienne prêchant la Doctrine.

verleugnen und wie Sklavinnen nur das Leben ihres Herren leben, anstatt ihr eigenes?

O Gott, verzeihe mir, aber mein Herz sehnt sich nach Erhebung und Freiheit für mein Geschlecht! Habe Verständnis für meine Klagen – sie rühren aus der jahrhundertelangen Erniedrigung her, die bleiern auf uns lastet und uns niederdrückt. Ich weiß, Dir bleibt die ganze Zukunft für eine Antwort! Ich hoffe, mein Gott, und ich warte, denn sagtest Du nicht ebenso zur Frau wie zum Manne: »Hilf dir selbst, dann wird der Himmel dir helfen!«

Aber ich fühle es: Der Mann wird die Frau seinem hochmütigen Schutze so lange unterwerfen, wie sie sich selbst in ihrer Schwäche als unmündig bekennt. Er wird sie so lange beherrschen, bis sie sich stark und kräftig, ja, schließlich frei genug fühlen wird, um ein Urteil nach dem anderen zurückzugeben und selbst alles menschliche Handeln zu beurteilen, bis sie stolz und hocherhobenen Hauptes dem Mann die Bedingungen verkünden wird, unter denen sie Gefallen an ihm finden, ihn lieben und preisen könnte.

Vor allem, wenn sie sich ihr schönstes Recht nicht mehr vom Manne nehmen läßt, wird jede Frau sich dessen rühmen können, was alle an Gutem, Fortschrittlichem und Nützlichem für die Allgemeinheit hervorbringen.

Frauen, erhebt euer niedergeschlagenes Antlitz! Nähert euch uns mit Vertrauen! Uns, die wir nichts als das Glück wollen, diesen Glauben, der uns beseelt, mit euch zu teilen. Er ist so lebendig, daß wir mit Freude diesen schönen Satz von Southey auf unser apostolisches Leben anwenden könnten: »Und jene, die tapfer leiden, werden die Menschheit erretten.«

Immer dann, wenn Apostel einer neuen Wahrheit an die menschliche Hingabe appellierten, zögerten die Frauen nicht mit der Antwort und zeigten sich an erster Stelle.

So kommt in unsere Mitte, ihr Frauen! Unser Gott verheißt neue, erstrahlende Welten!

Die Freiheit, dieses heilige Recht der Verfügung über uns selbst, ist uns zurückgegeben. Mit unserer beginnenden Neugeburt haben wir unseren Anspruch auf Gleichheit wiedergefunden, und göttliches Recht erkennt uns als die Hälfte der Menschheit an.

So kommt, wir rufen euch, die universelle Assoziation gemeinsam mit uns vorzubereiten. Je schwerer die Aufgabe erscheint, desto größer und schöner wird der Ruhm sein, als erste daran gearbeitet zu haben!

Die Freiheit, diese heilige und reine Muse, ist uns zugeneigt, sie wartet am Ende unseres Weges und wird uns entsprechend unseren Werken Einlaß in das ewige Leben gewähren.
Also ist es an einer jeden Frau, sich auf das tätige Leben vorzubereiten und dazu alle Anzeichen des Fortschrittes in ihrer Umgebung zu erforschen, denn alle werden dazu aufgerufen sein, ihre Stimme abzugeben und das Ergebnis ihrer Überlegungen einzulösen.
Wenn wir Gesetze und Institutionen, die seit langem in die Vergangenheit gehören, dorthin entlassen haben werden, können wir gegenüber der alten Gesellschaft die Rechte der Frau formulieren:
Freiheit im Recht und in der Moral. Anerkennung unseres Rechtes, genauso wie die Männer Bildung zu erhalten und Berufe auszuüben, und schließlich: soziale Anerkennung.
Nun, dies ist, was wir wollen und von unserem Jahrhundert erwarten. Wir haben den unschätzbaren Vorteil für uns, im Recht zu sein – und alles Gerechte und Notwendige entsprach Gottes Wegen und hat sich deshalb verwirklicht.

Suzanne

~ ☆ ~

Antwort an G...

Da wir gegenüber einer jeden Meinung unsere Offenheit und Toleranz bewahren wollen, haben wir uns entschlossen, Ihrem Brief mit gewissenhafter Aufmerksamkeit zu antworten.
Wir bedauern, daß Sie unseren Glauben nicht besser verstehen und ein solches Urteil darüber fällen. Da wir zuinnerst von Ihrer Aufrichtigkeit überzeugt sind, nutzen wir gerne die Gelegenheit, unser Denken zu erklären – in der Hoffnung, daß unser Glaube auch Ihre Seele ergreifen möge.
Lassen Sie uns doch hier einmal gemeinsam das Schicksal der Frau in der Gesellschaft betrachten. Was ist denn mit der Frau, die verhandelt und verkauft wird, einem Lüstling ausgeliefert – nur um einen Namen zu erhalten, von dem ihr die Gesetze lediglich den Nießbrauch lassen? Sie selbst ist nichts. Sie kann weder ihre eigenen Güter verwalten noch ihre Kinder selbständig anleiten, da sie unter der Vormundschaft des Vaters stehen, und dies, obwohl sie oft den Pforten des Grabes nahekommt, wenn sie ihnen das Leben schenkt. Vor Gericht kann sie nicht einmal als Zeugin aussagen...

Was würde geschehen, wenn wir Ihnen den christlichen Schleier, mit dem Sie versuchen, sich die Augen zu verbinden, herunterrissen und Ihnen nach und nach all die Schmerzen der Frauen zeigten? Entsetzt würden Sie zurückweichen, denn ein derartiger Anblick würde Ihrem Herzen, dem Herzen einer Frau, gewiß widerstreben. Sie, deren Aufrichtigkeit niemand in Zweifel ziehen kann, glauben Sie nicht auch, daß eine Gesellschaft amoralisch ist, die solche Zustände nicht nur duldet, sondern sogar noch unterstützt? Ist es dann nicht angebracht und Rechtens, sie ein wenig verändern und sittlich heben zu wollen?

Und Sittlichkeit, Moral liegt für uns in dem Werk, das nicht nur das soziale Individuum, die Frau und den Mann, zu erhöhen trachtet, sondern der größtmöglichen Zahl Glück bringen will.

Wägen Sie diese wenigen Worte gut ab, und ohne daß wir hier die Moraltheorien des »Globe« gerechtfertigt und bestätigt hätten, werden Sie alles verstehen können, was darin vorgebracht wurde.[1]

Für uns ist der Körper ebenso heilig wie der Geist; die christliche Enthaltsamkeit ist für uns vollkommen lächerlich, wenn nicht gar gottlos, denn wir können nicht glauben, daß Gott beabsichtigt, sein eigenes Werk zu zerstören.

Areligiös ist für uns die Lüge, und weil wir auf Gott vertrauen, wollen wir, daß die Frau nicht länger zur Lüge und List gezwungen wird. Damit dies aber möglich wird, muß die Frau dem Manne als ebenbürdig anerkannt sein. Listen und Heimlichkeiten gebraucht nämlich nur der Sklave, der erst damit aufhört, wenn sie unnötig geworden sind.

Zu behaupten, die Frauen, die bisher unter der Moral litten, hätten sie niemals zerbrechen wollen, heißt, mit einem Federstrich die Proteste all der Frauen, deren Namen uns die Geschichte überliefert hat, zu beseitigen, heißt, einen unwahren Sachverhalt vorzubringen. Die Fredegonden, die Katherinen, Elisabethen, Ninons und viele andere, von denen sich leicht

[1] »Le Globe« wurde ab 1829 von Saint-Simonisten als Tageszeitung herausgegeben und war sozusagen ihr Sprachrohr. Abhandlungen über Politik, Ökonomie und Moral nahmen großen Platz darin ein. Der Brief von »G . . .« an die Redaktion der »Neuen Frauen« bezog sich hauptsächlich auf die dort veröffentlichten Moraltheorien der saint-simonistischen Männer, die sie darin von traditionell christlicher Warte aus scharf verurteilt. Dieser Brief war in einer der Frauenzeitungen auch abgedruckt, und wir verzichteten auf eine Übersetzung, da seine Argumente weitgehend in der »Antwort« enthalten sind.

eine lange Reihe bis hin zu unseren Zeitgenossinnen aufstellen ließe – sie dürften weder Ihrer Kenntnis noch Ihrem Gedächtnis entgangen sein. Aber, so behaupten Sie, man muß den Frauen zu bedenken geben, daß sie erst dann an der Moral etwas ändern können, wenn sie ein Gefühl für das Schöne und für wahrhaftige Würde erlangt haben. Wie aber können sie es erreichen? Soll dieses Empfinden wieder von den Männern kommen? Doch gewiß nicht, denn – wie Sie selbst hinzufügen – werden es die Männer von den Frauen erhalten. Also ist es an den Frauen anzufangen. Worauf warten sie noch?
Möge sie kommen, die Frau mit sanften und poetischen Gefühlen, voller freigebiger Phantasie und innerem Feuer! Sie wird in dem Elend des Volkes, in den Leiden ihrer Gefährtinnen eine starke Antriebskraft finden, um ihre Schwestern mit harmonischer Stimme auf den neuen Weg zu geleiten.
Funkelnder Morgenstern! Botin der Götter! So wird sie die Liebe und den Frieden verkünden, wird sie alle mit Wogen des Lichtes und der Poesie überfluten. Wiewohl sie die Vergangenheit und ihre Traditionen respektieren wird, so sehr wird sie sich auch in himmlische Regionen emporwagen, um dort die Wahrheit zu entdecken, die sie allen schenken wird. Beständig wird sie Geist und Materie vereinen. Sie wird die ganze Menschheit mit ihrer heiligen Liebe umfangen und alle zum Glück rufen. Sie wird verehrungswürdig handeln, denn ihr Ziel ist, alle vom Leid, diesem Prinzip des Bösen, das eines Tages verschwinden muß, zu befreien.
Ihr Leuchten wird die ganze Welt erstrahlen lassen, und unsere Herzen werden sie jubelnd begrüßen!
Ehre all denen unter uns, die sie vorausgeahnt haben!

DIE NEUEN FRAUEN

~ ☆ ~

Meine sehr störrischen Herren,

ja, wahrhaftig, die Zeiten sind lange schon vorbei, als gewichtige Doktoren mit einem Spitzhut auf dem Haupt und ganz in dasselbe Schwarz gehüllt wie ihr Geist, darüber berieten, ob man uns Frauen mit gutem Gewissen eine Seele zusprechen könnte. Diese armen Männer! Wir ließen sie plaudern, aber da wir uns seitdem weiterentwickelten, nahmen wir schließlich unseren Herren und Meistern die Ideen fort, die sie früher über uns hatten, und zwangen sie anzuerkennen, daß wir eigene Gefühle, Gedanken und einen eigenen Willen besitzen, der uns leitet – und es geschah noch mehr: In diesem Jahrhundert, das ich groß nennen werde, haben Männer mit den größten Verdiensten, wie Saint-Simon und seine Nachfolger, erkannt, daß die Frauen reif genug für die Freiheit sind.

Und fürwahr, meine Herren, ich wüßte nicht, wie Sie es anstellen wollten, diese Wahrheit zu leugnen – so sehr liegt sie auf der Hand. Sagen Sie mir, welcher Gedanke je aus Ihren Augen strahlte, der nicht auch unser Herz hätte höher schlagen lassen?

Und noch dazu, weil uns Männer wie die Saint-Simonisten vorangehen, werden wir nicht mehr aufhören zu schreien – ja, zu schreien: »Freiheit für die Frau!«

Bis unsere Stimme zusammen mit denjenigen, die nach und nach zu uns kommen werden, immer stärker anschwillt und so ohrenbetäubend wird, daß unsere Herren Bevormunder gezwungen sein werden, endlich Rechenschaft abzulegen. Da wir Frauen gutmütig sind, werden wir schnell mit der Vergangenheit abgeschlossen haben. Unterdes werde ich die Herren fragen, weshalb sie in ihren Gesetzen diese alten und überkommenen Traditionen, die längst sinnlos geworden sind, weiterbestehen lassen. Ich würde zum Beispiel demjenigen, der mir klar und präzise beweisen könnte, daß wir unseren Ehemännern untertan sein müssen, und mir einsichtige Gründe dafür nennen könnte, einen Preis zur Ermutigung stiften.

Erst kürzlich hat sich die gute »Gazette« alle Mühe gegeben, uns davon zu überzeugen, doch gewiß bin ich von so uneinsichtiger Natur, daß mich alle ihre Gründe ganz kalt gelassen haben.

Man höre nur! Diese Herren sind größer (an Körpergröße) als wir, sie sind kräftiger und stärker – und: Sie sind immer die Herren gewesen. Also ...! Welch exzellente, bewundernswerte Logik! Sie erinnert mich an die Schlußfolgerung aus der Fabel vom Wolf und dem Schaf.

Trotzdem werden Sie, die ehrwürdige »Gazette«, mich nicht hindern, Ihnen mit allem mir möglichen Respekt zu sagen, daß es ein wenig trivial ist, die Rechte und Verdienste des großartigen, kräftigen und starken Geschlechtes in Gewicht und Umfang zu bemessen.

Suzanne

An die Familie in Paris
Rede in der Hauptversammlung vom 2. Dezember (1832)

Meine Herren,
alle Handlungen einer religiösen Gesellschaft, die sich wie die unsere berufen fühlt, das Leben der Menschen zu erneuern, all ihre Handlungen müssen bedeutsam sein, meine ich.
Und so trete ich voller Vertrauen hier vor Sie hin, um vorzuschlagen, daß zwischen Ihnen und uns Frauen wenigstens eine provisorische Organisation gebildet wird.
In diesem Saale haben Sie alle am letzten Sonntag in der Abschiedsrede unseres hochgeschätzten Predigers Barrault den so bemerkenswerten Satz gehört: »Wir überlassen Paris den Frauen.«[1]
Ja, meine Herren, wir nehmen dieses Erbe an, denn schon entsteht eine Assoziation, ein Band unter uns, schon haben sich Frauen um das Banner der »Neuen Frau« gesammelt. In der Broschüre gleichen Namens, die ausschließlich von Frauen verfaßt wird, haben wir alle bereits unsere Gefühle und unsere Wünsche für die Zukunft – jede in ihrer Weise – ausdrücken können.
Wir haben in den vorbereitenden Versammlungen gespürt, daß unser eigenes Werk sich zunächst von dem Ihren wohl unterscheiden muß, auf daß wir unsere Kraft und unseren Wert erfahren, und uns Ihnen später in allen Bereichen des Lebens als Ihresgleichen an die Seite stellen können.
Aber glauben Sie nicht, meine Herren, daß ich mein Geschlecht zu einer zügellosen Unabhängigkeit gelangen sehen möchte. Nein, nein, dieser antireligiöse Gedanke liegt mir fern! Was ich vorzuschlagen habe, zielt im Gegenteil darauf, unsere Anstrengungen mit den Ihren zu koordinieren und zu verbinden, damit

[1] Suzanne intervenierte bei dieser Versammlung, um für die Frauen, die Ende 1831 aus der »Familie« ausgeschlossen worden waren (siehe dazu Einladung), Möglichkeiten aktiver Einflußnahme auf die Diskussionen und Entscheidungen der »Männerfamilie« zu fordern. Bemerkenswerter als die Floskel des späteren »Ritters der Frau«, Emile Barrault selbst, ist hierbei Suzannes Umdeutung dieser recht zweischneidigen Abschiedsworte. Denn verfolgt man den Kontext jener Rede in dem Aufruf »Nach Lyon!«, der 1832 von einer Gruppe von Saint-Simonisten, der auch Barrault derzeit angehörte, verfaßt wurde, so findet man darin eine deutliche Abkehr von der konkreten Auseinandersetzung mit den Frauen. In diesem Aufruf wird Paris als Stadt des Luxus und Vergnügens (sic!) den Frauen überlassen, während die Männer tatendurstig ihre Aufgabe darin erblicken, in Lyon, der Stadt des industriellen Aufbaus, ihre proletarische Politik zu entfalten, dabei von den wirklichen, vorhandenen Frauen absehen und das ferne Ideal der zukünftigen Befreierin, der »Obersten Mutter«, hochpreisen.

wir schneller zu dem Ergebnis kommen, das wir alle wünschen: nämlich zu der allgemeinen Assoziation, der Befreiung der Frauen und der Völker auf friedliche Weise.
Da ich alle Gefühle, die ich hier ausdrücke, aus der Liebe zu meinem Geschlecht schöpfe, habe ich keine Angst, daß meine Schwestern mir widersprechen werden, wenn ich Sie im Namen aller Frauen dazu auffordere, uns immer und überall mit Liebe und Respekt zu begegnen.
Auch werden Sie fühlen, meine Herren, daß Sie uns als Ausgleich für die Verachtung und die Verleumdungen, womit alle Welt uns überschüttet, in der Familie ruhig ein hohes Maß an Achtung entgegenbringen können. Als Frauen, die sich der Freiheit bereits würdig gezeigt haben, appellieren wir an Ihre Gerechtigkeit und fordern Sie auf, keine Hauptversammlung und keine Zusammenkünfte mehr abzuhalten, ohne uns Frauen daran zu beteiligen.
Meine Herren, um in wenigen Worten zusammenzufassen: Wir wollen, daß die verschiedenen Frauengruppen, die sich durch saint-simonistische Anregung und Einflußnahme bilden können, zur Teilnahme an Ihren Versammlungen zugelassen werden und ebenso wie Sie über alle wichtigen Fragen beraten, die dort zur Sprache gebracht werden. Je mehr wir dann aber auch eine Annäherung der Geschlechter wagen, um so mehr wird sich die Notwendigkeit einer versittlichenden Rechtsprechung bemerkbar machen.
Von diesem Gedanken ausgehend, und damit dem Unrecht eines jeden Einhalt geboten wird, der sich Individuen oder der Allgemeinheit gegenüber etwas hat zuschulden kommen lassen, bitten wir darum, einen Rat der Familie unter dem Vorsitz von Frauen und Männern einzurichten. Die Bestimmung dieses Tribunals sollte den verschiedenen Anlässen, zu denen es einberufen wird, entsprechen. So würde man sich zum Beispiel unter der Bezeichnung »Rechtshof« zusammenfinden, wenn ein Apostel dem Obersten Vater, seinen Brüdern oder dem Volke Unrecht getan hat. Aber für alle Angelegenheiten, die ganz besonders unser Geschlecht betreffen, das heißt, wenn ein Delikt gegen eine Frau begangen worden ist – und vor allem, damit alles Tun der Frau von dem Ihren wohl unterschieden bleibt –, wollen wir, daß die Versammlung in diesen Fällen unter dem Namen »Liebeshof« zusammentritt.
Es wäre unnütz, hier nun die verschiedenen Vergehen zu präzisieren, über die dann zu richten wäre; dies sind Einzelheiten, die wir später regeln können, wenn wir gemeinsam über

diesen Vorschlag entschieden haben und Sie mit mir das Gefühl teilen, daß es zum Voranschreiten unseres Werkes nötig und dienlich ist, den Frauen aktiven Anteil an allem, worüber die Familie beratschlagt, zu gewähren.

Ich habe Ihnen hier nun diese gewiß ein wenig formlosen Frauengedanken vorgestellt und überlasse es jetzt Ihrem Erwägen, zu prüfen, was diese Ideen für die aktuelle Situation an Anwendbarem enthalten.

Ich wünsche unterdes, daß Sie genauso wie ich spüren mögen, wie förderlich das Prinzip der Öffentlichkeit die Moral der Individuen bilden kann und wieviel Anregendes, Belebendes für die Entwicklung der Frauen daraus hervorgehen könnte. Bis heute waren sie in das Innere der kleinen Familie verbannt und empfinden daher noch nicht genug, wieviel Großartiges und Zukunftsweisendes die Teilnahme am öffentlichen sozialen Leben birgt.[2]

Saint-Simonisten, wünschen Sie unsere Freiheit mit aller Aufrichtigkeit Ihres Herzens, auf daß sie nicht wie eine vergebliche Revolte ende! Je besser Sie diese Worte verstehen, um so eher wird die Frau handeln!

Susanne

~ ☆ ~

Die Familie seit der Abwesenheit des Vaters Enfantin

Seit der Verhaftung des Vaters Enfantin haben uns einige Damen aus der Provinz ihre Befürchtungen mitgeteilt, daß die saint-simonistische Familie während seiner Abwesenheit ohne vereinendes Band sein könnte. Wir halten es für das beste, mit einer Schilderung des Lebens in der Familie auf ihre wohlwollende Besorgnis zu antworten.

O nein, meine Schwestern, der saint-simonistische Elan in Paris ist nicht geschwächt. Seien Sie sicher und vertrauen Sie auf uns, der Saint-Simonismus ist lebendiger als zuvor und beginnt sich bei den Frauen und im Volke zu verankern.

[2] Das »Prinzip der Öffentlichkeit«, das in der Auseinandersetzung Suzannes mit Claire Démar über die »Moral der Zukunft« noch eine besondere Rolle spielt (siehe dazu Vorwort zu »Meine Moral der Zukunft« von Suzanne), bezeichnet ihre Vorstellung von »Öffentlichkeit« als einen sozialen Rahmen, der anders als in der Vergangenheit besonders für das aktive Auftreten und Handeln der Frauen bestätigend und absichernd wirken, gleichzeitig aber auch unsoziales, dem »falschen persönlichen Interesse« folgendes Verhalten der einzelnen abbauen sollte.

Die Zeit der Gelehrten ist vorbei, alle Theorien sind aufgestellt; möge jetzt die Phase des Gefühls, die Zeit der Frauen – mit einem Wort ein neuer Abschnitt in der Geschichte anbrechen.
Die neue Ära wird mit dem Tag beginnen, an dem die erhabene Gleichheit zwischen Frau und Mann wirklich anerkannt sein wird. Laßt uns bis dahin mit Eifer daran arbeiten, in den Herzen der Männer die Überzeugung wachsen zu lassen, daß von unserer Befreiung auch ihre Freiheit und unser gemeinsames Glück abhängt.
Und derweil die »Neue Frau« gegenüber der äußeren Welt weiterhin für die Rechte ihres Geschlechtes eintritt, wird sie bis zu dem Tage, an dem auch die Männer sich zu unserer Freiheit erklären werden, ihren Schwestern und Brüdern in der Provinz über die fortschreitende Entwicklung in der Pariser Familie berichten. Denn von diesem Zentrum ging das Signal für unsere Befreiung aus und verbreitete sich von Echo zu Echo springend, um bis in weiter Ferne widerzuhallen. Wie ein Leuchtfeuer erhellte dieser Ruf das Bewußtsein der Männer und ließ die Herzen der Frauen vor Freude höher schlagen.
Sie werden aus der Skizze, die ich hier umreißen will, nach und nach den Einfluß der Männerfamilie in Paris und den der »Neuen Frau« ersehen und merken, wie beide aufeinander reagieren und sich gegenseitig anregen.
Um mich verständlich zu machen, werde ich etwas über das Verhältnis der Frauen zu den Männern in der saint-simonistischen Familie sagen.
Im allgemeinen verstehen die Frauen innerhalb der Familie wie außerhalb die Freiheit, die uns angeboten worden ist, noch recht wenig, fast alle gehorchen noch immer der Einflußnahme oder der Willkür der Männer. Sie haben wenig Zutrauen zu sich selber, und immer noch bezaubert und geblendet von den brillanten Theorien dieser Herren, wagen sie es kaum, ihren zarten, schüchternen Stimmen Gehör zu verschaffen. Sie sind noch unsicher und wenig überzeugt davon, daß allein unsere großzügigen Gefühle aufgerufen sind, alle Fragen zu lösen, und daß in einer Religion der Liebe der Großmütigste und Liebendste zum Fähigsten wird: Aber vielleicht hört man ihnen auch nicht gut zu.
Seitdem der Mann, der die Saint-Simonisten geleitet und zu unseren Gunsten auf sie eingewirkt hat, im Gefängnis für sein »Unrecht«, das heißt, dafür, daß er dieser egoistischen Gesellschaft Leben und Glück hat zurückgeben wollen, büßen muß,

seitdem wundern sich unsere Brüder über die Revolution, die sich durch seinen Einfluß bei ihnen vollzogen hat. Sie sind erstaunt über den gewaltigen Schritt, den wir ohne ihre Leitung getan haben. Sie betrachten uns, hören uns zu, und ich würde fast sagen, fürchten uns. Da ihre Autorität bisher despotisch

Repas d'un S.t Simonien.

und willkürlich gewesen ist, sehen sie nun nicht, welchen Platz wir Frauen einnehmen könnten, ohne ihre Rechte zu verletzen. Sie empfinden es als eine Tendenz zur Machtergreifung, wenn wir nur wagen, einen Willen zu äußern. Im allgemeinen stehen die Männer, sogar ein wenig die in der Familie, den Frauen genauso gegenüber wie die Herrschenden dem Volke: Sie fürchten uns und lieben uns noch nicht. Sie reden von Durcheinander, aber, mein Gott, was würden wir denn dabei gewinnen? Durcheinander! Dieses erniedrigende Jede-mit-Jedem wäre ja die Entwürdigung und Ausbeutung unseres Geschlechtes! Aber sie mögen sich beruhigen, die Freiheit, die wir ersehnen, wird erhaben und schön sein; und wenn die Beziehungen der Geschlechter erst einmal auf dem Gefühl wahrhaftiger Liebe gründen, werden Ausnutzung und Betrug ohnehin überflüssig oder gar unmöglich.

Auf daß die Frauen ihr Herz sprechen lassen, ja, ich fühle es, dann wird ein und derselbe Ruf ertönen: »Zurück, zurück, ihr flatterhaften Trugbilder, die ihr tausend kurzlebige Liebschaften hervorbringt, aber bloß Ekel und Sattheit hinter euch herzieht! O nein, ihr seid nicht das Glück! Zurück, ihr falschen, ruhelosen Einbildungen, ihr tragt wohl den Überschwang der Liebe, doch seid ihr weder die Liebe noch das Glück!« Ja, Frauen, hört auf euer Herz und verkündet, was es euch sagt.
Aber trotz der Wahrheit dieses Bildes, liebe Schwestern, sind wir weit davon entfernt, unseren Mut zu verlieren. Vertrauen breitet sich unter uns aus, Gruppen bilden sich überall und vereinigen sich von Zeit zu Zeit in einer großen allgemeinen Versammlung. Dort werden die Briefe von abwesenden Brüdern und Verse zum Lob der Frauen vorgelesen; wir singen Lieder, die unsere Liebe, die wir dem Vater verdanken, und unsere Ergebenheit für die Frauen und das Volk ausdrücken.
Ich müßte noch mehr an Einzelheiten aufzählen, um ein richtiges Bild zu geben, aber seien Sie gewiß, für uns ist nichts verloren, alles wird zu seiner Zeit kommen und im Herzen der Frau werden für jede Art wohltätiger Hingabe Lobgesänge dasein.
So hoffe ich, daß ich Ihnen heute die Stimmung der Familie in Paris ein wenig nahebringen konnte.

Suzanne

Protestbrief[1]

Es war unerläßlich, daß die Frauen gegen die harten Worte und die wenig geneigte Meinung, die ihnen gegenüber geäußert wurden, zu protestieren suchten.
O ja, wir haben viel gelitten und sehen, daß wir noch nicht in den Zeiten leben, in denen wir diese Freiheit genießen werden, die Sie Männer uns versprochen haben. Denn Sie gedenken, uns nur wenig zu geben, da Sie uns die Freiheit der Rede und der Gedanken entzogen haben.

1 Die erst siebzehnjährige Adrienne Baissac wies mit diesem Rundbrief anläßlich einer Versammlung von Männern und Frauen bei Suzanne Voilquin im August 1834 die dort von einigen Männern geäußerte Ansicht zurück, daß die Vorschläge der Frauen zu nichts nütze wären. Bei dieser Zusammenkunft wurde auf die Initiative von Frauen hin über die Gründung einer saint-simonistischen Kolonie in Übersee diskutiert. Einige »Apostel« folgerten sogar aus der lang währenden Unterdrückung der Frauen, daß sie wohl doch zum Leid geboren wären und noch für einige Zeit einen Vormund bräuchten.

Wir leben noch immer in einer Welt, in der die Männer den Frauen die gleiche Freiheit gewähren, die die Herren dem Volke bewilligen, wenn sie sagen: Ihr seid frei, ganz und gar frei, doch eure Versammlungen werden auf zwanzig Personen beschränkt; ihr seid frei, doch werdet ihr allein nach unseren Eingebungen handeln, und wenn ihr ein großes und schönes Werk vollbringen wolltet und wir billigten es nicht, so würdet ihr es auch nicht vollenden.
Wohlan, meine Herren, das weisen wir zurück!
In dieser Welt brauchen wir, seien Sie sicher, brauchen wir wahrhaftige Freiheit, die uns von einigen unter Ihnen angeboten worden ist!
Und sollte künftig auch nur ein Mann noch Einwände gegen ein Vorhaben, welches ihn in keiner Weise betrifft, erheben wollen, nun, meine Damen, dann haben wir das Recht, ihm Stillschweigen zu gebieten. Denn in einer solchen Versammlung wird es auf uns ankommen und darauf, daß wir für uns selbst aktiv werden!

Adrienne Baissac

~ ☆ ~

Ankündigung der »Tribüne der Frauen«

Wir haben beschlossen, daß unsere kleine Broschüre von nun an den Titel »Tribüne der Frauen« tragen wird, denn mehrere Frauen haben sich geweigert, in dieser Zeitung zu schreiben, weil der Name »Apostolat« eine Solidarität für sie ausdrückte, die sie nicht teilen konnten; wir aber wollen die Entwicklung sozialer Ideen keinesfalls einschränken.
Jede Meinung, jeder Gedanke einer Frau wird hier Platz finden. Keine Zensur von uns aus! In dieser neuen Form appellieren wir an alle Frauen, die auf der Höhe ihrer Zeit leben.
Wahrhaftig, was geschieht denn so Großes und Erhabenes, das uns einschüchtern müßte und worüber wir nicht sprechen könnten? Hätten wir uns etwa nicht auch in diese finstere Politik der Protokolle und Enttäuschungen einzumischen? Ich glaube, die Frauen haben gute Gründe, über *alles* zu sprechen, denn alles beeinflußt ihr Glück, sie sind mit allem verbunden.
Und die Moral? Haben die Frauen nicht auch darüber etwas zu sagen?
Wollen sie sich immer damit begnügen, nur heimlich zu protestieren und öffentlich zur Beruhigung ihres Gewissens hinzuzu-

fügen: »Die Moral ist heilig. Seit Jahrhunderten gibt man sich mit ihr zufrieden. Sie ist die Arche des Herrn, hüten wir uns, frevelhaft Hand an sie zu legen!«
Man muß keine tiefschürfende Logikerin sein, um folgender einfacher Überlegung zu folgen: Gott hat allen seinen Kindern ein allgemeines Gesetz gegeben, das sie leiten und zu Fortschritten führen soll. Wenn es vollkommen ist und die Menschen es richtig verstanden und ausgelegt haben werden, dann muß es allen angemessen sein, dann werden es alle gleichermaßen mit Liebe beherzigen.
Lassen wir allein die Tatsachen antworten: Woher kommt es denn, daß neben diesem zu absoluten und zu einengenden Moralkodex, der nie allen Individuen genügen konnte, ein energischer, gewalttätiger und zügelloser Protest die Jahrhunderte durchzog? – Und zwar ein gelebter, praktischer Protest, nicht nur von Männern, die damit einen Kodex, den sie selbst aufgestellt hatten, jeden Tag verletzten – sondern auch von einer großen Zahl an Frauen.
Deshalb fordere ich im Namen des einzigen Gottes, dessen Kinder wir alle sind, die Frauen auf, sich mit diesen schwerwiegenden Fragen auseinanderzusetzen. An erster Stelle sollte unsere Aufmerksamkeit den Grundlagen der Moral und der Beziehungen der Geschlechter gelten. Bleiben wir nicht wie oberflächliche Menschen dabei stehen, die Auswirkungen festzustellen! Fragen wir nach den Ursachen, damit das Übel an seiner Wurzel geheilt werden kann!
Unser Geist ist zu aufgeklärt, um immer noch in Kategorien zu denken:
Keine Parias mehr unter uns Frauen!

Suzanne

~ ☆ ~

An die »Gesellschaft für Lehrmethoden«[1]

Warum hat denn diese göttliche Rede von der Freiheit uns so, wie wir sind, ergriffen?
Doch wohl deshalb, weil man in dieser Epoche analytischen Geistes an uns Frauen, an unser Gefühl appelliert hat, auf daß die Dürre des Denkens, die seit Jahrhunderten die Gesellschaft untergräbt, ja abtötet und nur Zweifel und Egoismus hervorbringt, neu belebt werde; denn die Welt braucht mehr, als allein die Wissenschaft der Männer.
Und wahrhaftig, würden uns die Männer denn wirkliche Freiheit schenken, wenn sie uns erst einmal ihr Wissen und ihren Geist gegeben hätten, uns dadurch sozusagen zu Männern gemacht hätten?
Nein, eine solche Inkonsequenz würde eher die Herrschaft der Gewalt fortsetzen. Und Sie werden sehen, meine Herren, daß die Existenz von Frauen, die zu einer gewissen Macht gelangt sind, beweisen kann, was ich hier vorweggenommen habe.
Warum haben denn diese Frauen nicht an das beklagenswerte Schicksal ihres Geschlechtes gedacht? Doch gewiß aus dem Grunde, daß ihre Erziehung von Männern geleitet worden war und sie daher von deren Grundsätzen durchdrungen waren. Gleichzeitig behauptete sich aber die Mehrzahl dieser Frauen in so großartiger Weise, daß ihre geistigen Fähigkeiten zutage traten und vorausahnen ließen, wieviel Hervorragendes die Frau erst vollbringen würde, wenn ihre Erziehung ihrer Natur entspräche. Ja, wenn die Frau sich erst frei fühlt, dann wird sie spontan mit der Großzügigkeit ihrer leidenschaftlichen Seele handeln.
Ich weiß, daß ich mich nicht an diejenigen wenden kann, die die Macht haben, Gesetze zu verändern, und weiß auch, daß nicht diese Herren den großen Mißbrauch der Körperkraft, der unser

[1] Unter dem Motto »Welche sind die Mittel, den geistigen Fortschritt zu nutzen, der bei den Frauen zutage tritt?«, führte die »Gesellschaft für Lehrmethoden«, ein Kreis von liberalen bis im weitesten Sinne fortschrittlichen bürgerlichen Lehrenden und pädagogisch Interessierten, von August 1833 bis Januar 1834 in der Rue Taranne eine Reihe öffentlicher Diskussionsveranstaltungen durch, an denen sich Suzanne und Marie-Reine intensiv beteiligten und worüber sie in der »Neuen Frau« Bericht erstatteten. An diesen Versammlungen nahmen auch viele andere Frauen teil – wie etwa die republikanisch gesonnene Lehrerin Louise Dauriat, die auch in der »Neuen Frau« einen Beitrag über die körperliche Ausbildung und Sporterziehung der Frau veröffentlichte, oder die junge Geschichtslehrerin Angéline Pignot und andere, die über Redebeiträge hinaus konkrete Vorschläge für die Einrichtung von Mädchenschulen und Schulen für erwachsene Frauen einbrachten.

Geschlecht niederhält, abschaffen werden. Doch Sie hier, meine Herren, rufe ich auf: Lassen Sie Ihre Wohlgesonnenheit uns gegenüber wirksam werden! Unterstützen Sie also alle Vorhaben, die Ihnen hier dargelegt worden sind!

Suzanne

»Gesellschaft für Lehrmethoden«
Über die Sitzungen vom 2. September und 1. Oktober 1833

Wir haben in den beiden letzten Versammlungen von neuem Erhellung über die Mittel gesucht, die den großen geistigen Fortschritt der Frauen fördern und nützlich machen sollen.
Gewiß ließen die Reden bei diesen ersten Versammlungen hinsichtlich der Genauigkeit der geäußerten Wünsche noch einiges vermissen, doch die Versammlung konnte mit mir die Beobachtung machen, daß hier alle Bedürfnisse der verschiedenen Intelligenzen und all ihre Leiden, die aus der geringen Befriedigung, die ihnen zuteil wird, resultieren, nach und nach offenbar geworden sind, bloß noch zu schwach und zu schüchtern, als daß sie der öffentlichen Meinung Einhalt gebieten könnten.
Mit ehrlichem Interesse hat man ein Mädchen aus dem Volke angehört, als es für die Bildung der Mädchen des Volkes mindestens dieselben Vorteile forderte, wie sie unsere Gesellschaft den Männern des Volkes zugesteht, und die zweifelsohne unzureichend sind, jedoch immer noch denen weit überlegen, die man geruhte, den Frauen einzuräumen.
Eine Frau, die aufgrund ihrer Fähigkeiten zu Höherem berufen scheint, hat leidenschaftliche Ansprüche vorgebracht, die darauf zielen, diese abgeschlossene Sphäre zu durchbrechen, die den Geist der Frau einschnürt und ihr ganzes Leben beschränkt – auf daß eine jede Natur ihren Platz finden kann.
Anschließend haben wir eine Frau gehört, die mit ihrem Familienleben zufrieden ist und glaubt, daß in dessen kleinen Dingen das Glück eines Lebens eingeschlossen sei. Sie hat für ihr Geschlecht nur eine geringe Verbesserung des Bestehenden verlangt und blieb dabei sicherlich auf jenen starken Glauben gestützt, der geeignet ist, uns die so ausgezeichneten, glänzenden moralischen Traditionen vergangener Jahrhunderte in Erinnerung zu rufen. Sie hat sich so auch nicht gescheut, diesen in unserem Jahrhundert der Aufklärung unglaublichen Gedanken zu äußern, dem zufolge die Frau zur Erfüllung ihrer

natürlichen Anlagen sich den Wünschen ihres Ehemannes anzuschließen und keine andere Meinung als die seine zu vertreten hat.

Gott sei Dank sind solche Reden heute selten geworden.

In unserer Zeit beginnt die Frau nicht länger ihre Persönlichkeit zu verleugnen, ja, sie fängt an, sich als Einheit im Ganzen zu fühlen. Jetzt will sie sich mit dem Mann, den sie liebt, vereinigen, aber nicht mehr in ihm aufgehen. Sie will sich nicht mehr hinter einem Namen verschanzen, der nicht der ihre ist, sondern sogar eines der stärksten Glieder ihrer Ketten bildet, da er sie zur Billigung und Unterstützung aller Handlungen des Mannes zwingt. Nun will sie selbst mit ihrer Moral, mit ihrem wirklichen Wert antworten, will endlich als ein Geschöpf, so intelligent und vervollkommnungsfähig wie der Mann, beim großen Bankett des Lebens einen eigenen Namen und eigenen Platz innehaben, worüber sie nach ihrem Willen bestimmen kann.

Eine Rede fanden wir bemerkenswert: die Rede von Mme. Clémence Robert. Sie hat unser Geschlecht über diese demütigende Meinung erhoben, von der die Urteile der Öffentlichkeit noch immer beherrscht werden, nämlich daß wir Frauen unfähig seien, zu Männern andere als Liebesbeziehungen herzustellen. Ich schätze mich glücklich, diese Idee, der ich großen moralischen Wert beimesse, mit Mme. Robert zu teilen. Auch ich betrachte die zahlreichen Zuneigungen und Freundschaften zwischen Frauen und Männern, die frei sind von kleinlicher Eifersucht und Rivalität, daß man sie beinahe Liebe nennen könnte – Liebe ohne Sinneslust, so zart und wohltuend scheinen sie für die Seele –, als einen Fortschritt für unser Jahrhundert und als Vorankündigung unserer Erhöhung. Die Lebendigkeit des mit einmaliger Lektüre kaum erfaßbaren Inhaltes dieser Rede hindert mich, hier eine größere Anzahl ihrer feinsinnigen, fortschrittlichen Gedanken wiederzugeben, deren Brillanz Ausblicke in die Zukunft eröffnet, die leider noch zu selten sind.

Eine andere Dame geht die Frage mit ihrer in der Form sehr eleganten und hervorragend abgefaßten Rede folgendermaßen an: Sie wendet sich an die Männer und sagt: »Laßt es geschehen! Hindert die Frauen bei ihrem Voranschreiten nicht mit schlechten Absichten, laßt den Despotismus Eures Denkens beiseite, und das Problem wird sich durch die Praxis lösen – trotz der tausend Bande, mit denen Ihr sie gefesselt habt. Seht doch hin, ein Ziel hat sie ja schon erreicht, denn heute zwingt sie

Euch, ihre Fortschritte festzustellen und für dieses neue geistige Element einen Platz zu finden. Sie aber, meine Herren, die immer besitzen wollen, öffnen nun Ihre Augen und entdecken – was? Eine neue Mine zur Ausbeutung! Sogleich beratschlagen Sie über Mittel und Wege, sie nutzbar zu machen und auszunutzen, ja, schließlich Profit daraus zu ziehen.«

Ich gestehe, daß dies nicht ganz und gar der Form und dem Ausdruck jener mit »Laissez faire!« betitelten Rede entspricht, doch meine Sympathie für die edle Unabhängigkeit der Rednerin hat mich gewiß den Sinn ihrer Gedanken verstehen und ihnen folgen lassen.

Die Mitglieder der »Gesellschaft«, unter denen erfreulicherweise viele unserer Sache wohlgesonnen sind und fühlen, daß diese verschiedenen Äußerungen nicht nur den wenigen Anwesenden vorbehalten bleiben sollten, haben in der Sitzung noch beschlossen, Reden und Ergebnisse dieser Versammlungen der Öffentlichkeit zu übermitteln.

Wir werden also in unserer Broschüre ebenso über die Versammlungen in der Rue Taranne berichten wie Reden von Frauen veröffentlichen, die uns übergeben werden.

Wir begrüßen und nehmen in dieser »Tribüne« alle Schriften von Frauen auf, die für die Rechte unseres Geschlechtes eintreten, wie auch solche, die die Frauen über ihre Pflichten aufklären.

Suzanne

~ ☆ ~

Über die Mittel, den geistigen Fortschritt zu nutzen, der bei den Frauen zutage tritt

Mein Interesse an der Frage, die hier behandelt werden sollte, führte mich zu Ihrer Sitzung vom 27. August, und da alle Personen, die Überlegungen zu diesem Thema anstellen, aufgefordert wurden, sie hier vorzutragen, habe ich mich entschlossen, heute das Wort zu ergreifen und Ihnen die meinen mitzuteilen.

Erlauben Sie mir, gleich zu Beginn einige Worte zu einer Frage zu sagen, die sich in der Diskussion erhoben hat, bei der man aber recht kurz stehengeblieben ist, da in der Versammlung nur wenige Personen anwesend waren, die aus Erfahrung darüber hätten sprechen können. Als eine der Damen, die von den Leiden sprach, die Frauen auf sich nehmen müssen, wenn sie ihren Geist, ihr Denken entfalten wollen, hinzufügte: »... aber wenn diese Frau *arm* ist«, geschah es, daß einige unter Ihnen, meine Herren, erwiderten, die Chancen für den Mann und die Frau seien gleich.

Erlauben Sie mir, Ihnen zu sagen, daß das nicht stimmt. Ich weiß, wovon ich rede, denn alles, was ich Ihnen sagen werde, kenne ich aus eigener Erfahrung und nicht nur vom Hörensagen.

Welche öffentlichen Einrichtungen für die Bildung von Mädchen gibt es denn überhaupt?

Ja, für Männer gibt es höhere Schulen, wo einige, die mittellos sind, auf Kosten der Gesellschaft erzogen werden. Doch um auf mein Thema zurückzukommen, schauen wir einmal in die Schulen, die für das Volk eingerichtet worden sind. Was lernen die Mädchen denn dort? Lesen und schreiben, vielleicht geht man sogar so weit, ihnen Rechnen beizubringen, aber wer hat jemals daran gedacht, diese Mädchen aus dem Volke in ihrer Sprache zu unterrichten?

In den Schulen für Jungen werden Sie die Fächer Zeichnen und

Ce Bouquet, ne peut etre trop beau pour notre Père

Geometrie finden, das heißt, sie sind – was die Ausbildung angeht – schon besser ausgestattet. Wie viele Jungenschulen kommen schließlich auf eine Mädchenschule?
Und haben Sie nicht gehört, was für einen Gesetzentwurf über die Volksschulbildung der Erziehungsminister vor kurzem vorgestellt hat? Nachdem darin alle Möglichkeiten aufgezählt werden, wie man in den einzelnen Gemeinden Frankreichs Schulen für Jungen aufbauen könnte, wird am Ende beiläufig hinzugefügt, daß man Mädchenschulen dort einrichten könnte, »wo noch Platz ist«! Da sehen Sie sie, die gleichen Chancen in der Kindheit! Und wenn später Jungen und Mädchen in die Welt hinaustreten, öffnen sich überall nur den Männern Kurse – ja, es gibt keinen Abend, den sie nicht sinnvoll nutzen könnten –, aber der Frau bleibt jegliche Unterstützung vorenthalten, sie steht mitten in dieser für sie noch immer sehr harten Welt ohne Hilfe da. Gleichzeitig sind es nicht wenig Frauen, die sich in dem Wunsche zu lernen verzehren. Für sie ist das Leben voller Schmerz, denn wie leidvoll ist es, die Kraft zum Denken in sich zu spüren, sich aber erdrückt zu fühlen, weil man eine Frau ist, gezwungen zu sein, sein eigenes Denken zu knebeln, entsprechend der uns umgebenden Engstirnigkeit.
Man gestattet es der Frau kaum, alle ihre Gedanken zu äußern. Mag auch ihr Herz aufgeregt klopfen, wenn sie von einer großen Tat hört, möge sie das Verlangen spüren, ebenso eine zu vollbringen – ach! –, sehr schnell wird sie solche Ideen wieder abwürgen; eine Frau darf nicht aus dem engen Kreise, der ihr abgesteckt ist, heraustreten. Und wenn sie es doch tut, welches Leid hat sie dann zu erdulden! Wieviel Kraft braucht sie, um gegen all die Vorurteile zu kämpfen, die sie mit ihrer bleiernen Schwere zu ersticken trachten!
Ja, meine Herren, es wird beinahe unmöglich sein, Ihnen diese ganzen innerlichen Leiden zu offenbaren. Die Frau empfindet, aber kann sich kaum darstellen – und im übrigen trifft die Frage, die Sie hier behandeln, auch nur einen kleinen Teil des Leids der Frauen. Ich will den Schleier nicht lüften, der all ihre Schmerzen verborgen hält, ich hätte nicht die Kraft dazu. Doch die Zeit schreitet weiter, und bald wird die Stunde schlagen, wo all dieses Leid enthüllt werden kann, um ihm abzuhelfen.
Während wir auf diesen Tag warten, sollten Sie, meine Herren, den intellektuellen Fortschritt, der sich bei den Frauen zeigt, begünstigen und fördern. Haben Sie keine Angst, daß die Gesellschaft dadurch zusammenstürzen wird, denn auch wenn sich einige Frauen dann eher zu geistigen Arbeiten hingezogen

fühlten, würden doch viele neben ihnen die anderen Arbeiten ausführen wollen. Schließlich gilt es auch zu erkennen, daß die Frau, die besonders die Kraft der Hingabe besitzt, und daher mehr als der Mann allem, was auf Vereinigung zielt, zugetan ist, sich nie an Handlungen beteiligen würde, die zum Chaos in der Gesellschaft führten, schon gar nicht, wenn sie über ihre Rechte und ihre Pflichten aufgeklärt sein wird.

Kommen heute so viele Frauen ihren aufgezwungenen Pflichten nur mit Widerwillen nach, so deshalb, weil diese Pflichten so wenig im Einklang mit ihren Rechten stehen und weil sie ihnen auferlegt worden sind, ohne daß sie wüßten warum. Sind die Frauen erst einmal aufgeklärt, werden sie ihre Pflichten auf sich nehmen – vorausgesetzt, sie erdrücken die Frauen nicht. Aber keine Frau wird – wie man zu befürchten scheint – das Chaos in die Gesellschaft tragen, denn sie zieht dem Durcheinander immer die Ordnung vor.

Was nun die Mittel betrifft, die Intelligenz der Frauen zu nützen, so scheint mir eines sehr einfach: Wofür setzen denn die Männer die ihre ein? Sie lassen diese Fähigkeit ihren Mitmenschen zugute kommen, indem sie immer bemüht sind, sie zum allgemeinen Wohle wirken zu lassen. Ganz genauso sollte auch der Geist der Frauen wirken, und als Mittel dazu muß ihnen ein besserer Platz in der sozialen Ordnung eingeräumt werden. Im übrigen entspricht dies dem Gang der Dinge: Die Gesellschaft entwickelt sich weiter, die Zeit ist gekommen, wo Frauen größeren Einfluß in der Gesellschaft haben müssen; und der geistige Fortschritt, von dem hier die Rede war, ist wiederum nur ein Zeichen für diese Weiterentwicklung.

Ein wenig früher oder später muß sie sich auswirken. Jeder aufgeschlossene Geist erkennt es, und Sie selbst, meine Herren, haben den Fortschritt ja gespürt, als Sie diese Frage stellten und die Frauen aufriefen, sich damit auseinanderzusetzen. Die Frauen werden Ihnen dafür danken, denn sie sind dankbar für alle Anstrengungen, die zu ihren Gunsten unternommen werden.

Das Mittel also ist, sie in größerem Umfange an den Aufgaben zu beteiligen, die das allgemeine Wohl zum Ziele haben, ihnen dabei zu helfen, sich einen größeren Platz in der sozialen Ordnung zu schaffen, und gleichzeitig an der Austilgung der Vorurteile zu arbeiten, mit denen man diejenigen zu ersticken sucht, die ihrer Intelligenz freien Lauf lassen wollen.

Marie-Reine

~ ☆ ~

An die Redakteurinnen der »Tribüne der Frauen«

Wenn es wahr ist, daß die Frau ohne den Mann nichts ist, so ist noch wahrer, daß der Mann ohne die Frau weniger als nichts wäre. Die Frauen sind in ihrer Mehrzahl zu aufgeklärt – sowohl durch ihr Schicksal als auch von ihrem Bewußtsein her –, um übersehen zu können, daß der Mann, der auch nur eine schwache Kreatur ist, wahrhaftig weder das Recht hat, sie zu unterdrücken, noch sie zu befreien, und daß vor allem Gott ihr Beschützer ist.

Was muß endlich mit diesen beiden Wesen, dem Mann und der Frau, geschehen? Wahrheit, Einigkeit und Friede müssen herrschen zwischen ihnen.

Was sollte ich anderes verlangen, als Frieden und Gleichheit, Frieden und Gerechtigkeit? Ja, meine Damen, dies sind die Vorstellungen von Glück und Glückseligkeit, die alle rückschrittlichen Männer und Frauen in Wut versetzen und gegen mich aufbringen. Vergeblich spreche ich zu ihnen über diese Frage, die in der Rue Taranne diskutiert wird – sie wissen es selbst. Schon stecken sie die Köpfe zusammen und bereiten sich vor, uns rückschrittliche Vorschriften herzusagen, ja, eine wahre Schule des Rückschritts einzurichten.

Die Philosophie – diese große menschliche Erkenntnis – hält sie nicht davon ab, die Dokumente geistigen Schaffens, die so vielen Frauen aus der Antike, der Renaissance und bis in unsere Zeit hinein zur Ehre gereichen, können diese Menschen nicht davon abbringen, ja selbst die häusliche Kultur und Ordnung, die von den Frauen geschaffen wurde und sich als vielseitig wirksam erwies, überzeugt sie nicht. Verlangen wir eine umfassende und gründliche Ausbildung, empören sie sich sofort in lächerlicher Aufregung – und dabei befinden wir uns im neunzehnten Jahrhundert!

Oh, ihr Frauen des Fortschritts! Geht nur weiter voran auf eurem Weg und folgt dieser Religion des wahren Gottes!

Für die Erziehung der Frauen ist von großer Bedeutung, daß wir nicht nur der Moral, dieser obersten Kraft, die höchste Kultivierung erfordert, sondern auch der physischen Situation der Frauen all unsere Aufmerksamkeit schenken. Denn was wird aus den Frauen, wenn sie in Verweichlichung, dieser Auslöschung ihrer natürlichen Körperkräfte, aufgezogen werden? Wie mag die neue Generation aussehen, die sie hervorbringen? Also brauchen doch auch Frauen körperliche Übung.

Ich habe den Beweis dafür erhalten, als ich erneut die Schule des Colonel Amoròs besuchte, eines welterfahrenen Mannes, der in der Liebe zum Guten alt geworden ist. Alle Körperkräfte, über die die Frau verfügt, sollten von frühester Jugend an entfaltet werden. Die Methode des Herrn Amoròs ist hierfür sehr gut geeignet und zugleich ein Quell der Moral wie der körperlichen Gesundheit. In seiner zivilen und militärischen höheren Schule sind diese nutzlosen, barbarischen Kämpfe und Aufmärsche eines Sparta oder Rom nicht zu sehen.

Die Gymnastik des Herrn Amoròs besteht hauptsächlich aus zwei Übungsreihen, deren Kombinationen zahlreich sind, d. h., sie bestehen aus Vorübungen und angewandten Übungen oder Hauptübungen genannt. Die ersteren, die zum allgemeinen Training der Gliedmaßen dienen, werden nach musikalischem Rhythmus ausgeführt. Im Musiksaal beginnen die Schüler beiderlei Geschlechts mit Gesang, der auch dazu gedacht ist, die Atemorgane zu kräftigen, und nehmen dabei eine edle, ruhige Haltung ein. Zunächst erklingen religiöse Gesänge, dann Lieder der Arbeit; die Arme führen dazu eine sichere, schnelle und energische Bewegung vom Boden in die Höhe ... und wieder zum Boden aus. Unmittelbar darauf folgen Gesten des Mutes, der Ehrerbietung und Bewegungen der Begeisterung in vielfältiger Art.

Alsbald geht man zu den Hauptübungen über. Es ist erstaunlich, soviel Geschicklichkeit, Kraft und Beweglichkeit auf einmal zu sehen. Wenn Große und Kleine beiderlei Geschlechts dann klettern und sich auf die Geräte emporschwingen, sollen sie dabei das sittliche Ziel ihres Tuns nicht vergessen: Sie erwerben Geschicklichkeit und Kraft, um Menschen in Gefahr hilfreich zu sein, und Ehrenpreise werden an diejenigen verliehen, die das Glück gehabt haben, ein Leben zu retten.

Dort gewinnen die Kinder alle Kräfte, die sie in einer ihren Bewegungsdrang hemmenden Kindheit verlieren würden. Dort kündigen diese jungen, hübschen Amazonen, indem sie edel und würdevoll, mit Anmut und Unbefangenheit den Zauber ihres Geschlechtes mit diesen Übungen verbinden, eine neue Generation an, die noch eine Vervollkommnung ihrer Pracht durch das große Denken der Philosophie, von der ich sprach, erhalten wird.

Da ich die Gymnastik des Herrn Amoròs auch als eines der Mittel, die dem Fortschritt dienen, ansehe, hielt ich es für das beste, Ihnen, meine Damen, darüber zu berichten.

Ja, widmen wir uns nur immer dem Fortschritt, überlassen wir es den für politische, moralische und religiöse Stagnation Begeisterten, uns zu tadeln. Setzen wir den Frauen, die sich rühmen, Männer zu beherrschen, indem sie sie hintergehen, immer wieder unsere Aufrichtigkeit und Freimütigkeit entgegen, ja auch unsere Beredtheit und Überzeugungskraft, die früher oder später verständige Menschen erreichen und ansprechen wird.
Seien Sie, meine Damen, meiner allergrößten Hochachtung versichert.

Louise Dauriat

~ ☆ ~

Über die allgemeine Bildung

Die allgemeine Schulbildung ist eine Frage, die augenblicklich alle fortschrittlichen Menschen beschäftigt – und dies zu Recht, denn von ihrer Lösung hängt die Zukunft der Gesellschaft ab.
In einer so wichtigen Angelegenheit ist es nützlich, meine ich, daß die Frauen ihre Stimme erheben. Genauso wie dem Volke wird auch uns die Bildung vorenthalten, oder man gesteht sie uns nur innerhalb allerengster Grenzen zu, die nach den kleinlichsten Maßstäben bestimmt werden.
Der Erziehungsminister hat einen Gesetzentwurf zur »Regelung der Volksschulerziehung« (Instruction primaire) vorgestellt. Schon sein Titel ist kleinlich, so wie der ganze Entwurf selbst. Was sagt denn das Wort »Volksschulerziehung« anderes, als daß die Ausbildung des Volkes in die engsten Grenzen eingezwängt werden soll? Das Volk soll lesen und schreiben können, und damit genug – mehr braucht es nicht.
Wann endlich werden die Regierenden erkennen, wie sehr es im Interesse der ganzen Gesellschaft liegt, allen Kindern die gleichen Chancen für ihre Entwicklung zu geben? Ja, die Zeit ist nicht mehr fern, wo für alle Kinder eine gemeinsame Erziehung und Ausbildung dasein wird, die einem jeden erlaubt, sich in dem Beruf zu entfalten, für den er sich am besten eignet. Ich weiß, daß man derzeit schwerlich einen entsprechenden Plan vorschlagen kann. Doch um auf den Entwurf des Ministers zurückzukommen: Es fällt leicht, zu zeigen, wie beschränkt er angelegt ist. »In jeder Gemeinde wird eine Schule eingerichtet,

die Kinder aufnimmt. Dafür ist eine kleine Beitragszahlung zu entrichten. Mittellose Eltern lassen sich vom Bürgermeister ihre Notlage bestätigen, dann werden ihre Kinder ebenfalls aufgenommen.« Dies also sind die Kinder, denen man Bildung als Almosen zukommen lassen will. Wann wird man endlich einsehen, daß hier die Gesellschaft nur eine Pflicht gegenüber denjenigen, die für sie arbeiten, zu erfüllen hat?

St. Simonienne revenant de la chasse.

Während die gute Gesellschaft ihre Kinder ausbilden läßt, beschwert man sich darüber, daß das Volk ordinär und ohne Wissen sei, doch tut man nichts für seine Bildung.

Glaubt man etwa, es sei angenehm für Eltern, ihre Armut Menschen mitteilen zu müssen, die sie manchmal mit Verachtung und noch öfter mit Mitleid betrachten, das für denjenigen, dem es entgegengebracht wird, noch peinlicher ist als Geringschätzung?

Es gibt nur ein Mittel, diesem Übel abzuhelfen: Die Schule muß für alle geöffnet werden, ohne die Eltern, wenn sie arm sind, zu solchen demütigenden Formalitäten zu verpflichten.

Aber besonders in bezug auf die Frauen bleibt dieser Gesetzentwurf weit hinter der Zeit zurück. Frauen werden darin nicht erwähnt; nur zum Schluß hat man hinzugefügt, daß Mädchenschulen »gegründet werden können, sofern Platz dazu da ist«. Sofern Platz da ist! Wie bitte? Brauchen denn die Frauen etwa keine Bildung? Wollen sie sie also immer noch in Unwissenheit halten? Sie sind ja den Söhnen des Volkes gegenüber noch großzügiger als gegenüber seinen Töchtern! Dabei liegt es im Interesse aller, daß die Frau ebenso wie der Mann eine Ausbildung erhält.

Doch was die Männer versäumt haben, müssen die Frauen selbst tun. Also wende ich mich an Euch, Ihr Frauen, die Ihr das Privileg der Bildung und des Reichtums genießt. Gewiß ist nicht eine unter Euch, die nicht schon gespürt hätte oder spürte, wie unerfreulich die Lage der Frauen ist. Damit sie sich verändert, müssen alle Frauen erkennen, daß es an der Zeit ist, selbst etwas für die Verbesserung ihres Schicksals zu tun. Keine Frau soll über das, was wir fordern, im unklaren gelassen werden: *Alle* Frauen müssen Bildung erhalten! Schließt Euch also zusammen und fangt an, für Eure Schwestern, denen das Wohl einer Ausbildung vorenthalten blieb, Unterricht zu halten! Schon sind Frauen mit gutem Beispiel vorangegangen: in der »Freien Gesellschaft zur Bildung des Volkes«. Wir schulden dieser fortschrittlichen Gesellschaft Dank, denn sie hat als eine der ersten unsere Gleichheit anerkannt, indem sie Frauen aufnimmt. Schon ist hier Unterricht für Frauen eingerichtet worden, in dem einige engagierte Frauen all ihr Wissen an die anderen weitergeben. Ehre diesen Frauen, die als erste angefangen haben! Hoffen wir, daß viele ihrem Beispiel nachfolgen und noch andere Frauen dazukommen werden, so daß überall immer mehr Frauen mit ihrer Einflußnahme die Bildung bis in die untersten Ränge der arbeitenden Klasse tragen.

Frauen, mögt Ihr dies erkennen: Immer hat sich unser Los zusammen mit dem des Volkes verbessert. Es bleibt uns, genau wie dem Volke, heute nur noch ein letzter Schritt zu tun. Nur unter der Voraussetzung, daß wir fühlen, wie sehr das Voranschreiten der Frauen mit dem des Volkes verbunden ist, werden wir diesen Schritt tatsächlich tun.

Verdienen wir unsere Freiheit, indem wir dafür arbeiten, und vergessen wir nicht, daß wir auch für das Volk arbeiten sollten, denn es weiß es zu schätzen und vergißt nicht, was man zu seinen Gunsten getan hat.

Marie-Reine

~ ☆ ~

Wohltätigkeitsgesellschaft der Frauen aus Nancy

Während die Frauen in Paris unter Anregung der Herren der »Gesellschaft für Lehrmethoden« Reden halten und Theorien zur Frage der Ausbildung vortragen, beschreiten die Frauen in Nancy den Weg der Praxis.
Mehrere Damen dieser Stadt haben unlängst eine Gesellschaft namens »Athenäum für wohltätige Zwecke« gegründet. In ihrem Erziehungskonzept, nach dem fünfzig junge Mädchen lernen sollen, findet man großartige Gedanken und umfassendere Überlegungen als alle, die bis zum heutigen Tage sonst in der Erziehung erprobt worden sind. Wir bedauern, daß der Name der Gesellschaft nicht mit den fortschrittlichen Ideen dieser Damen im Einklang steht, denn das Wort »wohltätig« erinnert zu sehr an christliche Almosen und wirkt daher auf diejenigen herabsetzend, die es empfangen – vermeiden wir aber, die Blüte schon in ihrer Knospe zu zerfleddern.
Trotz dieses kleinen Formfehlers wünschen wir lebhaft, daß dieses Beispiel Nachahmerinnen findet, und überall Frauen ähnliche Gesellschaften ersinnen und gründen mögen.
Solange wir darauf warten, daß der Wunsch, den Mlle. Masure in der Rue Taranne geäußert hat, in Erfüllung geht – das heißt, daß eine Hochschule für Lehrerinnen gegründet wird, wo sie die Wissenschaften ergründen können, die sie sodann unter den Frauen verbreiten werden –, so lange laßt uns die Bildung des Geistes noch von den Männern übernehmen. Doch erheben wir uns überall auf die Höhe unserer Zeit, ihr Frauen! Nehmen wir uns unsere Rechte wieder, bemächtigen wir uns der Moralerziehung! Auch daß die Entwicklung unseres Herzens, unseres Willens und all unserer Fähigkeiten nur von uns gelenkt werde: Dies ist das einzige Mittel, wirklich so zu werden, wie Gott uns geschaffen hat.
Die Männer werden in dem Augenblick dem freien Tun und Walten der Frauen nicht mehr mißtrauen, in dem sie sehen, wie die Frauen diesen Teil aktiver Einflußnahme, den sie fordern, in ihrem Handeln nur sozial, zugunsten aller Frauen und aller Männer wirken lassen werden.
Uns ist ein Rundbrief zugesandt worden, der die Prinzipien dieser bemerkenswert fortschrittlichen Gesellschaft der Frauen aus Nancy genau wiedergibt. Ich schätze mich glücklich, somit in unserer »Tribüne« eine Unternehmung von solcher Wichtigkeit vorstellen zu können, die außerhalb der Sphäre männlichen Einflusses durchgeführt worden ist.

Wir hoffen, daß uns künftig noch viele Ereignisse dieser Art bekannt werden, die unserer Broschüre den Charakter eines Archivs der Frau geben.

Suzanne

~ ☆ ~

»Wohltätigkeitsgesellschaft«

Alle gut unterrichteten Personen, die über die verschiedenen, derzeit in Frankreich angewandten Erziehungssysteme nachgedacht haben, haben sie überwiegend als mangelhaft und unvollständig empfunden. Aber besonders in der Frauenbildung treten diese Schwächen deutlich hervor.
Betrachtet man die Eintönigkeit des Unterrichts, zu dem die Mädchen verdammt sind, scheint es gerade so, als seien alle Mädchen nach ein und demselben Muster geprägt, als hätten sie alle die gleichen Neigungen und Fähigkeiten, ja, sogar die gleiche Konstitution. Es sind immer dieselben Wissensgebiete, immer dieselben Kenntnisse, die sie erwerben sollen; immer dieselben Begabungen sucht man bei ihnen herauszubilden, ohne zuvor den Sinn dieser verordneten Studien zu erwägen oder auch nur daran zu denken, wie diese Mädchen sich später bei der Ausübung eines Berufes fühlen werden, für den sie vielleicht keinerlei Eignung besitzen.
In den ersten Pensionaten in Paris ist bereits versucht worden, eine größere Vielfalt in den Unterricht einzuführen; er erstreckt sich auf einige Wissensgebiete, bleibt aber sehr oberflächlich und unvollständig. Man begnügt sich damit, den Mädchen einige Definitionen zu geben, jedoch ohne Grundlagen, ohne Regeln und ohne jeden Zusammenhang. So lernen sie mühsam Dinge, die sie sehr schnell wieder vergessen, ohne einen Nutzen daraus ziehen zu können. Es will gerade so scheinen, als ob man ihnen die Wissenschaft nur von weitem zeigen wollte, um ihnen zu bedeuten: Seht, dies studieren und ergründen die Männer, aber ihr seid dazu ohnehin nicht in der Lage; es sei euch nur gezeigt, damit ihr eure Minderwertigkeit erkennen mögt.
Solch engstirnige und kleinliche Ideen können wir nicht teilen, wir sind darüber empört! Wir meinen, daß die Frauen durchaus imstande sind, mit den Männern auf den Gebieten der Kultur, der Wissenschaft, der geistigen Arbeit überhaupt zu wetteifern.

Man hält sie zwar im allgemeinen für leichtfertig, und sie selbst glauben es sogar, aber das ist ein Irrtum: Nicht die Natur, sondern die Erziehung versieht sie mit diesem Fehler.

Im Gegenteil, die Frauen haben ernsthaftere Neigungen und gesetztere Bräuche. Sie wagen sich an Geduldsarbeiten, die ein Mann überhaupt nicht anfangen würde und schon gar nicht vollenden könnte. Wenn Sie diesen Charakterzügen, die die Frauen für die Wissenschaft befähigen, ihren feinen Geist, ihr vollendetes Taktgefühl und ihre besonders lebhafte Vorstellungskraft hinzufügen, werden Sie verstehen, welche gewaltigen Schritte das weibliche Geschlecht in einer Karriere tun kann, von der es bisher beinahe völlig ausgeschlossen war.

Es ist möglich, daß Frauen nicht in gleicher Weise wie Männer studieren, sondern eine eigene Art und Weise zu lernen und zu forschen entwickeln werden, die sich ihrer Beschaffenheit verdankt. Doch was macht das aus? Ihre Art wäre der Art und Weise der Männer nicht im geringsten unterlegen: Die Frauen könnten sogar neue und unerwartete Ergebnisse erzielen, wenn sie die gleiche Wissenschaft anders als die Männer bearbeiten. Es gibt nicht nur eine einzige Form, ein einziges Vorgehen, um etwas richtig zu machen, denn ohne genauso wie Raffael zu malen, hat Rubens nicht weniger hervorragende Bilder geschaffen. Wenn ich dieses Argument mit dem Beispiel berühmter Frauen untermauern würde, die nicht nur die Literatur gepflegt, sondern auch abstrakteste Wissenschaften betrieben haben, hielte man mir auf der Stelle den banalen Einwand entgegen, diese Frauen seien seltene Ausnahmen gewesen. Das ist wahr, aber warum denn? Weil es ebenfalls eine seltene Ausnahme ist, daß Frauen sinnvolle Studien betreiben können. Wäre es anders, so fänden sich unter den Frauen gewiß ebenso viele Genies wie unter den Männern, und folglich hätten sich schon früher die Fortschritte jeder Epoche verdoppeln können, die Zivilisation wäre heute doppelt soweit entwickelt. Die Gesellschaft wäre mit einer Geschwindigkeit fortgeschritten, die wir uns kaum vorstellen können, denn die Frauen sind – selbst unabhängig von dem Einfluß, den sie auf Männer haben, und von den Neigungen, die sie prägen können – immer noch die ersten, frühesten Erzieherinnen beider Geschlechter.

Das Kind ist mit einem Gedächtnis begabt, das es in späteren Jahren nicht mehr haben wird. Es ist neugierig und fragt bis zum Exzeß.

Wäre die Mutter gebildet, so könnte sie, anstatt seinen Geist mit Irrtümern und Vorurteilen vollzustopfen, in sein junges und frisches Erinnerungsvermögen eine Vielzahl von Kenntnissen unauslöschlich eingravieren, die es später nicht mehr zu erlernen brauchte. So hätte das Kind, wenn es mit seiner Ausbildung beginnt, bereits inmitten mütterlicher Zärtlichkeiten und Liebkosungen mühelos großes Wissen gesammelt.

Man muß daher für die Mädchen und Frauen sehr viele verschiedenartige Kurse einrichten, damit eine jede die Fächer wählen kann, die ihr entsprechen. Der Unterricht muß intensiv genug sein, um in der Folge einen Nutzen zu zeitigen.

Soeben wurde in unserer Stadt eine Gesellschaft gegründet, die dieses Ziel erreichen will. Sie hat bereits Maßnahmen ergriffen, um zum nächsten Semesterbeginn Kurse in den Fächern Literatur, Geschichte, Physik, Astronomie, Chemie und Naturgeschichte, einschließlich Zoologie, Botanik und Mineralogie, zu eröffnen. Die jungen Mädchen, die als Schülerinnen an diesen Kursen teilnehmen wollen, sind zu einer monatlichen Zahlung von fünf Francs gehalten. Die Damen, die sich diesem nützlichen Werk anschließen möchten oder ihre Töchter begleiten, werden als Mitglieder betrachtet.

Sie selbst werden die Einrichtung entweder gemeinsam oder durch aus ihrem Kreis gewählte Bevollmächtigte verwalten. Sie werden einen Beitrag von fünfundzwanzig Francs im Jahr zahlen und können, wenn sie es wünschen, unter sich eine wissenschaftliche Gesellschaft, eine Art Athenäum gründen.

Da die Lehrer kostenlos unterrichten werden, wird die Gesellschaft möglicherweise in der Lage sein, beträchtliche Rücklagen anzulegen. Diese Einnahmen sollen für die Erziehung mittelloser junger Mädchen verwendet werden, die eine Ausbildung in Zusammenhang mit ihrer sozialen Position erhalten werden. Unabhängig von Lesen, Schreiben und Rechnen werden sie einen Beruf erlernen. Diejenigen Damen, die mit der Leitung und Überwachung dieses Teiles des Institutes beauftragt sein werden, müßten überlegen, ob diese Mädchen in einem Internat untergebracht werden könnten oder ob man sich für sie mit der Schulerziehung benügen muß.

Frauen aus Nancy

An die Frauen

Unser Jahrhundert, sagt man, sei das Jahrhundert der Aufklärung. Warum also sich wundern, wenn ein Strahl dieses göttlichen Lichtes auch in die Seele der Frau eingedrungen ist und sie ihren Sklavenstand deutlich sehen läßt? Dieses Reich, so sagt man noch immer, sei das Reich der Freiheit – wenigstens schmückt ein Fetzen Trikolore die Tempel und Gebäude. Warum also sollte dieses schöne Wort »Freiheit« nicht auch im Ohr der Frau angenehm klingen? Warum sollte es nicht auch alle Fasern ihres Herzens in Schwingungen versetzen? Warum endlich sollte die Frau nicht ebenso wie der Mann darauf aus sein, diese kostbare Gabe der Natur zu genießen, die jeder liebt und schätzt, die aber – obwohl sie uns im allgemeinen als das vollkommene Schöne erscheint – für viele nur Traum und Wirklichkeit für die wenigsten ist?

Frauen, an euch wende ich mich. Geht aus eurer Trägheit heraus! Macht die Augen auf, und seht endlich den erniedrigenden Zustand, in den man euch gedrängt hat! Erschuf die Natur euch so? Schuf sie euch als Eigentum des Mannes? Schuf sie euch, damit ihr sein Spielzeug werden solltet? Schuf sie euch, damit ihr seinen Gesetzen, seinem Willen und seinen Launen folgt? Ja, schuf sie euch schließlich, damit ihr seine Sklavin seid und Sklavin der Vorurteile, die er in die Welt setzt?

Nein! Ihr seid geschaffen, um ihm gleichgestellt zu sein, und gemeinsam mit ihm auf dem Pfade des Lebens angenehm zu wandeln...

Schimpf und Schande über uns, wenn nicht alles so ist, wie es sein sollte! Doch die Stunde hat geschlagen, erheben wir uns in großer Zahl, und zeigen wir den Männern, daß das schwache Geschlecht stark ist – trotz seiner Unterdrückung! Laßt uns die Ketten sprengen, die uns gefesselt halten. Laßt uns unsere friedliche Fahne entfalten, auf der – ähnlich wie auf der Fahne der alten Kreuzzüge – jeder lesen kann: »Gottes Wille!« Vielleicht werden wir hinzufügen: »...ist Frauenwille«. Ja, das wollen wir, weil wir Gerechtigkeit wollen. Unsere Sache ist die der Natur und zugleich die Sache der Männer, selbst ohne daß sie es ahnen; denn von unserer Befreiung hängt unser gemeinsames Glück ab! Mut also und Energie! Laßt uns dieses größte Werk vollbringen, das Übel ist nicht so groß, als daß es kein Heilmittel gäbe. Überspringen wir die Hürden, die man uns in den Weg stellt. Ewige Schande über diejenigen, die beim Anblick der Hindernisse zurückschrecken! Laßt uns einen einzigen Ruf, eine einzige Devise haben: »Freiheit, Freiheit!« Vereinen wir unsere schwachen Stimmen, geben wir ihnen solche Kraft, daß sie sogar bei den Witwen von Malabar und im Harem des Sultans ein Echo finden![1]

Wenn aber zur Schande unseres Geschlechtes sich noch Frauen fänden, die ihre Knechtschaft lieben, und deren schwaches, kriecherisches Herz sich das Glück der Freiheit nicht vorstellen kann, dann würde ich ihnen sagen: Kommt zu uns, die wir mit Stolz Saint-Simonistinnen sind, zu uns, deren Blut bei dem bloßen Wort »Freiheit« in Wallung gerät! Kommt, nähert euch, auf daß einige Zündfunken unseres Feuers auf eure eisigen Seelen überspringen und die verborgenen Kräfte in euch aufwecken!

Ihr schwachen, schüchternen Wesen, vielleicht erschrecken euch meine Worte? Vielleicht fürchtet ihr euch davor, die Grenzen zu überschreiten, die die Natur unserem Geschlecht gesetzt hat? Beruhigt euch, genauso wie ihr wollen wir Frauen bleiben – aber Frauen im wahren Sinne dieses Wortes. Das heißt, daß wir, soweit wir können, immer ein Wesen voller Anmut, Liebe und Sinnlichkeit sein werden, als sanftes, anschmiegsames und überzeugendes Wesen geboren, um zu gefallen und zu verzaubern.

Wir werden endlich Frauen sein und keine Sklavinnen mehr! Wir werden Frauen sein, und die List, die Verstellung und Falschheit, diese Begleiterinnen der Versklavung, werden von uns weichen. Treu den Gesetzen der Natur werden wir ohne Heuchelei lieben und für Vorurteile nur Spott übrig haben.

Isabelle

Jahrestag der Julirevolution

Seit jenen großen Tagen des Jahres 1830 erstrahlt nun zum dritten Male die Julisonne, so schön und rein wie damals inmitten des Kanonendonners und der Fanfarenklänge derer, die alleine von diesem Sieg profitiert haben.

Heute, wo die Tumulte längst aufgehört haben und wieder Ruhe in die Stadt eingekehrt ist, werfen wir, die wir allen Kämpfen, die die Gesellschaft zerreißen, fremd gegenüberste-

[1] Das Bild der »Witwe von Malabar« spielt auf die Tradition der Witwenverbrennung in Indien an. Es bezeichnet, ähnlich wie der Hinweis auf das Dasein der Orientalinnen im Harem, die deutlichsten und schärfsten Formen weiblicher Unterordnung.

hen, einen Blick zurück und betrachten einmal die Haltung des Volkes bei diesen mit so viel Getöse angekündigten Julifeiern.
Welche Gefühle leiteten denn das Volk, als es sich erhob wie ein Mann, als es sich groß und mächtig zeigte und in drei Tagen einen Thron stürzte? Es war das Gefühl seiner verletzten Würde, denn die Könige waren ihm nach früheren blutigen Niederlagen aufgezwungen worden, als das Volk zu geschwächt war, um die »Heilige Allianz« des Auslandes daran zu hindern, ihm die Gesetze zu diktieren. Doch als es sich von seinen Verlusten erholt hatte, konnte es die schwere Last der Demütigung nicht länger ertragen, und bei der ersten Gelegenheit verstand das Volk recht gut, sie abzuschütteln.

St. Simonienne Cordonnier.

Als diesem Bedürfnis Genüge getan war, fragte es sich: Was tun wir jetzt? Und just in diesem Augenblick traten jene von der Selbstsucht gänzlich irregeleiteten Männer vor das Volk hin und sagten: Schenkt uns Vertrauen, und wir werden mit Begeisterung daran arbeiten, euer Schicksal zu verbessern! Das Volk war so vertrauensselig, denn es hatte gerade eben triumphiert und glaubte an die Aufrichtigkeit der anderen, weil es selbst so ehrlich ist, also vertraute es auf diese Männer. Doch sehr bald nahmen jene ihre eigensüchtige Haltung wieder an, und keiner von ihnen dachte noch lange an seine Versprechungen. Das Volk rief sie ihnen zwar in Erinnerung, als es sich auf den öffentlichen Plätzen versammelte – und wie bitter trat bei diesen Demonstrationen die Misere des Volkes zutage –, aber keiner dieser Männer fand den Mut, auf die Straße zu gehen und diese Menschen zu befragen, um wenigstens einige ihrer schlimmsten Leiden kennenzulernen.

Dabei ist es allerhöchste Zeit, diese Leiden endlich zu lindern.

Energische Proletarier wie Jeanne und Prospère enthüllten zu dieser Zeit auf den Anklagebänken des Schwurgerichtes nur wenige dieser Leiden, ihr Lohn war das Zuchthaus des Mont Saint-Michel. Doch sie sollen die Hoffnung und den Mut nicht verlieren, denn die Liebe und die Anerkennung ihrer Brüder sind ihnen gewiß, und von ihren Brüdern werden sie auch belohnt werden.

Angesichts dieser Tatsachen, und obwohl so gut wie nichts für das Volk getan worden ist, kündigt man nun heuchlerisch an, das Fest des Volkes und seinen Triumph mit allem Glanz und Prunk feiern zu wollen.

Sein Fest! Ja, es ist in der Tat sein Fest. Niemals zeigte sich das Volk von einer schöneren und erhabeneren Seite als an diesen drei Julitagen.

Das Fest wurde also mit großem Aufwand zelebriert, aber das Volk blieb unberührt und kühl. Man schien sogar einen Aufruhr zu befürchten, doch das Volk blieb gelassen. Es hat erkannt, was von diesen großen Julifeiern zu halten ist, und daß es keinen Anlaß zum Feiern hat, denn für das Volk selbst waren diese Tage nicht von Erfolg gekrönt.

Erregung entstand nur, als der Zug an den Gräbern so vieler Brüder vorbei kam. Gewiß beneidete sie manch einer um ihr Schicksal und sagte sich: Glücklich die Toten! Blieben ihnen doch diese grausamen Enttäuschungen erspart, die so qualvoll für uns gewesen sind! Sie konnten inmitten der allgemeinen Begeisterung sterben und sahen noch die Morgenröte eines aufziehenden Tages vor sich, der so schön geworden wäre... wenn man ihn nicht verhindert hätte. Dies waren ihre Klagen, und wir verstehen sie. Nur verbreiten wir sie nicht, denn das hieße für uns, zu verzweifeln – und wir verzweifeln nicht.

Wir sehen die Morgendämmerung eines noch schöneren Tages

vor uns, der für alle anbrechen wird, für das Volk und die Frauen.
O Volk, sei nicht länger verzagt, dein Triumph ist nicht ohne jegliches Ergebnis geblieben. Bis heute hat sich dein Los zwar nicht verbessert, doch hast du ein klares Bewußtsein von deinen Bedürfnissen bekommen und bist so auf dem Wege des Fortschrittes um vieles weiter vorangekommen.
Bei diesen sogenannten Volksfesten kann das Volk getrost kühl bleiben, denn Gott hat schönere und größere Feste vorgesehen.
Ja, Volk, nimm ruhig Abstand von diesen Feiern, die nur immer wieder Kampf und Zerstörung bejubeln, deine Feste werden glänzender sein!
Begeistern werden dich die Feste, die den Frieden und die Arbeit feiern und aufblühen lassen werden, an denen auch wir Frauen teilnehmen können und zu denen wir in großer Zahl herbeiströmen werden! Dann werden Männer und Frauen in einer besseren Zukunft vereint sein, alle werden nur noch zu einem Zweck arbeiten: dem Wohle aller!

Marie-Reine

~ ☆ ~

Selbstmord von Claire Démar und Perret Dessessarts

Meine Seele ist noch schmerzlich ergriffen von dem grauenhaften Drama, das sich gerade vor uns abgespielt hat. Deshalb kann ich heute nur den Verlust dieser beiden Opfer der sozialen und moralischen Anarchie unseres Jahrhunderts beklagen und die Gedanken ausdrücken, die dieses traurige Ereignis in mir hervorgerufen hat. Vor allem aber muß ich eine Verleumdung widerlegen, die alle Zeitungen verbreitet haben.
In ihrer kalten Berichterstattung über dieses Ereignis haben alle zu verstehen gegeben, daß ein intimes Verhältnis zwischen Claire und Dessessarts bestand. Für jeden, der die menschlichen Gefühle kennt, ist das unwahrscheinlich. Hätten sie geliebt, hätte dieses schöpferische Feuer der Liebe ihre Seelen entflammt, dann hätten sie aneinander geglaubt und wären noch unter uns. Denn ist nicht die Liebe in ihrem wahrsten, erhabensten und umfassendsten Sinne ein Glaube, eine Religion – ja, das Leben!
Im Gegenteil, weil sie nicht mehr liebten, weil keine sanften

und belebenden Gefühle mehr in ihren vom Kampfe und von Zweifeln zerquälten Herzen flossen, wurden sie dieses kalten und farblosen Lebens müde und brauchten den Rest ihrer Energie dazu, das Bündnis mit dem Tode zu schließen...
In der Nacht vom 3. zum 4. August setzten sie diesen unheilvollen Entschluß in die Tat um. Eine Reihe von Vorkehrungen zum Gelingen dieses doppelten Selbstmordes beweisen ihre außerordentliche Selbstbeherrschung und Willenskraft. Perret Dessessarts war dreiundzwanzig Jahre alt. Er hatte vor kurzem seine Heimatstadt Grenoble verlassen. Schon von ständigen Selbstmordgedanken verfolgt, kam er zu Beginn dieses Jahres nach Paris. Zu dieser Zeit begegnete er auch Claire Démar zum erstenmal. Diese junge Frau, von angenehmem Äußeren und mit einer starken Seele begabt, hatte den Mut gehabt, die Armut auf sich zu nehmen und eine bequeme, aber unklare und ehrlose Position abzulehnen. Gelobt sei sie! Durch diese Tat hatte sie ihre vollkommene Würde als Frau erlangt, denn dieser Entschluß wurde spontan und frei von ihr gefaßt. Zu diesem Zeitpunkt traf sie Dessessarts. Claire und er liebten und suchten beide den Ruhm.
Sie verstanden sich, und die Ähnlichkeit ihrer Charaktere ließ sie Freunde werden. Als Freunde sahen sie sich auch von da an des öfteren, und sie schlossen sich für ihre propagandistischen Anstrengungen zusammen. Sehr interessante Briefe, zum letzten Abschied geschrieben (wahrscheinlich werden sie der Öffentlichkeit bald übergeben), lassen nur diesen eindeutigen Schluß zu. Angesichts ihrer Aussagen in der Todesstunde mögen Zweifel verschwinden!
Diese unglücklichen Opfer des Skeptizismus hätten dringend der Poesie und der Religion zur Wiederbelebung ihrer Seelen bedurft, um das Leben wie es ist, akzeptieren zu können und es nicht als großen, unlösbaren Widerspruch zu empfinden. Sie sahen sich um, doch alles an diesen großen Trümmern der Christenheit – MORAL, KULT, DOGMA –, ja, alles schien ihnen farblos und kalt. Diese kalte und egoistische Gesellschaft des neunzehnten Jahrhunderts goß auf ihre Begeisterung nur die eisige Kälte des Spottes und der Verachtung.
Mit von Zweifeln getrübtem Blick befragten sie die neue Religion nach dem Leitfaden des Lebens, nach der Wahrheit. Verletzt und erschöpft von dem Kampf, den sie gegen die ganze Welt zu führen hatten, sahen sie nicht ohne Schrecken die unzähligen Hindernisse, die der Egoismus, dieses tiefe Übel, von dem die ganze Gesellschaft bis ins Mark zerfressen ist,

ihren Anstrengungen entgegensetzen würde. Sie glaubten nicht mehr, so viele Schmerzen lindern zu können, verfielen der tiefsten Entmutigung, zweifelten an sich selber und verneinten ihre Aufgabe. Schließlich wiederholten sie das Drama des jungen Escousse und seines Freundes; wie jene verlangten sie vom Tod die Poesie eines schönen Abschieds: Sie reichten sich die Hand, fielen zusammen und fanden in dieser Brüderlichkeit des Todesbundes eine grausame Lust.

St. Simonienne Jardinière.

Kurz vor seinem Tode schrieb der junge Mann einem seiner Freunde folgendes: »Ich wünsche Dir, mein Freund, daß Du für einen ruhigen und glücklichen Tod ebenso wie ich eine FREUNDIN finden kannst, die Dich dorthin begleitet, wo Zweifel nicht mehr möglich sind.« Sterben, weil man im Leben seinen Platz nicht finden konnte ... Welch ein energischer Protest gegen das, was IST!

Sterben, erschöpft vom Kampfe! Wie tief muß die Verzweiflung sein, die den Tod nach sich zieht! Unglückliche Claire! Armer Dessessarts! Könntet ihr in harmonischeren Zeiten wiedergeboren werden!

Wenn die schöne und großartige Religion, die wir verkünden und die heute erst als schwacher Schimmer am Horizont aufglimmt, sich so weit ausgebreitet haben wird, daß sie in aller Augen erstrahlt und die ganze Menschheit erleuchtet und erwärmt, ja, dann wird das eisige Gift des Skeptizismus nicht länger eure jungen Herzen schon in der Jugend erstarren lassen! Ihr werdet an GOTT glauben, denn ihr werdet die Harmonie fühlen! EUER PLATZ, den ihr heute nicht habt finden können, wird für euch da sein, denn es wird eine soziale und mütterliche Vorsehung geben, die über eure individuelle Entwicklung wachen wird.

Hört zu, Ihr Journalisten und weltgewandten Menschen, eine Frau und ein Mann, die mangels Glauben in ihren besten Jahren sterben, sind keine so blassen Persönlichkeiten, als daß man sich leichtfertige Reden über sie erlauben dürfte! Respekt also vor diesen beiden Särgen!

Was uns betrifft, die wir uns nicht darauf beschränken können, dieses fatale Ereignis nur festzustellen, sondern darin den Hinweis sehen, daß große Fortschritte erst noch zu machen sind, uns wird dieses Unglück einander näherbringen. Wir werden das Bedürfnis in uns spüren, uns gegenseitig zu unterstützen, uns durch das Band einer religiösen Brüderlichkeit zu verbinden und so zu handeln, daß die Frauen, die sich ganz und gar dem neuen Glauben verschreiben wollen und deshalb mit der alten Welt brechen, nicht etwa Einsamkeit und mangelnde Unterstützung bei uns finden, die sie zur Verzweiflung und zum Selbstmord bringen würden.

Glaubt mir, damit dies geschieht, genügt es nicht, die Frauen zur FREIHEIT aufzurufen und sie dann mit dieser egoistischen Welt sich allein bemühen zu lassen, die als ordnendes Prinzip und einzigen Gott nur das Geld kennt. Kalte, ironische Welt, die über jede Begeisterung nur geringschätzig lächeln kann! Woran sonst, als an dieses Gefühl der Verbundenheit, das unsere Religion in allen erwecken will, könnten sich Frauen also halten, die die Zukunft erahnen? Etwa an die Freiheit, die von allen, die sie herbeiwünschen, noch so unverstanden bleibt?

Immer noch dürfen wir dieses Zauberwort in unserer fortschrittlichsten aller Gesellschaften nur unter der Schirmherrschaft der Männer und zu deren Gunsten aussprechen. Selbst der Intelligenteste unter den Republikanern ist noch nicht so weit, daß er die Frau verstehen kann und zu spüren vermag, daß Gerechtigkeit, Recht und Gott auch unsere Sache sind.

Wenn ich auf uns selber schaue und frage: Gibt es in unserem schönen Frankreich eine Frau, die aufgrund ihrer Stellung in der Lage wäre, allen anderen Frauen beizustehen? Welche könnte all unsere Rechte vertreten: Die allerhochwürdigsten genauso wie die niedrigstgestellten – was vermögen sie denn? Was sind sie? Vom Gesetz her: Nichts. Alle sind hinter einem Namen, einer Aufgabe und einer sozialen Position verborgen, die sie passiv, durch die Willkür eines anderen, eines Mannes erhalten. Ja, die Franzosen haben eine Königin, doch die Frauen haben keine Mutter!

Zukunftsgedanken, so weit wie die Welt, die sie umfassen wollen, drängen in das Denken der Frauen, aber welche Mittel zur Mitteilung und Verbreitung werden ihnen gelassen, wenn sie versuchen, diese Zukunft zu entwerfen oder herbeizuführen? Welche innere Kraft und Überzeugung sie auch haben mögen, was können sie tun – alleine? Sich in ohnmächtigen Versuchen abkämpfen, und?... Denkt an die arme Claire Démar...

Unsere Hoffnung auf Emanzipation können wir also nur in diese beinahe in alle Welt zerstreute Familie von Männern setzen, die überall unsere Gleichheit und unsere Rechte verkünden. Doch werden diese Ideen erst richtig an Kraft und Leben gewinnen, wenn ihre Verbreitung von Gruppen der *vollständigen Familie* geplant und betrieben wird. Ich wage nicht, hier Ratschläge zu erteilen, ja, ich glaube sogar, daß es jetzt noch zu früh wäre, einen solchen Versuch zu unternehmen: Diese Idee und dieser Wunsch, die mich schon lange beherrschen, und die ich heute so naiv ausdrücke, könnten ja auch schon andere Herzen bewegt haben. Es ist gut, darüber nachzudenken, meine ich.

Aber noch bevor ein Band zwischen Männern und Frauen in der Familie entsteht, denkt daran, ihr neuen Gläubigen, die ihr euch Apostel und Ritter der Frau nennt, welche Pflichten euch euer Glaube auferlegt. Aufgrund der Privilegien eures Geschlechtes verfügt ihr noch immer über die ungeheure Macht, die öffentliche Meinung lenken zu können – also laßt den Frauen moralische Unterstützung daraus erwachsen und sie allen zugute kommen, besonders denjenigen, die so mutig in die Arena hinuntersteigen und aktiv in die Auseinandersetzung eintreten.

Und Sie, Vater, der Sie bis zur Erhabenheit ergeben sind, verkünden Sie allen, die Ihnen zuhören und uns lieben, daß die Hauptidee, deren Verwirklichung den religiösen Männern unserer Zeit anvertraut worden ist, die Erhebung der Frau, die Anerkennung ihrer gleichberechtigten Stellung in der Gesellschaft, schließlich ihre vollkommene Befreiung und die Sicherung ihrer Rechte in der ganzen Welt ist.

O ja, zweifellos ist es nützlich und richtig, die Ergebenheit der Männer ans Licht zu bringen. Ich spende jeder Tat, die dies zum Ziele hat, herzlich Beifall, doch bis die Menschheit in Gott das Wesen eines guten Gottes und einer guten Göttin erkennen und verehren und sich selbst gemäß diesem göttlichen Prinzip neu zusammenfinden wird – bis dahin, so sage ich, ist es noch richtiger und nützlicher, das Handeln der Männer als dem der Frauen nachgeordnet zu betrachten. So würde, meiner Meinung nach, die eifrige Unterstützung jeder Tat zum alleinigen Ruhme des Mannes bedeuten, daß man Einzelheiten für das Ganze nimmt, das heißt, Nebensächliches hervorhebt und das Wesentliche im dunkeln läßt.

Mut also! Die schönste Krone denen, die das Ziel erreichen!

Suzanne

Antwort auf einen Artikel von Herrn Ch. Nodier in »L'Europe littéraire«[1]

Was beweist Herr Ch. Nodier mit seinem Artikel über *Die freie Frau* in der zweiten Nummer des »Europe littéraire« am offensichtlichsten? Doch nur, daß er die Freiheit der Frauen für die Gegenwart nicht will – höchstens später vielleicht ...

Er wagt es nicht, wie die »Gazette« zu behaupten, daß die Frau dem Manne nicht gleichberechtigt sei, weil sie weniger groß, weniger stark sei ... weil sie ... nun, Sie werden sich gewiß erinnern – alles Gründe dieses Kalibers!

O nein, Herr Nodier kann weit weniger Anspruch auf Verehrung erheben. Seiner warmherzigen Ausdrucksweise nach zu urteilen (abgesehen von dem hier behandelten Artikel) muß er noch jung sein: Auch geht er recht galant daran, uns zu überzeugen. Er fürchtet doch tatsächlich, dieser exzellente Mann, daß wir zuviel verlieren würden, wäre man verrückt genug,

1 Charles Nodier, 1780 bis 1844, war als Verfasser humoristischer Erzählungen in Frankreich bekannt. Ab 1823 versammelte er einen Kreis französischer Romantiker um sich (Cénacle); veröffentlichte auch des öfteren in der »Revue des deux mondes« politische Artikel, jedoch ohne dezidierten politischen Standpunkt. »L'Europe littéraire« war ein Kultur- und politisches Tagesmagazin, das für kurze Zeit in Paris erschien (März 1833 bis 1834).

unseren Forderungen zum Recht zu verhelfen. »Ja, wie bitte«, sagt er, »für ein paar armselige soziale Rechte, von denen die Institutionen Sie ausgeschlossen halten, würden Sie, meine Damen, sich dem Verlust unseres Schutzes und unserer Liebe aussetzen!«

Er gibt uns weiterhin zu verstehen: »Erwägen Sie doch diese Bedrohung, bedenken Sie die Konsequenzen genau, und vor allem nehmen Sie sich bloß nicht vor, Ihre lange und köstliche Kindheit, Ihre legale Minderjährigkeit gegen das eintauschen zu wollen, was man den Verstand nennt – oder gegen eine solide Ausbildung und eine soziale Position gemäß der Fähigkeit einer jeden.«

Interessant! Wir Frauen würden zuviel verlieren ... Außerdem meint Herr Nodier, »Sie sind doch zauberhaft genug, so wie Sie sind, um unsere Spielzeuge zu sein. Denn nachdem unsere politischen Dispute, unsere literarischen Scharmützel, unsere geschäftlichen Sorgen und all unsere täglichen Mühen ausgestanden sind, brauchen wir einfach *allesamt* ein wenig Erholung. Also, Ihr reizenden Vöglein, füllt nur weiterhin diese Funktion aus, denn dazu seid Ihr geschaffen. Und wir sind noch nicht müde, Euch diese Rolle spielen zu sehen.

Ja, schließlich – ohne hier etwa für mich zu sprechen – haben Sie Erbarmen mit diesen noblen, reichen Dandys. Überdenken Sie die Folgen, bevor Sie sich darauf versteifen, für beinahe fünfzehn Millionen Frauen eine intensive und angemessene Ausbildung zu fordern, die ihnen ihre Würde und ihren Wert zeigen könnte. Sie werden einsehen, meine Damen Reklamantinnen – bevor Sie für die Frauen und die Mädchen aus dem Volke eine Entlohnung von mehr als 75 Centimes, ihr mittlerer Tagesverdienst, erreicht haben werden –, daß jene, hätten sie mehr, alsbald tatsächlich nur noch denjenigen lieben würden, welcher sie liebte, da sie sich dann nicht mehr verkaufen müßten, um leben zu können ... Wenn also die Reichen, um geliebt zu werden, die Liebe nicht mehr kaufen könnten, wären sie ja gezwungen zu zeigen, daß sie ein Herz und eine Seele haben! In Kenntnis der Sachlage wiederhole ich deshalb: Erbarmen mit ihnen! Denn unter dieser Bedingung müßten ihrer so viele in den Ruhestand treten.«

Und weiter:

»Ich sage dies alles gewiß nicht, um zu opponieren – im Gegenteil, ich plädiere für das Ideal der Frauen. Man schlage ihnen nur vor, sich für eine dumme und große Wirklichkeit zu opfern, und bald könnten sie sehen, was dann aus dem Roman würde – dieser köstlichen Fabel, die alle zarten und leidenschaftlichen Seelen über die unwürdige Wahrheit der Geschichte hinweg tröstet. Die Frauen sollten sich hier nicht täuschen: Ihre Geschichte, das ist der Roman.«

Wenn Sie unter Roman das Gefühl, die intime Historie der Empfindungen der Seele verstehen – ja, meine Herren, da stimme ich Ihnen zu – als solche wird er immer unsere Geschichte sein. Doch müssen denn alle seine Episoden traurig sein, müssen sie immer von grausamen Schmerzen (wie man sagt) handeln, müssen sie immer von Ehebruch und Eifersucht, mit Verdorbenheit und Blut besudelt werden, muß schließlich jedes Kapitel – in der Gegenwart wie in der Zukunft – nur die Ausbeutung, welche auf der Frau lastet, beweisen, um Interesse zu erwecken? ... Oh, ich denke nicht so: In der Organisation der Gesellschaft, wie wir sie entwerfen, gebe ich dem Roman einen schönen und großen Platz. Glaubt man denn, daß im Glück keine Poesie zu finden sei und daß die Liebe, wenn sie wahrhaftig anmutig, zart und leidenschaftlich, sogar überschäumend ist, nicht ebenso interessante Episoden hervorbrächte wie diese schrecklichen Wahrheiten, die unser tristes Jahrhundert nahelegt?

Ich gebe sogar zu – auf die Gefahr hin, für recht positiv gehalten zu werden und etwas von dem anmutigen Ideal des Romans zu verlieren –, daß ich glaube, selbst wenn diese zauberhaften Geschichten etwas von ihrem Zauber einbüßen würden, sobald sie nicht mehr *die Agonie* abbildeten, gewänne die Welt, wenn man es aufrechnet, in Wirklichkeit nur dazu und hätte keinen Grund, sich darüber zu beklagen, daß die Phantasie, diese brillante Zauberin, sich nicht mehr mit Trauerschleiern umgeben könnte.

Wir müssen ja sehr mächtig sein, daß wir Ihnen einen derartigen Schreck einjagen: Wahrhaftig, ich bin ganz stolz darauf! Wie? Wir verlangen nur die Gleichheit, und schon fürchten Sie, daß »die Gesellschaft vollständig der Herrschaft der Frauen anheimfällt«! Und weiter: »Ich kann mir nämlich eine Frau, die über Gesetze abstimmen und über den Haushalt diskutieren, öffentliche Gelder verwaltet und zu Gericht sitzen würde, höchstens als Mann vorstellen.«

So nennen Sie mir welche unter unseren heutigen tiefsinnigen Politikern, deren Fähigkeit zu regieren besser erkannt worden wäre, als die der berühmten *Roland, de Staël* und vieler anderer, denen es nur an einem günstigen Milieu mangelte, um sich von großer gesellschaftlicher Bedeutung zu erweisen.

Das Geständnis, das Ihnen entwischt, ist kostbar: Sie sagen, daß dank unserer reizenden Art keine Frau in ihrer Umgebung geringeren Einfluß ausübe als ein französischer Pair. Aber ja! Wir ganz besonders, wir sind überzeugt davon! Auch dient die sehr bescheidene Bitte, die wir an unsere Vormünder richten, nur dazu, sie einzuladen, unsere Beteiligung an allen Dingen des Lebens offen und öffentlich zu verkünden, damit endlich *geregelt* und *legalisiert* wird, was schon existiert.
»Das Christentum und die Ritterlichkeit, die sie als Sklavinnen vorfanden, haben sie zu Gebieterinnen gemacht.«
Gebieterinnen! Verhöhnung! – Oder vielleicht so, wie die Fetische in der Antike König waren?
Im übrigen scherzt der Autor des Artikels recht gefällig, doch wenn der Witz unecht wird, ergeht es ihm wie der Gewalt: Er scheitert vor dem Recht.
Schließlich meint er: »Die Proletarier befinden sich an dem gleichen Punkt wie die alten Frauen: Sie haben kein Geschlecht. Und hier merke ich, daß in diesem vorzüglichen Lande der Sapientia und der fortschreitenden Kultur, in dem

Saint-Simonien épluchant les légumes.

die Männer noch nicht emanzipiert sind, die Absicht, Frauen zu emanzipieren, etwas verfrüht ist.«

Mit einem gutwilligen Manne ist es möglich, sich zu verständigen. All diese schwerwiegenden Fragen lassen sich also auf eine Frage der Zeit und der Zweckmäßigkeit zurückführen. Alsdann! Emanzipieren Sie doch die Proletarier, oder steht etwa irgendwo geschrieben, daß sie nicht eines Tages ein Geschlecht und anerkannte Rechte haben sollen? Warum also soll es uns nicht erlaubt sein, zu glauben, daß die Zeit naht, wo die Frauen und das Volk gemeinsam Hand in Hand diese letzte Hürde überspringen werden, die sie noch von der *heiligen Gleichheit* trennt?

Aber damit ich an die dringende Notwendigkeit einer gesellschaftlichen Erneuerung nicht mehr glaube, müßte es schon gelingen, mir zu beweisen, daß die Menschheit sich nicht fortwährend weiterentwickelt, sondern bei der Wahrheit des Grundgesetzes stehenbleiben muß. Oh! Dann würde ich keinem Hirngespinst mehr nachlaufen, und wie Herr Ch. Nodier könnte ich, um mich von der Gegenwart abzulenken, über die vergeblichen Bemühungen und das Scheitern dieser paar *»freien Frauen«* mitleidig lächeln, die zu allen Zeiten die Zukunft erahnt haben und ihrem Jahrhundert voraus waren.

Suzanne

Plädoyer des Herrn Desjardins

Gewiß sind schon viele Schriften zur Verteidigung der »Gesellschaft der Volksfreunde« veröffentlicht worden, aber unter all diesen Plädoyers ist jenes das klarste, eindringlichste und vom Volke am besten aufgenommene, das Herr Desjardins vor dem Schwurgericht hielt. Niemand hat die Leiden des Volkes besser dargestellt als er in seiner Rede zur Verteidigung der Broschüre über die Cholera, die seine Brüder und Mit-Gesellschafter herausgegeben hatten. Vor aller Augen wies er die Unmoral unserer Gesetzgebung nach, die Vergehen oder Verbrechen, anstatt sie zu verhindern, nur im nachhinein anprangern kann, weil sie nicht auf einem religiösen Empfinden gründet, das heißt, die Bedürfnisse aller Menschen nicht in gleicher Weise berücksichtigt.

Dieses Plädoyer war dank seiner Genauigkeit recht entmutigend für diejenigen, deren Optimismus in ihrer besonderen Stellung als Müßiggänger wurzelt. (Schließlich muß man sie beim Namen nennen.)

Mit welcher Stimme, unter dem Eindruck der Leiden, die sein Herz zerrissen, hat Herr Desjardins den Richtern all die Ängste, Qualen und Entbehrungen im Leben der Armen nacheinander vor Augen geführt, als er ausrief: »Das Volk stirbt, weil es keine Kleider hat! Das Volk stirbt, weil es kein Brot hat! Es trägt die Lasten und das Kreuz des Krieges fast alleine, das ist sein ›Lanzenstich in die Seite‹ (Anspielung auf J. Chr.). Ich könnte den Vergleich sogar noch weitertreiben und Sie mit dieser Wahrheit schlagen, wenn ich sage, der Proletarier ist der Leidensmann schlechthin! Geschworene! Ist es denn nötig, in den verrotteten, blutbefleckten Schuhen des Proletariers vor Sie hin zu treten, um das zu beweisen? In diesem Schuhwerk, wo sein Fuß, schon von Kälte und Krankheit zerfressen, schließlich Todesstarre annehmen wird? Sagen Sie es nur, ich werde es veranlassen!«

Die brillante Verteidigung dieses Mannes von Überzeugung war vom Erfolg gekrönt, die Angeklagten wurden freigesprochen.

Wenn er aber die Leiden des Volkes so zutreffend dargestellt hat, dann trägt dazu auch der Saint-Simonismus seinen Anteil bei – ohne damit die Ehre und die Hingabe Herrn Desjardins für die Klasse der Armen zu schmälern. Man kann sagen, seine ganze Rede war von Ideen des Saint-Simonismus dergestalt geprägt, daß ihre glänzendsten Passagen sich den eindringlichsten eines Barrault, Laurent und anderen zur Seite stellen könnten, die ebenso wie er ihre ganze Kraft für die Emanzipation des Proletariats eingesetzt haben.

Ja, auch die Saint-Simonisten (ich glaube, alle Welt beginnt, dies anzuerkennen) wußten an die Wunden des Volkes zu rühren, um ihre Heilung zu erreichen. Außerdem haben sie mehr noch als Herr Desjardins diesen eisernen Vorhang gelüftet, der bisher die interessantesten Klassen der Menschheit – die Frauen und das Volk – verborgen hielt.

Doch kann man heute nicht mehr daran zweifeln, daß nach den Saint-Simonisten die großmütigen Republikaner am besten wissen, wie bald die Stunde der Befreiung der Frau und des Volkes eingeläutet werden wird. Weshalb aber treten sie nicht ebenso offen und lautstark wie die Saint-Simonisten für die Emanzipation der beiden Klassen ein? Wer hält sie noch zurück? Wie kommt es, daß sie in ihrer heiligen Begeisterung für die Freiheit die Frau alleine unter der drückenden Last der Vorurteile kämpfen lassen, die ihr der Mann seit vielen Jahrhunderten in seinem törichten Stolze auferlegt?

Also bitte! Die Freiheit ist Frau, und sie ist der Leitstern einer jeden großzügigen Idee! Jene, die sich als ihre Verteidiger fühlen und glauben, genug getan zu haben, wenn sie ein wenig Weihrauch auf ihrem Altar verbrennen – zurück! Mein Frauenherz kann ihnen nicht den wohltönenden Namen »Bruder« verleihen, denn ich weiß, welchen Wert in diesem Wort für eine Republikanerin liegt.
Gerade weil wir ein starkes, kraftvolles und mächtiges Gesetz der Liebe einsetzen wollen, fühlen wir, daß die Zeit gekommen ist, aktiv daran mitzuarbeiten – nicht als Leibeigene des Mannes, sondern gleichberechtigt an seiner Seite.

Marie G...

Über James de Laurence[1]

Nicht wahr, meine Damen, bei der ersten Lektüre scheint die Schrift des Herrn de Laurence, von dem ich vor kurzem sprach, mit nichts als klugen Spitzfindigkeiten angefüllt zu sein. Man könnte beinahe sagen, die Vernunft wurde aus ihr herausgeschwindelt.
Dem Autoren zufolge sind es achtzehn Jahrhunderte, in denen die Religion Jesu nur falsch ausgelegt worden ist, denn – so sagt

[1] Der utopische Roman des englischen Schriftstellers James de Laurence »Im Reich der Nairen, oder das Paradies der Liebe«, erschien zuerst im Jahre 1800 in deutscher Sprache in Berlin und wurde 1814 und 1817 in Frankreich veröffentlicht. In diesem Roman entwirft Laurence eine feudale Gesellschaftsordnung, deren Grundlage und hervorgehobenes Merkmal die matrilineare Erbfolge ist. Von da aus entwickelt er Moral und Verfassung einer ganzen Gesellschaft, in der den Frauen entsprechend ihrer bedeutsamen Position viel weitgehendere Freiheiten und Einflußmöglichkeiten offenstehen, als in den patriarchalen Ordnungen, die er scharf kritisiert. Dieser Roman sowie eine kleinere Broschüre »Die Kinder Gottes, oder die Religion Jesu, neuvereint mit der Philosophie«, die 1831 in Frankreich erschien und worüber Suzanne im ersten Teil ihrer Rezension spricht, waren von Laurence als Streitschriften zur Befreiung der Frauen gedacht. Zur Herstellung der Unabhängigkeit der Frau auf allen Gebieten wird in seinen Schriften die Vaterschaft gesellschaftlich *bedeutungslos,* folglich existieren keine gesellschaftlich sanktionierten, festgelegten sexuellen und emotionalen Beziehungen mehr zwischen Männern und Frauen, sondern die Individuen selbst bestimmen Art und Dauer ihrer intimen Beziehungen, ohne irgendeiner Institution Rechenschaft schuldig zu sein. Daran knüpft sich bei Laurence das Verborgenbleiben, die Unbekanntheit der jeweiligen Vaterschaften als »Mysterium«. Diese Vorstellungen werden von Suzanne Voilquin und Claire Démar in unterschiedlicher Weise aufgenommen und interpretiert, sie bilden einen Kernpunkt ihrer Auseinandersetzung um die Prinzipien und Wirkungsweisen einer »neuen Moral« (Vorwort von Suzanne zu »Meine Moral der Zukunft« und Claire Démars Text selbst).

er – sie sei die Religion der Mutterschaft, ihr Symbol zur Anbetung sei eine Mutter mit dem Kinde im Arm.
Hören Sie nur, was er uns weiter noch zu sagen hat:
»Jesus konnte Wunder vollbringen, sein System jedoch hätte dessen überhaupt nicht bedurft. Müßte die Natur denn ihren eigenen Gesetzen untreu werden, um unsere Bewunderung zu verdienen? Nein, gewiß nicht, denn alles, was ist, ist durch Wunder und ist wunderbar: Die Empfängnis Marias war wunderbar – die Empfängnis aller Frauen ist wunderbar, die Empfängnis Marias war ein Mysterium – die Empfängnis aller Frauen ist ein Mysterium, die Empfängnis Marias war unbefleckt – die Empfängnis aller Frauen ist unbefleckt. Denn welcher Makel kann dem Wirken der Natur anhaften? Das Gegenteil zu behaupten, wäre Gotteslästerung. Bisher haben wir die Ehe heilig erklärt, in der Zukunft werden wir die Empfängnis göttlich nennen, denn die Schwangere ist erfüllt vom Heiligen Geist. Wird man nicht künftig die Frau in der Zeit, in der sie der Hilfe und des Wohlwollens am meisten bedarf, mit besonderem Respekt und besonderer Hochachtung behandeln?«
Ich bitte Sie, ist es hier nicht hinterhältig, uns dahin zu führen, das Bestehende mit der Ordnung, die Jesus Christus errichten wollte, zu vergleichen! Ich urteile selbst darüber, meine lieben Leserinnen, ich, die ich in meiner Gutmütigkeit einen heiligen Respekt für alles Alte und dem Verfall Geweihte empfinde – sogar bis zu dem Punkt, nicht daran rühren zu wollen – und Gott anheimstelle, wann er es verschwinden läßt, ja, ich war trotz der Stärke meines Geistes erschüttert. Ich habe mich dabei überrascht, zu sagen: »Ja, warum eigentlich nicht?«, und war sogar geneigt, die *Schaufel der Revolution* zu ergreifen und gleich die alte christliche Ehe zu untergraben, wo es trotz allem doch darauf ankommt, treu und beständig zu sein.
Dann hat sich mein Zorn gegen diese alte Männergesellschaft gerichtet, in der wir immer hinter dem Vorhang verborgen bleiben, wo wir keinen Schritt tun können, es sei denn im Gefolge dieser Herren, wo man alle Posten, die verschiedenen Berufe, kurz: alles, was an vorteilhaften Positionen vorhanden ist, von diesen Vampiren in Besitz genommen sieht. Und dies bewirkt, daß die Hälfte aller Frauen sich entweder ohne Liebe hingeben muß, um ihre materielle Existenz zu sichern, oder gar sich verkaufen. Sich verkaufen für ein Stück Brot! Pfui, pfui! Gemeine Gesellschaft, die uns die Männer da beschert hat!

Also Mut, ihr Frauen, erheben wir uns! Nur mutig zur Tat! Versuchen wir, Besseres zu schaffen, als dies!...

Nach diesem Anfall werden Sie sehen, wie recht ich hatte, Autoren hinterhältig zu nennen, die uns ähnliche Ideen eingeben.

Indes, meine Damen, überlegen Sie, ob wir seine Broschüre zusammen mit allem, was uns hier auf Erden unnütz erscheint, in das Mondenreich verbannen sollten oder ob wir seine Prinzipien verbreiten. Dies zu entscheiden überlasse ich Ihnen.

Immerhin schulden wir dem Autor auch einen anerkennenden Gedanken. In seinem System gelten wir wenigstens etwas, dort haben wir ein *Mutterland.* Lachen Sie nicht, ich bitte Sie, der Ausdruck ist berechtigt, denn im patriarchalischen Familiensystem, so wie die Männer es übernommen haben, finden sie selbst ein Vaterland, wir aber haben darin keinen Platz. Ich überlasse diese Idee Ihrem Urteil, sehen Sie, prüfen Sie, und einigen wir uns!

Nun, ich rate Ihnen auch nicht zu dem Roman desselben Autors, »Das Reich der Naïren oder das Paradies der Liebe«, wo dieselbe Frage nicht mehr unter religiösen, sondern unter moralischen und politischen Aspekten abgehandelt wird. Ich kann Ihnen nicht einmal empfehlen, ihn zu lesen.

Dennoch will ich Ihnen etwas dazu sagen, da ich es Ihnen versprochen habe. Doch meiden Sie mich nicht zu sehr, und glauben Sie mich nicht etwa verloren, wenn diese Aufgabe erfüllt ist. Denn was immer Gegenstand der Diskussion in der »Neuen Frau« sein wird, vergessen Sie nicht, daß wir Frauen aufgerufen sind, uns über das große Anliegen der zukünftigen Moral auszusprechen und darüber zu entscheiden. Also sollten wir alle verstreuten Lichtblicke neuer Ideen um uns herum versammeln, auf daß sie wie ein Leuchtfeuer die Wege unserer Mutter, der großen Priesterin der Zukunft, erhellen.

Außerdem wissen Sie sicherlich, oder, falls Sie es nicht wissen, möchte ich es Ihnen mitteilen, daß ich in der großen Heiratslotterie vor acht Jahren das sehr seltene Glück hatte, eine exzellente Nummer zu ziehen. So ist es mir möglich, im Schutze dieses Glücksbringers allen Gefahren zu widerstehen, und wie die christlichen Kasuisten Veröffentlichungen mit den seltsamsten Ideen zu lesen, um meine Schäfchen damit zu erschüttern und ihre Gewissen vor Ansteckung zu bewahren.

Nach diesen Vorbemerkungen werde ich Ihnen nun doch sagen, daß der Autor in diesem Roman dem ehestiftenden Gott in grausamer Weise den Prozeß macht. Ich bin davon überzeugt,

daß er aus Unzufriedenheit mit den in der Gesellschaft vorhandenen Beweisgründen noch welche dazu erfindet, um Gott zu verdammen.
Er versetzt uns an die Küste von Malabar, und zitiert dort – um leichteres Spiel zu haben – Okzident und Orient herbei, auf daß sie ihm Geschichten liefern, die sich in allen Richtungen kreuzen und in denen jede auftretende Person aussieht, als käme sie mit einem Stein in der Tasche, um ihn im Vorbeigehen gegen diesen armen Gott der Ehe zu schleudern. Am Ende geht alles Unrecht, gehen alle Fehler und Verbrechen zu seinen Lasten. Im »Reich der Naïren« spielt er eine ziemlich traurige Rolle, das kann ich Ihnen versichern. Ich kann nicht mit gutem Gewissen weitergehen, und hier eine vollständigere Analyse dieses Romans bringen, – aber gewiß übertreibt der Verfasser das Schlechte.
Da Ihnen aber doch alles gesagt werden muß, stellen Sie sich vor, er macht die christliche Ehe zum Sündenbock für alle kleinen Laster der Gesellschaft, und zum Schluß des vierten und letzten Bandes scheint er auf sein Banner zu schreiben: »Zum Glücke der Menschheit – keine Ehe mehr!« Oh, wie hat dies mich erschauern lassen! Alsbald habe ich dieses gefährliche Buch beiseite gelegt. Tun Sie wie ich, meine Damen, und wenn Sie können, denken Sie nicht mehr daran.

Suzanne

Brief von L. B.

Ihr privilegierten Frauen, auch ihr werdet nicht länger unter der erdrückenden Last des Überdrusses, der Eintönigkeit und eures Gefängnisses dahinsterben. Neue Gefühle warten auf euch! Neue Lieben werden euren übersättigten Herzen das Leben zurückgeben, und noch unbekannte Empfindungen werden eure abgestumpften Sinne erregen!
So viele junge Männer, die heute im Verborgenen seufzen, werden euch die Hand reichen, und ihr werdet – endlich frei! – dem Gefängnis egoistischer und eifersüchtiger Männer entkommen! O wie sanft, wie duftumweht werden diese freien Verbindungen sein! Wieviel Glück in dieser gegenseitigen Anziehung!
Und du, Mädchen aus dem Volke: erhebe dein Haupt mit Stolz, trockne den Schweiß auf deiner Stirne und erstrahle vor Freude, denn nicht länger wirst du von deinem Geliebten betrogen

werden! Du wirst nicht mehr zur Ausschweifung mit blassem, totenbleichen Gesicht verkauft werden. Nicht länger wird man dich abends wie einen Schatten an schmutzigen Mauern entlangstreifen und dein Bett den Vorbeigehenden anbieten sehen.

Berauschende Freuden erwarten dich, du wirst Liebe finden und aufrichtig Liebende werden für dich da sein – nicht mehr die brutalen Herren, die eifersüchtigen und despotischen Ehemänner. Nicht länger wird man dir Schmutz ins Gesicht werfen, denn du wirst schön und den anderen gleichgestellt sein.

Du wirst keine Gewissensbisse mehr haben, denn deine Freuden werden von der Religion und der Liebe geheiligt werden. Du wirst nicht länger die Hand aufhalten, denn du wirst für deine Arbeit entsprechend entlohnt werden. Du wirst die Natur nicht mehr hintergehen, denn mit Stolz wirst du Mutter sein, weil die Gesellschaft sich hocherfreut deiner Kinder annehmen wird. O ja, junges Mädchen, erwarte eine bessere Zukunft! Von nun an wirst du verstanden werden. Derjenige, der dir sagen wird: »Ich liebe dich«, wird nicht mehr darauf aus sein, dich zu betrügen. Du wirst die Freiheit haben, seinen Charakter, seine Neigungen, sein Denken, sein Herz und seine Liebe zu ergründen!

Wenn deine Zuneigung erlischt, wenn du in anmutiger Beweglichkeit ein anderes Herz findest, das den Wünschen deines Herzens eher entspricht, eine Seele, welche die deine besser versteht, einen Geist, der den deinen besser erfassen kann und einen Charakter, der mit dem deinen harmonischer zusammenwirkt – ja, dann wirst du ihm entgegeneilen, wirst du deinen Busen an seine Brust schmiegen und deine neue Liebe wird tief und wahrhaftig sein, wird immer rein und ehrbar bleiben.

Allein in unterwürfigem Gehorsam, dem das Herz nicht zustimmen kann, liegt Frevel!

Die Beweglichkeit ist kein Laster, sie ist eine natürliche Leidenschaft, die der Seele entspringt. Sie geht von den stärksten wie von den schwächsten, kraftlosesten Naturen aus.

Meine Damen, ich bitte um Verzeihung, sollte ich von einem augenblicklichen Gefühl zum Überschwange hingerissen worden sein. Ich hoffe dennoch, daß Sie mir nicht übelnehmen, wenn ich, wie alle großzügigen Menschen, dem Wunsche nachgegeben habe, meine schwache Stimme für die Befreiung meines Geschlechts zu erheben. Schon zu lange beutet der Starke den Schwächeren aus. Es ist an der Zeit, die Sturmglocke zur Befreiung der Frau und des Volkes zu läuten!

Ich bin erst 22 Jahre alt, und habe Ihnen hier ganz naiv, ohne Auslassungen, meine Gedanken mitgeteilt: Sollte ich die Idee der Befreiung falsch verstanden oder falsch ausgedrückt haben, so ist dies mein Fehler, und ich nehme Ihre Kritik gerne entgegen, habe ich aber Wahres gesprochen und liegt auch Anerkennenswertes in dem, was ich geschrieben habe, so verdanke ich es Ihnen, meine Damen, denn nur Ihre Worte bewegten mein Herz und beflügelten meine Vorstellungskraft.

Verwenden Sie diese Zeilen, wie es Ihnen angemessen erscheint, und seien Sie, meine Damen . . . etc.

L. B.

Über die Lyoner Ereignisse und die Notwendigkeit einer Reform der Industrie (Erster Teil)

Mehrere Tage hintereinander waren die Zeitungen voll von Einzelheiten über die Ereignisse, die in Lyon bei den Arbeitern stattgefunden haben. Ja, es gab keine Zeitung – welche Meinung sie auch vertritt –, die nicht darüber berichtet und diese Ereignisse nicht entsprechend kommentiert hätte.

Gegenüber all diesen Äußerungen können und dürfen wir nicht stumm bleiben. In Lyon ist mehr als bloß eine politische Frage aufs Tapet gebracht worden, hier geht es um eine soziale Frage. Wir sollten nicht vor ihr zurückweichen, denn von ihrer Lösung hängt auch die Lösung unserer Zukunft ab.

Ich habe nicht die Absicht, hier über diese Geschehnisse zu berichten – sie sind bekannt genug –, sondern will nur einige Gedanken aussprechen, die sie in mir hervorgerufen haben, und die Konsequenzen andeuten, die man daraus ziehen kann.

Diese häufigen Zusammenkünfte von Arbeitern sind von großer Bedeutung; und in der Tat hat sich in Lyon ähnliches abgespielt wie das, was unsere Brüder vor einigen Tagen auf die Bänke der Ordnungspolizei geführt hat. Dort sind sie wegen Zusammenschlusses, wegen Bildung einer politischen Assoziation angeklagt worden: Dies nämlich sei ein Vergehen. So sagen die Reichen und die Regierenden, nicht ich, die die Leiden des Volkes kennt, und möchte, daß sie enden. Nein, nicht ich, denn ich bejahe die Bündnisse, obwohl ich nicht der Meinung bin, daß ausschließlich dadurch das Schicksal des Volkes verbessert werden kann, sondern weil sie ein Ausdruck seiner ruhigen und friedfertigen Stärke sind.

Wie aber hat man auf die verschiedenen Zusammenschlüsse unter den Arbeitern geantwortet? In Paris mit Verurteilungen, deren Schärfe sogar diejenigen in Erstaunen versetzte, die sie herbeigeführt haben, und in Lyon ist sogar verlangt worden, dem Volke solle eine strenge Lehre erteilt werden. Ich frage: Wie konnte jemand solche Worte aussprechen, ohne sich als ganze Person schmerzhaft betroffen zu fühlen bei dem bloßen Gedanken an das vergossene Blut eines Bruders oder vielleicht eines Freundes? Hat er, der so spricht, denn keine Familie, keine Freunde? Wie kann er fordern, daß das Blut der unbewaffneten Bevölkerung vergossen wird, die doch nur vom nackten Elend gezwungen wurde, die Arbeit niederzulegen? Hat er denn nicht einmal daran gedacht, daß die Soldaten, die dieses Blut vergießen sollen, gestern selbst Arbeiter gewesen sind und es morgen vielleicht wieder sein werden, daß dann auch sie eine Verbesserung ihres so schweren Loses verlangen werden?

Ich will diejenigen, die das Volk so wenig verstanden haben, nicht mit Verachtung bedenken, sondern eher Mitleid mit ihnen haben, denn gewiß werden auch sie leiden: Ihr Leben muß ja ein einziger endloser Alptraum sein. Jeden Augenblick, so will mir scheinen, sehen sie die rächende Hand des Volkes über sich, mit der es Rechenschaft über sein Elend von ihnen fordert.

Diese Menschen erkennen weder die Größe noch die Würde des Volkes. Sie wollen im Volke nur verdorbene Menschen sehen, die auf nichts als Rache sinnen. Aber nein, so ist das Volk nicht, so hat es sich nie gezeigt! Niemand mehr als dieses Volk verspürt ein Bedürfnis nach Ordnung, niemand mehr als das Volk schreckt vor Aufruhr und Umsturz zurück, denn es weiß nur zu gut, daß es ihn immer teuer bezahlen muß. Nicht ohne Grund hat es sich erhoben, seine Leiden sind unerträglich geworden, und es ist höchste Zeit, Abhilfe zu schaffen. Dies müßte die Regierung einsehen, und anstatt die Meister gegen die Arbeiter aufzuhetzen und anzustacheln, müßte sie versuchen, sie zu versöhnen und zu vereinigen.

Das Volk ist stark, soviel ist bekannt, und auch das Volk ist sich seiner Stärke bewußt. Es will sie nicht mißbrauchen, also sollte auch die Regierung ihre Macht nicht mißbrauchen! Sie sollte daran denken, daß herzzerreißendes Elend existiert und man Menschen nicht erbittern darf, die nichts mehr zu verlieren haben. Was ist denn ihr Leben? Ein dauerndes Leid in immerwährender Misere – trotz alledem wollen sie heute nur ein

Saint Simonien Frotteur.

kleines Zugeständnis und die Gewißheit, daß man sich ihrer Zukunft annehmen wird.

Die Assoziation der Arbeiter und Handwerker in Lyon hat mit ihrem Verhalten bewiesen, daß sie ihre Macht wohl kennt; aber sie will sich friedlich Achtung und Respekt verschaffen, denn das Volk will nicht mehr erniedrigt werden! Und ihr Verhalten in der Vergangenheit ist uns Bürgschaft für die Zukunft.

Wenn die Assoziation über den Kampf spricht, der zwischen Herren und Arbeitern stattfinden könnte, findet man da irgend sonst ruhigere und friedfertigere Gefühle als die, die in der Lyoner Arbeiterzeitung »L'écho de la fabrique« folgendermaßen ausgedrückt werden: »Dieser Kampf aber muß friedlich sein. Unsere Assoziationen lehnen Schwert und Kanone ab. Ruft ihr also, ruft ihr alleine zum Bürgerkrieg auf: Wir lehnen ihn ab als die schrecklichste Plage. Und ihr wißt ja, daß das Volk immer entweder zu siegen oder zu sterben vermag, aber im eigenen Lande zu triumphieren kann nur ein verheerender Sieg sein.«

Diese Zeilen drücken sehr gut die Gefühle des Volkes aus. Ja, solche Empfindungen haben es immer bewegt, mögen sie eine

Lehre für diejenigen sein, die das Volk regieren! Aber wie? Versöhnungsworte kommen von denen, die leiden, und man antwortet ihnen mit Unterdrückung, verlangt »strenge Lehren«, also Rache?

Oh Volk! Bleibe du immer erhaben und großmütig, so mußt du triumphieren!

Marie-Reine

Eine Frauenstimme

London, 10. Januar 1834

Die Neuen Frauen werden noch für einige Zeit große Aufgaben zu erfüllen haben – ganz verschieden von den Taten, die die Männer vollbracht haben. Die Männer haben an die MUTTER, die GEFÄHRTIN, appelliert.

Die Frauen werden diese MUTTER, diese GEFÄHRTIN, offenbaren.

Heute meldet sich eine Frauenstimme zu Worte, doch wird sie bestimmt nicht lange alleine sprechen.

Die MUTTER, die GEFÄHRTIN ist nicht nur eine einzige Frau: Sie ist alle Frauen! Sie ist das weibliche Geschlecht, ist Mutter, Geliebte, Gemahlin und Freundin des männlichen Geschlechts.

Aber hüten wir uns davor, uns in demselben Netz zu verfangen, in das die Männer sich schon verstrickt haben, und wo sie uns nun noch hineinziehen wollen! Denn sie werden dieses Ideal nicht finden, das sie suchen, solange sie ihre Blicke nicht in ihrer Umgebung schweifen lassen, um dieses Ideal in allen Frauen zu erkennen. Ja, leiden werden sie, diese hehren Blinden, solange sie ihr Ideal nur unter Frauen und im heißen Klima des Orients suchen, die ihrem Stolze schmeicheln und ihre Sinne entflammen! Diese Frauen, diese Klimata sind die Poesie der Vergangenheit und werden zum Grab ihrer Mission als Ritter der Frau.

Die Poesie, die Frau der Zukunft, ist noch ganz in dunkle Schleier gehüllt. SIE, die alle Knospen der Anziehung in sich birgt, ist noch von den schmutzigen Fetzen der Armut und der Prostitution bedeckt! Ihr Gesicht ist noch bleich, ihre Augen sind stumpf und ihre Hände mager. Abends schmückt sie sich und spekuliert auf die Lüsternheit der Herren der Welt. Sie hält ihr Kind im Arm, ihr Gesicht strengt sich an, um ihm wenigstens das Anzeichen eines Lächelns zu schenken. Mit einer Hand hält sie ihr Kind, mit der anderen fordert sie ihr tägliches Brot.

Die Poesie und die brillanten Theorien können sie nicht berühren: Sie hat Hunger, sie ist erniedrigt!

Worte der Hoffnung und des Trostes von Frauen, die denen ergeben sind, die sich als ihre Befreier verstehen, sind für sie bittere Ironie und ein Almosen, das sie schmerzt und herabwürdigt. Aber haben sie kein Muttergefühl, diese Frauen? Kein schwesterliches Herz, wenn sie ihre unglücklichen Kinder und Schwestern verlassen, um einem Ehemann und einem Ideal zu folgen? Ach, sie besitzen die Tugend und die Poesie der Vergangenheit, diese Frauen! Tugend der Aufopferung! Poesie des falschen Glanzes!

Eine einzige Frauenstimme sagt dies heute, doch die Zeit ist nahe, da die MUTTER mit ihren tausend Stimmen demjenigen antworten wird, der sich zum VATER erkor!

- MANN! Welche sind deine Kinder? Mit welchem Recht nennst du dich Vater der meinen?
- Was hast du denn getan für die Kinder, die dir die Frau seit Jahrhunderten schenkt?
- Du hast sie den einzigen Kindern, als deren Vater du dich zu Recht bezeichnen kannst, deinen Systemen, deinen Idealen nämlich, zum Opfer dargebracht!
- Dein Hochmut hat sie in Kriegen zerfetzt! Dein selbstsüchtiges Vergnügen hat sie der Prostitution ausgeliefert! Und nun, da all deine Irrtümer unzählige Leiden um dich her und in dir selbst hervorgebracht haben, nun rufst du die Frau, auf daß sie all diese Schmerzen lindere!
- Du erkennst, daß die Frau die Gefährtin des Mannes ist, nicht seine Sklavin.
- Du suchst sie, diese freie Frau, jedoch dein Stolz und deine Eigensucht lassen dich sie in einer einzigen Frau suchen, die du Mutter deiner Kinder nennen kannst; und du verläßt die Töchter des Abendlandes, weil deine Kultur, deine Herrschaft sie entstellt hat.
- Ja, hier zeigt sich der MANN und VATER!
- Reist ruhig ab, ihr Männer! Verschwinde mit euch auch das Prinzip der Vaterschaft! Geht, folgt eurem Ideal! Der Orient wird das Grab eurer Herrschaft sein!
- FRAU! Du, die im Abendland geboren wurde – dein Thron wird das Morgenland sein! Doch mehr noch als einen Thron brauchst du materielle Unabhängigkeit, denke daran!
- Löse dich von den Vorurteilen der falschen Männergesetze.
- Lehre deine Söhne, in allen Frauen ihre Mutter zu sehen – denn alle werden ihnen das Leben, das Glück: das Gesetz der Liebe geben.

Und sage zum Manne:

– Du hast deine Autorität mißbraucht, nicht länger wirst du alleine Herr sein!
– Du bist der Beherrscher, nicht der Vater der Kinder gewesen, die ich dir geschenkt habe. Nicht länger will ich dich Vater nennen, meine Kinder werden keinen anderen Vater haben als GOTT!
– Ihr habt die Erde unter wenigen Individuen aufgeteilt, doch anstatt euch zu vereinigen und dafür zu sorgen, daß alle an den Reichtümern teilhaben, zogt ihr es vor, jeder für sich die meisten Sklaven zu sammeln und euch gegenseitig zu bekämpfen und zu besiegen! Sodann habt ihr Nationen und Grenzen errichtet, um eure Sklaven zu halten.
– Du hast die FRAU und die Fruchtbarkeit vergöttert, denn sie schuf dir Untertanen!
– Du hast deine Sklavengemahlin aus dem häuslichen Gefängnis hinaus auf die öffentlichen Plätze geführt, sie mit Blumen gefesselt, mit Juwelen geschmückt, und mit Verehrung umgeben, hast zu ihr gesagt: Sei die geistige Liebhaberin meiner Krieger! Verwende deine himmlischen Gaben darauf, ihre Kampfleidenschaft anzustacheln! Nur so werde ich die Sklaven meiner Rivalen besiegen, oder meine Prinzipien durchsetzen!
– Oh, du Mann, der du hochmütig und eigensüchtig bist, du hast deiner Gemahlin die Augen mit der dicken Binde der Unwissenheit verbunden, damit ein Opferinstrument ihrer Kinder aus ihr werde und damit nicht der Anblick deiner Barbarei ihre Liebe zu dir und die Lüste, die sie dir bereitet, vermindere!
– Seitdem deine Macht – die Macht der Gewalt – geschwächt worden ist, hat deine Autorität sich in das Innere des Hauses, der Familie zurückgezogen.

Also sagtest du der Frau:

– Dein Reich ist die Familie. Nicht länger brauche ich deine Anregung für meine Krieger. Der Krieg nähert sich seinem Ende, und im übrigen wird die Verbesserung meiner Zerstörungsmaschinen dich ersetzen.
– Frau! Sei bescheiden! Verwende all deine Fertigkeiten, all deine Anstrengung darauf, mir so viele Freuden, als irgend möglich im häuslichen Leben zu bereiten!
– Frau! Sei sparsam!
– Wenn die politischen Debatten mich erschöpft haben, wenn die Ausschweifung oder die Arbeit von zehn Stunden mei-

nen Körper ermüdet hat, oh, Frau! Dann muß ich mich in deinen Armen ausruhen, muß mir von der naiven Anmut deiner Kinder neue Belebung holen!

– Frau! Sei mir ergeben! Immer soll ein Lächeln auf deinen Lippen sein, denn du bist anziehend. Und die Gesetze, die ich aufgestellt habe, verbieten dir, daß du dich in der Ausschweifung verausgabst.

– Frau aus dem Volke! Du arbeitest täglich oft sechzehn Stunden und mehr, doch bist du tapfer. Nebenbei bemerkt, deine Arbeit ist auch nicht so schwer.

– Du leidest für mich und deine Kinder, aber du bist ja geduldig! Keine großen Ideen beunruhigen dich. Dein Wissen beschränkt sich darauf, deine Kinder aufzuziehen.

– Oh, FRAU, lasse sie friedlich und gehorsam werden, denn ihr Lärm stört mich, und ihr Aufruhr irritiert mich.

– Gehöre ich der privilegierten Klasse an, so gib mir deinen Sohn. Deine Zärtlichkeit würde seine Wildheit nicht zügeln können, deshalb halte ich strenge Regeln in meinen Internaten für ihn bereit. Dort mache ich ihn zum Manne und werde ihn meine Prinzipien lehren!

– Deine Tochter sollst du nach den Grundsätzen erziehen, die ich dir gebe.

– Bringe ihre Leidenschaft zum Erlöschen, bezwinge ihre Liebe, auf daß kalte Berechnung ihre Gefühle beherrsche!

– Schließlich habe ich eine Ehefrau für mich!

Und ich habe die hübschen jungen Mädchen aus dem Volke für mich, um den ersten Sturm meiner Jugend auszuleben. Ich bezahle sie dafür, daß sie mir Lüste erfinden, ohne Risiko, die Bevölkerung zu vermehren. Denn ich bin wahrhaftig entsetzt über all diese hungrigen Sklaven!

– Die Anstalten, die Gefängnisse und Zuchthäuser reichen nicht mehr aus, die Kanonen töten nicht mehr genug, seitdem der Krieg zivilisierter ist!

– Ach, Frau! Deine Fruchtbarkeit ist eine Plage! Frau, sieh dich vor!

FRAU, FRAU! Wirst du denn niemals erröten angesichts der Rolle, die du spielst? Wirst du immer wieder dem falschen Wissen, den falschen Gesetzen der Männer zum Opfer fallen? Siehst du denn nicht, daß der Mann dich zur Gleichheit aufruft, weil ihn die Umstände dazu zwingen? Wie er immer wieder seinen Mantel aus Hoffart und Selbstsucht anzieht und seine Bestätigung darin sucht, eine Gemahlin für sich zu haben?

OH, MANN! Die Stimme deiner Gemahlin wird schwach sein, ihre

Küsse werden kalt bleiben! Ihre Glorie wird deine Glorie sein, und solange dem so ist, werdet ihr – so aneinandergekettet – für die Gesellschaft unnütz sein, oder in einer neuen Form despotisch!

FRAUEN! Danken wir Gott, dem alleinigen Vater des kollektiven Gemahls und der kollektiven Gemahlin! Danken wir ihm dafür, daß er sich der Ursache unserer Versklavung – des Hochmutes der Männer – bediente, um uns zur Freiheit zu rufen!

Unsere Freiheit ist von vielen Menschen verkündet worden, in verschiedenen Veröffentlichungen können wir die Wissenschaft der Zukunft finden, die wir in die Praxis umsetzen müssen!

Zum zweiten Male hat Gott das Mysterium der Schöpfung erneuert und die Gemahlin aus der Rippe des Gemahls gebildet. Ihre Schönheit wird ihn beim Erwachen noch blenden, Gott wird diesem kollektiven Paar das Wissen von Gut und Böse geben, das unsere Mutter Eva vor der Zeit geraubt hatte.

Dann wird die Herrschaft des Bösen enden, denn die Frau wird den Kopf der Schlange, den selbstsüchtigen Hochmut, zertreten haben.

Eine neue Mutter
UNITA

»An Mmes. Laure Bernard und Fouqueau de Passy«
Antwort auf ihre Artikel im »Frauenjournal« vom 15. und 29. September

Freiheit für die Frauen, Freiheit für das Volk – durch eine Neuorganisierung des Haushaltes und der Industrie

Seitdem das »Frauenjournal« erscheint, glaubte ich wahrhaftig, dort sei von Ernsthaftem, Wahrem und Gutem die Rede. Doch erlauben Sie mir, es auszusprechen, ich bin außerordentlich enttäuscht worden: Geschichtchen, Verse, Schokoladenrezepte, Mode usw. sind alles, was ich finden konnte.

Inmitten all dieser Nichtigkeiten werden zwei schwerwiegende Fragen von Ihnen, meine Damen angesprochen: zunächst die der Erziehung, dann die Frauenfrage – und zwar auf frivolste und leichtfertigste Art und Weise. Oh, welche Empörung habe ich daraufhin in mir verspürt!

Sie sprechen von den Frauen, und wissen nicht einmal, wer die Frauen sind und was sie erleiden. Sie sprechen von ihnen, richten und bewerten sie ausschließlich nach Ihrem eigenen

Maßstab. Sie, als glückliche Frauen der privilegierten Klasse, Sie wollen von den Frauen sprechen und können doch nur von sich selbst reden. Sicherlich sind Sie reich und von Menschen umgeben, die Sie lieben und die von Ihnen geliebt werden, also sagen Sie, die Situation der Frauen sei gut so, die Frauen seien glücklich.

Saint-Simonien récurant la Batterie de Cuisine.

Glücklich!... Sie sprechen sogar vom »*koketten, naiven Opferblick...*« Oh, behalten Sie ihn! Und behalten Sie auch die koketten, naiven Mienen und die leichten Komplimente! Behalten Sie all die leeren und trockenen Worte, die die ganze Menschheit beleidigen, für sich!
Auch ich bin noch jung, meine Damen, und gehöre wie Sie der privilegierten Klasse an; meine Kinder sind schön, und sie sind gut, und ich bin von Zuneigung umgeben, aber trotzdem bin ich nicht glücklich, denn ich fühle, daß um mich herum schreckliches Leid existiert.
Bei diesem Gedanken krampft sich mein Herz zusammen!
Wenn Sie sich aber so vollkommen glücklich fühlen, dann doch deshalb, weil Sie vergessen, daß um Sie herum – über Ihnen und

unter Ihnen – Menschen die schrecklichsten Schmerzen und schlimmstes Elend erdulden, die dennoch Frauen sind oder Frauen sein könnten, wenn das Leid, das so schwer auf ihnen lastet, sie nicht so weit entstellt hätte, daß man an ihrem Frau-Sein zweifeln könnte. Ja, sie wären Frauen, wenn die Gesellschaft es sich zur Aufgabe gemacht hätte, für sie zu sorgen und sie zu lehren, das Gute zu tun und Schlechtes zu vermeiden.
Und lassen wir lieber die fürchterlichen Einzelheiten beiseite: angefangen bei der Mutter, die mit ihrem eigenen Körper und dem ihrer Kinder leidet, wenn sie vor Hunger schreien, bei dem jungen Mädchen aus dem Volke, das mit fünfzehn Jahren von einem Mann mit Schmeicheleien verführt und betrogen wird, weiter mit dem jungen Mädchen aus der privilegierten Klasse, das an seinen Ehemann verkauft wird, bis hin zu dieser jungen Frau, die in allen ihren Sehnsüchten und Erwartungen an die Liebe getäuscht und enttäuscht wird. Sagen Sie mir, meine Damen, sagen Sie, ob dort nicht große Leiden sind und große Lehren?
Gibt es Gründe, die Frau, die sich schon glücklich fühlt, noch aufzumuntern? Spürt diese Frau denn nicht den brennenden Wunsch, zur Linderung so vieler Schmerzen beizutragen und an dem *großen sozialen Werk* mitzuarbeiten? Hören Sie Ihrem Herzen einmal aufmerksam zu und versuchen Sie, nach dieser Prüfung noch weiterhin in tiefster Eigensucht zu behaupten, die Frauen seien glücklich! Ach, ich erhoffe Besseres von Ihnen!
Wie sehr war ich erstaunt, als ich Ihre beleidigenden Zeilen gegen die Saint-Simonisten las. Wie mir scheint, kennen Sie sie nicht, beeilen sich aber, sie zu verurteilen: Studieren Sie sie, meine Damen, lernen Sie sie kennen, bevor Sie über sie sprechen! Sie sind der Mühe wert! Wenn man aber schon, wie Sie so weit geht, für die Öffentlichkeit schreiben zu wollen, und seinen Namen unter einen Artikel setzt, sollte man doch wenigstens soviel Eigenliebe besitzen und sich den Vorwurf, recht leichtfertig über etwas zu sprechen, worüber man nichts weiß, ersparen können.
Ich bin keine Saint-Simonistin, meine Damen, und da ich seit langer Zeit außerhalb von Paris lebe, konnte ich die Apostel in Ménil-Montant nicht sehen, doch gestehe ich Ihnen, daß ich an Ihrer Stelle erröten würde, attackierte ich solche Männer, ohne sie zu kennen, ohne ihre Doktrin mit Sorgfalt studiert und ihren Wert erwogen zu haben.
Lesen Sie die »Erläuterung der saint-simonistischen Doktrin«, die »Politische Ökonomie«, von Herrn Enfantin, die »Predig-

ten«, besonders der Herren Barrault und Retouret. Wenn Sie danach nicht den ganzen Ernst des Lebens bemerken, nicht berührt und bewegt sind, dann bedaure ich Sie, dann habe ich nichts mehr hinzuzufügen.
Ich habe die Saint-Simonisten manches Mal in der Rue Taitbout gehört, habe alsbald den »Globe« gelesen und konnte ihnen meine Sympathie nicht verweigern, denn immer sprechen sie für diejenigen, die leiden. Hätten Sie die Mühe auf sich genommen, die Saint-Simonisten kennenzulernen, bevor Sie über sie schrieben, so hätten Sie erfahren, daß sie – weit davon entfernt, Soldaten aus den Frauen machen zu wollen – überhaupt keine Soldaten mehr wollen. Denn sie verheißen uns eine friedliche Zukunft ohne Krieg. Und diese Zukunft des Friedens begrüße ich mit Freude!
Sie hätten dann auch verstehen können, daß es gar nicht so unsinnig wäre, wenn angeklagte Frauen von Frauen gerichtet würden, und wüßten wohl auch, daß die Saint-Simonisten nicht nur für die Gegenwart eintreten, sondern ein zukünftiges besseres Leben vorausahnen und erhoffen lassen.
Aber, was würden Sie denn sagen, meine Damen, wenn Saint-Simonisten bereits ein fertiges, wunderbar arrangiertes zukünftiges Leben, ganz Ihren Wünschen gemäß, für Sie »formuliert« hätten? (Um mich eines saint-simonistischen Ausdrucks zu bedienen.) Sicherlich würden Sie sich darüber lustig machen, so einfach erscheint Ihnen dies. Doch Jesus selbst, was hat er gelehrt für ein zukünftiges Leben? Nichts ... als die Hoffnung.
Lesen Sie, meine Damen, und glauben Sie mir, man gewinnt durch das Lernen immer etwas dazu. Dann werden Sie vielleicht verstehen, daß wir Körper und Geist – beides zugleich – sind, und niemals das eine getrennt vom anderen, daß das Leben uns nie verläßt, denn nichts stirbt, daß unsere Entwicklung immer zum Besseren strebt, denn alles ist Fortschritt – aber im Besseren, entsprechend unseren Werken, mehr oder weniger.
In all dem sehe ich keinen Materialismus.
Sie scheinen nicht zu wissen, daß sich alle diese Männer sowohl durch ihre Klugheit und Gläubigkeit als auch aufgrund ihrer Studien auszeichnen; daß sie alle ihre höheren und unabhängigen Karrieren aufgegeben haben (sie kommen beinahe alle aus der Schule für Polytechnik), um die privilegierte Klasse, der sie selbst angehören, zu lehren, das Volk und die Frauen zu lieben. Ja, sie haben sich der Linderung so vieler Schmerzen verschrie-

ben, um schnell Abhilfe zu schaffen und darauf hinzuwirken, daß sie ganz enden. Und dies sind die Männer, die eine Frauenstimme zu beleidigen wagt!
»Seiltänzer!« Oh, meine Damen! Selbst wenn sie Seiltänzer wären – mit welchem Recht verachten Sie sie so? Die Beleidigung steht einer Frau so schlecht zu Gesicht!... Und zu welchem Zeitpunkt schreiben Sie so etwas! Jetzt, wo sie von einem unwissenden Richtergremium verurteilt werden, das nicht imstande ist, so wichtige und schwerwiegende Theorien zu beurteilen. Man bewundert ihre Politik, aber beleidigt sie als religiöse Menschen!
Und was wollen sie, diese Männer, die aus der Geschichte große Lehren ziehen? Sie sagen, man müsse sich um das Volk bemühen, bevor das Volk, ganz alleine auf sich gestellt, sich um sich selbst kümmert. Sie sagen, der Liberalismus sei heute als Hilfe für die Massen wirkungslos, denn wozu können sie schreiben und lesen, wenn nicht einmal für ihr materielles Leben gesorgt ist? Die Saint-Simonisten fordern, daß der reiche Müßiggänger die Steuern für den Armen, der arbeitet, zahlen soll, und sie wollen, daß die jungen Mädchen nicht mehr verkauft und verschachert werden, sondern daß die Frau dem Manne als Gefährtin gleichgestellt sei und die Zeit für sie anbreche, sich zu offenbaren und aus ihrem Zustande von Unterordnung und Abhängigkeit herauszutreten. Sie verlangen das Recht auf Ehescheidung, das sie für ein heutzutage notwendiges und moralisches Gesetz halten, welches mit der Zeit, je weiter wir uns entwickeln, immer unnützer und überflüssiger werden wird. Denken Sie nicht ebenso darüber?
Sie, meine Damen, urteilen anhand von Ausnahmen, deshalb können Ihre Urteile nur beschränkt und falsch sein. Gehen Sie einmal heraus aus Ihren Zimmern und Boudoirs, bewundern Sie die moralische Haltung des Volkes und seine Duldsamkeit. Erzittern Sie bei dem Gedanken, daß seine Kraft in den Muskeln wohnt und reizbar ist, daß Sie sie vielleicht eines Tages zu spüren bekommen könnten, wenn Sie, als privilegierte Reiche, Ihre Stimme nicht zugunsten seiner Mädchen und Frauen erheben.
Erkennen Sie also, meine Damen, die Mission dieser Männer und Frauen, sie ist wahrhaft groß und erhaben.

M. F.

Brief an Béranger

Wie, Béranger? Du entläßt Deine Muse, hörst auf, die Frau darzustellen, noch bevor Deine erhabene Aufgabe als Moralist erfüllt ist! Indes weißt Du doch, daß unser Schicksal mit dem des Volkes verbunden ist, das Du liebst und so gut inspirierst.
Soll denn die heilige Gleichheit, die Du mit soviel Elan forderst, nicht für alle gelten, damit sie wirklich fruchtbar sein kann – also auch für unser Geschlecht, das an ihren Vorzügen teilhaben will?
Oh, Poet des Volkes! Höre auf die Stimme eines Mädchens aus dem Volke! Erkenne die tiefe Betroffenheit, die mich dazu bewegt, zugunsten meiner Gefährtinnen das Wort zu ergreifen.
Meine Geburt war mit der Erbsünde der Armut befleckt, die immer und überall auf dem unglücklichen Volk lastet. Gleichwohl hat mich Gott und die Natur mit einer leidenschaftlichen Seele, die Begeisterung will, ausgestattet und mit dem unbezwingbaren Wunsche, in die Tiefen des Wissens vorzudringen, um Leben daraus zu schöpfen. Aber ach! Die äußere Notwendigkeit zerbrach diese für mein Glück unabdingbare Neigung. Ich mußte mich den kleinlichen Alltagsdingen eines gemeinen Lebens beugen und dahinvegetieren, dank den Gesetzen dieser Gesellschaft, die für den einzelnen keine Vorsehung kennt.
Oh, Béranger! Würdest Du das Leid eines solchen armseligen Lebens, einer solchen Existenz weitab der Sphäre eigener Wünsche und Sehnsüchte kennen, gewiß forderte Dein Herz dann mit uns die geistige Emanzipation der Frau. Denn, glaube mir, ich bin weit davon entfernt, eine Ausnahme unter all den Frauen zu sein! Oh, nein, ich habe gesehen, wie viele junge Mädchen aus dem Volke an denselben Schmerzen leiden. Deshalb will ich auch, daß Du für die Kinder beiderlei Geschlechts eine intensive, soziale und kostenlose Erziehung forderst. Alle diese Kinder werden später als Frauen und Männer dazu berufen sein, eine wichtige – wenn auch in ihrem Wirken sehr unterschiedliche – Rolle in der Gesellschaft zu spielen.
Also müssen alle schon sehr früh Aufklärung über ihre eigene Berufung erhalten, da das Chaos in unserer Gesellschaft doch nur von der schlechten Eingliederung der einzelnen Menschen in das soziale Leben herrührt.
Du, der die Liebe so gut besungen hat, Du weißt doch, daß sie für uns Frauen eine Hälfte unseres Lebens ist. Aber um das Leben der Gefühle vervollkommnen zu können, brauchen wir

die Zustimmung unserer Umgebung, den religiösen Segen, den die Gesellschaft jedoch nur denjenigen zuerkennt, die ihren Gesetzen unterworfen bleiben.
Was aber ist mit der Frau, die zärtlich und bewegt empfindet und lieber den Elan ihres Herzens erstickt, als sich einem unvollkommenen Glück ohne Achtung und Anerkennung hinzugeben, so daß sie sich nur noch durch triste, farblose Tage dahinschleppen kann? Für diese Frauen, die nicht die schwächsten sind, ebenso wie für diejenigen, die an parteiischen Gesetzen der Männer scheitern, als auch für andere, die nur mit Hilfe ständiger Verheimlichung diese Achtung erringen, die alle Frauen so nötig brauchen – ja, für alle diese Frauen fordere ich von Dir den Schutz Deines großen Namens!
Den Frauen, die an dem zersetzenden Übel des Lebensüberdrusses kranken, das alle Lebenskraft austrocknet und untergräbt und dessen Ursache sie selbst nicht kennen, gestattet man, an eine Überempfindlichkeit ihrer Nerven oder an Blutwallungen zu glauben – doch hüten sollen sie sich, den Ursprung ihres Leidens anderswo zu suchen als in ihrer körperlichen Beschaffenheit! Daß sie bleichsüchtig werden, geht vorbei. Mögen sie hinfallen – aber wenigstens lächeln! Noch immer wie Könige, wollen die Männer stilles Leid!
Ja, ihr Frauen, werdet glücklich mit dem Gesetz, mit der Moral der Männer, aber nur ja nicht auf eure Art, wenn ihr wollt, daß eure Väter, Ehemänner und Brüder, deren Eigentum ihr seid, euch gutheißen und mit ihrem Namen schützen!
Béranger! Fordere Du mit Deiner einflußreichen Stimme unsere moralische, geistige und materielle Befreiung! Rufe mit uns den Triumph der Wahrheit in allen Beziehungen herbei!
Dieses Werk verdient Deine Beteiligung, denn wir wollen das Aufblühen der Liebe, des Friedens und die Würdigung der Arbeit. Wir verlangen die Gleichstellung beider Geschlechter in der Gesellschaft zum Wohle des Volkes, dessen Töchter, Frauen und Mütter wir sind.
Ersinne neue Lieder für uns! Deine Muse ist Frau, sie ist unsere Freundin und sie wird Dir nicht widerstreben.

Suzanne

Ein »Spelunkenball«

Der Zufall hat mir zur Lektüre des ehemals forschrittlichen »Constitutionnel« verholfen, und ich war erstaunt, darin eine Art Bericht über einen saint-simonistischen Ball zu finden, an welchem ich selbst teilgenommen habe.[1]

Ich glaube mit Nachdruck sagen zu müssen, daß alles, was dieser Artikel enthielt, ein Netz aus Lügen und Verleumdungen war. In dieser Absicht kann ich gar nichts Besseres tun, als die Gegenrede einer Frau – meine Gegenrede – durch die Stimme einer Zeitung zu veröffentlichen, von der ich erfahren habe, daß sie allein von Frauen herausgegeben wird.

Ohne den Glauben und die Moralvorstellungen der Saint-Simonisten zu teilen, bin ich der Meinung, nicht schweigen zu dürfen, wenn Wahrheit und Gerechtigkeit ihr Recht verlangen.

Unter dem Titel »Saint-simonistischer Spelunkenball« werden über zweieinhalb Spalten hinweg Einzelheiten geschildert, die man diesem Fest unterstellt hat. Haben Sie bemerkt, welches Gewicht auf das Wörtchen »Spelunke« bezüglich dieses Balles gelegt wurde? Mit welcher Sorgfalt es immer wieder genannt wird? Was für eine Beleidigung glaubten diese »gewissenhaften« Schreiber den Veranstaltern damit eigentlich zuzufügen? Nur weil unsere noble Geldbourgeoisie einen Ort so bezeichnet, an dem sich – wie sie es nennt – der »Pöbel« versammelt? Armes Volk! Hast du diesen Namen etwa verdient?

Du, das Volk, das so mutig ist und dessen Tugenden ohne weiteres die so geringe Tugend solcher Herren in den Schatten stellen! Du, dessen mächtige und souveräne Kraft nicht nur in der Vergangenheit fähig war, sondern auch heute noch imstande ist, diese frechen Bourgeois ins Nichts zurückzuschicken – oh, Volk! Sprich und handele, verlange eine Rechtfertigung für das Joch, das man dir aufzwingt! Lasse dich nicht länger von den schönen Versprechungen dieser neuen Proteuse blenden! Volk, oh Volk, vergiß nicht, was du eigentlich bist und sein mußt, gehorche nicht länger denen, welchen du zu gebieten hast!

[1] »Le Constitutionnel« erschien von 1815 bis 1866 als Tageszeitung liberaler bis konservativer Couleur. Nur für kurze Zeit vor der Julirevolution vertrat er fortschrittlichere Positionen. In der Zeit um 1830 war die Redaktion beinahe ausschließlich mit den Parlamentariern identisch, die unter Louis-Philippe die politische Macht übernahmen. Der bekannte und berüchtigte bürgerliche Politiker Thiers war einige Jahre lang Redakteur und Mitinhaber des Blattes. Die Verfasserin des vorliegenden Artikels spielt von daher auf die bürgerlich-regierungstreue Haltung des »Constitutionnel« mehrmals an.

Und ihr Redakteurinnen der »Tribüne der Frauen«, die ihr keine Vorurteile zu haben scheint, haltet ihr es nicht für erstaunlich, daß ich – eine Frau – eine politische Meinung äußere? Und zwar eine, die für mich nicht nur politische, sondern auch religiöse Bedeutung hat, denn in der Liebe zu Gott, den ich anflehe, finde ich die Liebe zum Volke, für das ich bete.
Was für eine Tollheit, könnte man sagen, eine Frau, die sich mit Politik abgibt – noch dazu mit der republikanischen! Welche Würdelosigkeit!
Ja, ich finde in diesem republikanischen Gefühl etwas, das mein Herz erfüllt, es begeistert und gleichzeitig stärkt. Ohne dieses Gefühl wäre ich nichts, denn es schließt brüderliche Tugenden ein, die beständig Leben geben.
Doch will ich zum Ausgangspunkt zurückkommen: Die Herren des »Constitutionnel« kamen nicht wie ich mit der Absicht zu diesem Ball, diejenigen erst kennenzulernen, die sich Befreier des Volkes und der Frau nennen, und sie dann zu beurteilen, sondern sie wollten, ganz im Gegenteil, auf ihre Kosten all das wiederaufleben lassen, was die Selbstsucht und die gemeine Ignoranz unter ihrem trüben Banner vereinigt hat. Dann schreiben sie so etwas: »Auf dem Wege, um den Beschwernissen der langen und staubigen Wallfahrt zu huldigen, haben wir uns bemüht, den Sinn dieses Festes zu erraten, jedoch gelang es uns auch unter tausend selbst wunderlichen und komischen Mutmaßungen nicht, ihn zu ergründen.«
Ach ja, um festzustellen, daß jener Ball etwa des Geldes wegen gegeben worden wäre, hätten sie sich nicht solchen Qualen auszusetzen brauchen (übrigens wissen sie das auch nur zu gut), denn der bescheidene Eintrittspreis von zwei Francs bewies ohnehin sehr deutlich, daß es sich hier nicht um ein Bereicherungsgeschäft handelte. Schließlich, welch Wunder, fanden sie den Anlaß doch heraus: Mit diesem Fest sei ein galant-geschickter, verzweifelter »Appell an die Neue Frau« beabsichtigt gewesen, da sie sich bisher absolut nicht verführen lassen wollte. Solche Dummheit!
Ich glaube viel eher, daß man eine Frau, wie die Saint-Simonisten sie sich wünschen, nicht so schnell und einfach finden wird, wie Abonnenten den »Constitutionnel« kündigen werden.
Natürlich haben diese Herren daran nicht gedacht; scheinbar bedeutet eine Frau tatsächlich so wenig für sie. Sie fragen nicht danach, welche Werte sie hat, wozu sie in der Lage ist. Aber lassen wir sie ruhig unser Genie übersehen, dies zeigt uns nur immer, was sie selbst taugen.

Saint Simonien faisant la lesive.

Erstaunlich ist, daß sie die saint-simonistischen Apostel bedauern und sagen: »Arme Leute! Sie sind eher zu bedauern, als anzuklagen, denn sie waren nie gefährlich.« Welches Einfühlungsvermögen! Sie seien zu bedauern, man brauchte sie niemals zu fürchten ... nichts davon trifft zu! Nun ja, aber dort, wo die Herrschaft ihre Willkür walten läßt, liegt ja auch etwas Gutes: Wenigstens der »Constitutionnel« blieb auf diese Weise seit 1830 davon verschont, die auch noch so milden Verweise, die ihm von unseren Regierenden erteilt wurden, verantworten zu müssen.

Ohne den Vertretern der saint-simonistischen Idee Ratschläge erteilen zu wollen, glaube ich, daß sie ein nächstes Mal gut daran täten, die Selbstsucht und die Böswilligkeit nicht zu ihrer Versammlung zu laden, sondern lieber zu warten, daß die Zeiten sich ändern und solche Menschen sich ihrer Waffen entledigen.

Zum Schluß behauptet der urteilslustige Autor des Feuilletons, dieser Ball sei eine »kümmerliche Spekulation« und eine »platte Parodie« gewesen. Hören Sie sich das an! Diese Herren werden sie niemals anerkennen. Die Luft ihrer Büros hat sie wohl bereits zu sehr an die großen Spekulationen gewöhnt. Was allerdings die platte Parodie angeht, denke ich, daß sie sich getäuscht haben. Es wäre unklug, anzunehmen, daß die Saint-Simonisten eine jener glänzenden Zusammenkünfte der Rue Monsigny wiedergeben wollten. Ihr Ziel war hier ein anderes. Wahr hingegen ist, daß die Parodie seiner selbst von niemandem so gut hätte vorgeführt werden können als vom »Constitutionnel«: Die fünfzehn Jahre seines Erscheinens im Vergleich zu den letzten dreien zeigen es.

Armantine M...

An die Männer

Wahrhaftig, ich weiß nicht, warum ich meine Zeit noch einmal damit verschwende, Zeilen zu kritzeln, um den Männern unsere Freiheit – vielmehr unser Recht darauf – zu beweisen. Seht ihr sie nicht, diese Herren, wie sie lachen und sich über unsere angebliche Emanzipation lustig machen? Frauen behaupten, frei und gleichberechtigt zu sein? Oh, was für eine komische Idee! Wahnsinn der Frauen!
Wenn sie aber per Zufall in unsere Mitte treten wollen und ihre politische Meinung kundtun, werden wir ihnen ein paar Schmeicheleien sagen und sie sodann höflich in ihren Haushalt und zu ihren Schminktöpfen zurückschicken – wo kämen wir denn sonst hin.
Ja, meine Herren, Sie haben recht. Wo kämen Sie hin? Wir wären Ihnen gleichgestellt. Lachen Sie über uns – auf Ihre Kosten, solange Ihnen noch dannach zumute ist. Das Los, das Sie uns zugedacht haben, ist ja danach: Wir sollen Sie zerstreuen und amüsieren... trotz allem! Darin besteht Ihre ganze Großzügigkeit. Aber was geben wir Ihnen als Gegenleistung für eine so große Wohltat? Eine Kleinigkeit, nichts... als das Leben!
Oft verlieren wir es für Sie, oder, wenn es uns erhalten bleibt, verwenden wir es, um Sie schwache Wesen großzuziehen und jene Kräfte entstehen zu lassen und zu entfalten, auf die Sie so stolz sind. Ja, wo wären Sie denn, wenn wir uns ebenso großzügig zeigten wie Sie und Sie als unser Spielzeug benutzten? Nachts würden wir uns in unserem wohltuenden Schlaf nicht stören lassen, Sie würden vor Hunger dahinsiechen; tagsüber, sollte Ihr schrilles Geschrei unsere zarten Ohren verletzen, würden wir weit weg von Ihren Wiegen fliehen... Was könnten

Sie dann tun? Auch wir hätten Macht, aber nein, unserer gefühlvollen Seele und unserem großzügigen Herzen danken Sie (dies sei gesagt, ohne Sie verletzen zu wollen), uns schließlich verdanken Sie, daß Sie leben, daß Sie Männer, daß Sie stark sind – und natürlich unterdrücken Sie die Schwachen.
Die Natur aber, die weniger geizig ist als Sie und Ihre Gesetze, hat uns nicht alles genommen. Uns Ohnmächtigen hat sie als Ausweg die List gelassen ... Sie wissen es, Sie haben es mehr als einmal gespürt. Die List ist eine recht gefährliche Waffe; sie wird im Verborgenen geschmiedet, mit tödlichem Gift getränkt und trifft um so genauer, als sie von einer jederzeit sicheren Hand, die vom Nachdenken geführt wird, ausgeht.
Sie können darüber nachdenken ... Aber nein, ich sehe Sie lachen: Frauen schmieden ein Komplott! Wie komisch! Welche Neuigkeit! Gerühmt sei das neunzehnte Jahrhundert, es wird zu Recht das Jahrhundert der Wunder genannt werden, wenn dieses Wunder geschieht.
Nur zu, meine Herren, lachen Sie ganz laut – aber Ihr Spielzeug, Ihre Puppe fängt an, müde zu werden und verzieht ihr Gesicht vor lauter Lächeln. Im Banne uralter Sitten, Schlafwandlerin der Gesellschaft, schläft sie, während sie redet und handelt ... Aber Geduld, erhabene, helle Töne sind schon an ihre Ohren gedrungen; nicht alle haben sie schon gehört, also Geduld! ... Aber bald! Ja, bald werden alle sie hören, dann wird der Bann gebrochen – dann, meine Herren, wird die heutige Gesellschaft gänzlich einstürzen, und aus ihren Ruinen wird die Göttin mit entblößtem Arm – die göttliche Freiheit – strahlend schön emporsteigen, die über Sie, die Männer, und uns Frauen herrschen wird.

Isabelle

Über die Lyoner Ereignisse (Fortsetzung)

Ich habe einige Gedanken, die mich bewegten, als ich Berichte über die Lyoner Ereignisse las, mitgeteilt. Doch das genügt nicht, denn ich bin auf dieser so ungenauen Ebene, wo die politische Wundergläubigkeit und die politischen Scharmützel uns hinversetzt haben, stehengeblieben. Die Lyoner Ereignisse aber fangen an, uns darüber hinaus zu führen. Ich habe auch die Frage der Bündnisfreiheit angeschnitten und gesagt, daß meiner Meinung nach Zusammenschlüsse allein die Lösung des großen Problems, das uns beschäftigt, nicht herbeiführen können. Ich muß also meinen Gedankengang erklären und sagen, was ich wünsche, was ich für die Zukunft der Arbeiter und der Frauen erahne. Denn erst, wenn die Probleme der Organisierung der Arbeit und der Verteilung des Ertrags gelöst sein werden, wird die Freiheit der Frauen und des Volkes wirklich erobert sein.

Bei diesen Ereignissen trat die Krankheit zutage, die unsere Gesellschaft zerrüttet und sie dem Untergang näherbringt, wenn man nicht schnell Abhilfe schafft. Aber wie? Mit Worten, Theorien, einer politischen Reform?

Wir brauchen mehr als das. Es gibt eine dringendere Reform, die allein zu allen anderen führen wird: die Reform der Industrie.

Ja, die Arbeit ist verkehrt organisiert. Sie beruht auf der Zerstückelung und stellt Interessengegensätze her, denn zu seinem eigenen Glück ist heute jeder gezwungen, sich das Unglück seines Nächsten zu wünschen. Diese Organisation der Arbeit trennt Meister und Arbeiter, indem sie ihnen verschiedene Interessen nahelegt und so den Haß in der Gesellschaft aussät. Dies kann nur zu Chaos und Anarchie führen. Beides existiert ja schon, und wir spüren die schrecklichen Folgen. Höchste Zeit also, diesen Übeln abzuhelfen. Auf welche Art und Weise? Indem man Zerstückelung und Vereinzelung durch Zusammenschluß ersetzt? Indem man die Interessen von Herren und Arbeitern vereinigt? Ich sage »vereinigt« und nicht: vermischt. So, daß dem persönlichen Interesse eines jeden Genüge getan wird, er sich aber gleichzeitig dem allgemeinen Interesse verbunden fühlt? So, daß ein jeder gemäß seiner Arbeit, seinem Können und Kapital entlohnt wird und mithin das Gesamtprodukt erhöht würde?

Ja, dies werden die Grundlagen einer Reform der Industrie sein, und sie allein kann uns zu einer sozialen Reform führen.

Diese Ideen bedürften einer breiteren Darstellung, mein Artikel ist ein zu enger Rahmen dafür. Doch sind entsprechende Ideen schon von Herrn Fourier, in dessen System sie alle gehören, so gut entfaltet und dargestellt worden, daß ich es hier nicht zu tun brauche. Ich werde nur bisweilen darauf zurückkommen, weil darin die ganze Zukunft unserer Industrie entwickelt worden ist; dies gilt es, zu betonen.

Über die Verbesserung des Schicksals des Volkes ist viel geredet worden. Einige sehen das Glück des Volkes in einer politischen Reform, die ihrer Ansicht nach zu einer sozialen Reform führen müßte. Ich bezweifle die Gutwilligkeit ihrer Absichten

nicht im geringsten, aber das Volk darbt und leidet – wirksamere Mittel werden gebraucht!
Gestern erhob sich das Volk in Lyon, vor einigen Monaten geschah hier das gleiche, morgen vielleicht werden diese Vorfälle sich wiederholen. Also brauchen wir mehr als die Verheißung einer schönen Zukunft; wir brauchen eine Theorie, die wir sogleich in die Praxis umsetzen können. Herr Fourier hat sie aufgestellt, also werden wir seine Theorie verbreiten und ihre Verwirklichung beschleunigen.
Es ist ja ganz schön, zu sagen: »Die moralische Haltung des Volkes ist großartig. Durch sie, durch die Ausbildung, die es erhalten wird, und mit dem Gang der Dinge muß das Volk eines Tages glücklich werden.« Doch hier tut es not, auch zu sagen, wie und wodurch das Volk glücklich werden wird, wie seine Zukunft tatsächlich aussehen soll. Man kann nicht einfach sagen: durch die Assoziation. Es muß gesagt werden, wie man sie sich vorstellt, und wie man sie verwirklichen will.
Angesichts des Entwurfes der Assoziation, deren Grundfesten – wie weiter oben angeführt – sehr breit angelegt sind, ist die Frage der Bündnisse nur noch eine Frage der Zeit, den Arbeitern klarzumachen, daß sie glücklicher sein können, wenn sie sich zusammentun – also ihnen ihre eigene Macht vor Augen zu führen.
Gleichzeitig wird der Zusammenschluß die Aufmerksamkeit auf die zahllosen Leiden lenken, die schwer auf den Arbeitern lasten und den Blick in eine rettende Zukunft verstellen.
Ich habe gesagt, daß die Freiheit der Frauen grundsätzlich mit dem Los der Arbeiterinnen verbunden ist. Den Frauen ist bisher viel über ihre moralische und geistige Freiheit erzählt worden, dem Volke über seine politische Freiheit. Das war schön und gut, war eine Gerechtigkeit, die man uns hat widerfahren lassen. Doch hat man uns keine Mittel gegeben, diese Freiheit zu erlangen. An uns also, sie zu suchen! Dazu müssen wir den Entdeckungen der Männer nachhelfen.
Ein Assoziationssystem als Grundlage der Gesellschaft wurde entworfen, das die materiellen Interessen der Frauen und des Volkes gewährleistet und vereinigt, ihnen somit ihre politischen und moralischen Rechte gibt. Dies müssen wir erkennen und verkünden. Sodann sollten wir ergründen, was unserer Nation in allen tieferen Gefühlen, die das Leben erfüllen, am besten entspricht, und dazu sollten wir unsere Stimmen laut und mächtig erheben.
Um all unsere Gefühle aufleben zu lassen und die neuen

Theorien in das praktische Leben umsetzen zu können, brauchen wir Frauen – genau wie das Volk – die materielle Unabhängigkeit. Also kann ich zu Recht behaupten, daß die Zukunft des Volkes auch die unsere ist und unter diesem Gesichtspunkt die Freiheit der Frauen und des Volkes betrachtet werden muß.

Alle Interessen in der Gesellschaft sind miteinander verbunden, denn alle müssen am allgemeinen Glück interessiert sein, weil wiederum das Glück der einzelnen davon abhängt. Deshalb sollten wir jedem erklären, daß das allgemeine Glück davon abhängt, ob die Individuen glücklich sind, daß die soziale Reform, die wir aus ganzem Herzen herbeirufen, niemandem schaden, sondern im Gegenteil, die Interessen aller gewährleisten wird.

Auch wenn ich über die Leiden klagte, die die Lyoner Ereignisse verursachen mußten, habe ich mich dennoch über diese Unruhen gefreut als den offenkundigsten Protest, der jemals gegen Eure falsche Ordnung angemeldet worden ist. Als das Volk rebelliert hat, um die Verbesserung seiner Lage zu fordern, sich nach seiner Niederwerfung aber ruhig und würdevoll zeigte, gab es damit zu bedenken, daß die Zeit reif ist, eine Verbesserung seines Loses herbeizuführen.

Hoffen wir, daß das Volk eines Tages, wenn es die Zukunftsideen versteht, deren Verwirklichung in der Gesellschaft verlangen wird!

Dies sind meine Wünsche und Hoffnungen, die bald – daran zweifle ich nicht – Wirklichkeit sein werden.

Marie-Reine

Eine Ehescheidung

Mit der Vorstellung von einer Vollkommenheit, die im wirklichen Leben nicht existiert, glauben wir, Gott ließe uns eines Tages den Mann kennenlernen, der unserer ganzen Liebe würdig wäre und uns ewig lieben könnte. Dies ist der Traum aller Sterblichen von dem Tage an, da ihre Sinne sich beleben und ihr Herz im unerklärlichen Zauber einer schönen Liebesträumerei höher schlägt. Man will nur einmal lieben, und so nimmt man Abstand von allem, um das geliebte Wesen in die Form zu kleiden, die unsere Phantasie erschaffen hat. Bald aber kommt der Moment der Ernüchterung, und dieser Augenblick des Erwachens ist grausam für denjenigen, der nicht zum Trost in einer großen Idee edle Aufgaben für sich zu finden weiß.

Hüten wir uns also vor den Trugbildern unserer Phantasie, wenn wir nicht die Kraft in uns spüren, uns über das absurde Vorurteil zu erheben, dem zufolge die erste Leidenschaft oder Liebesbindung einer Frau zu ihrem Schicksal werden muß. Da ein solches Schicksal nur in Gottes Fügung steht, hüten wir uns noch mehr davor, ebenso verlogen wie die Öffentlichkeit vor dem Gedanken an die Ehescheidung zu erschrecken! Solange die Ehe bestehen wird, muß die Scheidung ihre Ergänzung sein, doch nicht in der Art, wie sie vor kurzem in der Gesetzgebenden Kammer beschlossen worden ist.

Als Ausgeburt des achtzehnten Jahrhunderts kann die jetzige Form der Ehescheidung nur ganz negative Bedeutung haben. Denn die Philosophie Voltaires machte sich zur Aufgabe, die Herrschaft der Kirche und mithin der christlichen Dogmen, dieser für die individuelle Freiheit größten Hindernisse, zu zerstören. Daher kann der Geist der Gesetze, die aus diesem ganz und gar kritischen Prinzip entspringen, für unsere vom Skeptizismus verdorbene Welt nur ein revolutionärer Hebel sein! Sie werden mir Recht geben, wenn Sie sich das Ehescheidungsgesetz, das bald wieder in Kraft treten wird, einmal ansehen.

Von welchem Geist ist es denn geprägt? Hat es eine Moral? Trägt es den Widerständen und Mühen, immer das gleiche Leben führen zu müssen, etwa Rechnung? Gibt es den einzelnen noch Möglichkeiten, wieder glücklich zu werden? Zeigt es ihnen noch einen anderen Weg, wenn sie sich getäuscht haben? Nein, nicht im geringsten!

Und wann greift dieses Gesetz denn ein? Erst wenn sich Lüge, Betrug und Zwietracht – kurz: alle diese Eheplagen – schon in das Zusammenleben eingeschlichen und Unfrieden gestiftet haben. Ja, das ist der Zeitpunkt, zu dem der Buchstabe des Gesetzes mit seiner ganzen Kälte und Uneinfühlsamkeit nicht nur zwei Menschen, die sich nicht mehr verstehen, voneinander trennt, sondern ihr Leben gewalttätig zerteilt und sie auseinandertreibt.

Doch auch ich will die Ehescheidung und betrachte sie in dieser Epoche des Übergangs als eine Notwendigkeit. Ich fordere sie um der Gerechtigkeit willen und als ein wesentliches Mittel, unserer moralischen Freiheit näherzukommen. Aber nicht länger will ich, daß sie wie in der Vergangenheit von Ungerechtigkeit, Haß, Gewalt und Lüge begleitet wird.

In einer Nummer der »Tribüne« äußerte ich mich so:

»Auch wer noch so wenig vom Leben versteht, bemerkt heut-

zutage gewiß, daß es unsinnig ist, Ehen zu schließen ohne diese Ergänzung. Wer kann denn sicher sein, daß seine Neigungen, Wünsche und Gedanken sich nicht innerhalb von wenigen Jahren vollkommen verändern? Ungeheuerlich ist es, daß man in unserem Jahrhundert nicht versucht, das Würdigste in uns, die Unabhängigkeit unseres Willens zu gewährleisten!
Warum uns in ewige Fesseln legen, wenn wir doch endliche Geschöpfe sind? Nur Gott hat doch das Recht, sich ewige Gesetze zu geben.«
Ich kündigte an, daß ich diesen Worten einen Artikel folgen lassen würde, in dem ich alle meine Gedanken zu diesem wichtigen Thema ausdrücken wollte. Heute erst kann ich verwirklichen, was ich damals beabsichtigte: nämlich eine Moral vorleben, d. h. von einem Ereignis, einer Tat berichten, die ich aus sehr hohen sozialen Beweggründen heraus vollbracht habe. Ich war dabei von dem Wunsche beseelt, die Frauen mit meinem Beispiel von der Notwendigkeit der Lüge, des moralischen Ehebruches und der legalen Prostitution in der Ehe zu befreien. Diese Worte waren also als Einleitung zur öffentlichen Bekanntgabe meiner Ehescheidung gedacht. Und um besser zu zeigen, in welchem Geist diese große Tat beschlossen und ausgeführt worden war, fügte ich meinem schon zitierten Artikel folgendes hinzu:
»Möge sie kommen, die Religion der Zukunft! So schön und großzügig wie die unendliche Liebe – sie wird alle Charaktere, alle Individuen bei sich vereinigen. Und auf dieser Grundlage werden die Gesetze nicht mehr Unterdrückung bewirken, sondern allen Übeln zuvorkommen: indem sie Trennungen mildern, die Schmerzen lindern und verhindern, daß Haß aufsteigt und sich ausbreitet...«
Wenn ich zur Zeit meiner Trennung von Voilquin vor ungefähr fünfzehn Monaten dieses Vorhaben nicht ausgeführt habe, so nicht etwa aufgrund eines Rückzuges in das Selbstmitleid. Nein, ich schreckte vor den Konsequenzen meiner Entscheidung gewiß nicht zurück. Ich war bereit, allem entgegenzutreten, denn ich war mir sicher und überzeugt davon, daß ich etwas Großes vollbracht hatte! Die Gewißheit jedoch, zu dieser Zeit von den Frauen nicht verstanden zu werden, hielt mich zurück.
Mein Ziel war ja, meinem Geschlecht durch mein Beispiel zu nützen, die Frauen aufzuklären – nicht, sie zur Unmoral zu verleiten.
Ich wartete also ab. Nur wenige Frauen begannen mich zu

verstehen, mich für meinen Mut und meine Hingabe an die Sache, der ich mich verschrieben habe, zu lieben. Ich danke euch, liebe Gefährtinnen! Wie wohl habt ihr mir getan! Ich will euch danken, indem ich dieses Wohl an andere weitergebe.
Heute fängt für mich ein neues Leben an, die Frauen verstehen mich jetzt, und so kann ich allen von dem neuen Weg künden,

Saint-Simonien lavant la Vaisselle.

den ich als erste zu betreten wagte. Ich setzte mich über die kleinlichen, einengenden Sitten hinweg, die allein von Männern zu Gesetzen erhoben worden sind. Ich erweiterte mein Denken zu einer allumfassenden Idee: die der Befreiung der Frau. So verwarf ich ein Gesetz als unmenschlich, das mich unterdrückte. Den Namen eines Mannes zu tragen erschien meinem unabhängigen Geist ein zu schweres Joch. Ich legte es ab.
Hier aber will ich innehalten und mich beeilen, den Mann, dem ich für acht Jahre verbunden war, vorzustellen und ausführlicher bekanntzumachen. Sein guter, loyaler Charakter, seine Begeisterung für alles Großmütige und Erhabene und seine Haltung mir gegenüber während dieser langen acht Jahre ma-

chen es mir zur Pflicht, seinen Namen, seine Ehre selbst vor den kleinsten Zweifeln zu schützen.

Am 26. April 1825 heiratete ich Voilquin. Diese Ehe wurde freiwillig, aber von mir aus ohne Liebe geschlossen. Ach, wüßte man immer um die Ursachen der Liebe oder der Gleichgültigkeit! – Nein, sie bleiben oft eines der undurchdringlichen Geheimnisse des Lebens. Und ich fühle mich wahrhaftig nicht im Recht – ganz abgesehen von meiner Abscheu für die Lüge und jeden Mangel an Vertrauen –, mein so christliches Betragen während der Zeit unserer Ehe dem zuzurechnen, was gemeinhin »Tugend« genannt wird. Meine Ehre war ganz negativer Art, sie beruhte auf meiner Gleichgültigkeit oder vielmehr meiner Verachtung für alle Männer.

Einer von ihnen betrog mich am Morgen meines Lebens auf solch niedrige Art und Weise ... indem er mit dem Heiligsten in der Seele eines zarten, jungen und leidenschaftlichen Mädchens spielte, bei Gott und meiner Mutter – meinen beiden teuersten Gewißheiten – schwor, und sich so mein Vertrauen erschlich ...

Von diesem Augenblick an waren alle strahlenden Bilder meiner Phantasie, die frohen Illusionen, deren Erfüllung ich vom Leben erwartete und forderte, mein grenzenloses Vertrauen, das ich allen entgegenbrachte, gänzlich ausgelöscht. Ich lebte von da an ein Leben voller Zweifel, Mißtrauen und Angst und erwartete nichts mehr. Dennoch ging ich daran nicht zugrunde, ich glaubte an die Unsterblichkeit der Seele!

Zwei Jahre nach diesem Erlebnis empfand ich noch immer so leidenschaftlich, daß ich furchtbar unter der Leere meines Herzens litt. Ich beschloß Mutter zu werden. Diese kleinen Engel, dachte ich, kommen von Gott in so kurzer Zeit ... und sie sind so rein. Gewiß muß man sie nur mit viel Liebe umgeben, um sie vor dem vergiftenden Atem der Männer und den Lastern der Gesellschaft zu bewahren. Doch brauchen sie neben meiner Liebe auch einen Namen und eine Sicherheit. Dieser Gedanke bewog mich dazu, meine Unabhängigkeit zu opfern und zu heiraten. Voilquin liebte mich, und er hatte ja diese nach meinem Dafürhalten hochzuschätzende Freimütigkeit. Ich heiratete ihn also und versprach mir, ihn glücklich zu machen, seine Hingabe mit immerwährender, eifriger Aufmerksamkeit zu erwidern.

Voilquin hat öffentlich bekundet, daß ich mein Wort gehalten habe. Ich allein lebte in Entsagung und Aufopferung in diesen acht Jahren – aber ach! –, ohne daß mein Wunsch in Erfüllung gegangen wäre ...

Doch heute will ich nur diese Tat wiedergeben, die sich dem Werk unserer Befreiung, das von nun an ein fester Bestandteil meines Lebens ist, in besonderer Weise zuordnet. Viele Einzelheiten, die vor diesem Zeitpunkt liegen, sind folglich überflüssig, ja, ich hätte nicht einmal an meine Vergangenheit gerührt, wenn dies nicht unerläßlich gewesen wäre, um meine Gedanken über die Ehescheidung verständlich zu machen und die neuen Ideen ins Blickfeld zu rücken, die meine Seele aus ihrer langwährenden Lethargie wiedererweckten.

1831 lernten wir die Saint-Simonisten kennen, und die politischen Grundsätze ihrer Lehre waren dazu angetan, unsere Hoffnungen und Träume von der Zukunft des Volkes, die wir in der Zeit nach der Julirevolution verloren hatten, wieder aufleben zu lassen. In der Überzeugung, daß Zukunftsweisendes darin liegt, beschlossen wir, uns ganz und gar der Verbreitung dieser neuen sozialen Wissenschaft zu widmen. Sobald Voilquin als ganze Person in dieser Familie seinen Platz hatte finden können, gab er seinen Beruf als Architekt auf, und wir bildeten nun mit Leib und Seele einen Teil dieser neuen Welt. Kurze Zeit später übergab der Oberste Vater seine Theorien über die Freiheit der Frau an die Saint-Simonistische Familie und die Öffentlichkeit. Voilquin, als Mensch des Glaubens und der Begeisterung war einer der ersten, der die hohe Moral dieser Theorien spürte und sie übernahm. Er glaubte sich dennoch nicht als erster dazu berufen, seine neue Überzeugung durch die Praxis zu bestätigen.

Zwischen der Theorie eines Prinzips und seiner Übertragung auf das praktische Leben liegt selbst für die stärksten Menschen ein Abgrund, den es zu überbrücken gilt. Folglich hatte ich im Interesse unserer neuen Religion und meines guten Gewissens zu verhindern, daß Voilquin möglicherweise in jene Abgründe stürzte und seine Gesittung verlöre. Außerdem mußte ich seit meinem Entschluß, ihm nur noch eine Schwester zu sein, weil intimere Beziehungen fortwährende Verstellung von mir verlangt hätten, lange und anhaltend darauf hinwirken, ihm für den Moment dieser Eröffnung einen sehr schmerzhaften Schock zu ersparen. Ich hatte vor dem christlichen Altar versprochen, ihn, den ich noch heute freudig meinen lieben Eugène nenne, glücklich zu machen. Und um dieses Versprechen einzuhalten, wurde es nun wichtig, nichts Halbherziges zu tun.

Voilquin ist erst vierunddreißig Jahre alt, er liebt die Frauen leidenschaftlich und hätte es nicht ertragen, wenn ich, die er gerne und oft die teure Gefährtin seiner alten Tage nannte, ihn einfach verlassen hätte.

Im Winter 1832 hielt ich bei mir zu Hause kleine Versammlungen ab. Eine junge Person, Julie Parcy, kam hinzu. Sie verliebte sich zugleich in Voilquin mit aller Sehnsucht eines zutiefst empfindsamen Charakters. Ich wurde dessen gewahr, unterstützte dieses Gefühl aber nicht, sondern ließ es lediglich zu.

Ich war überzeugt, die Kraft aufzubringen, dieses Gefühl gutheißen zu können, sobald ich es geteilt sehen würde. Meine Aufgabe als Schutzengel würde Julie an der Seite dessen, den sie liebte, also überlassen (wie ich ihr später schrieb), und auch alle Rechte, die mir von der Gesellschaft an Voilquin zuerkannt waren, an sie abtreten.

Was ich vorhergesehen hatte, traf schließlich ein. Voilquin fühlte sich von ihrer so aufrichtigen Liebe berührt und konnte sich nicht zurückhalten, sie zu erwidern. Zu diesem Zeitpunkt, im Januar 1833, glaubte ich, diese schwierige Situation, die uns alle drei niederdrückte, beenden zu müssen. Ich erklärte Voilquin, daß mir die Ehe als Prostitution erscheine, sobald zwei Eheleute nicht mehr in Liebe verbunden sind, und daß ich, die für ihn nur noch zärtliche Freundschaft empfand, unsere intimen Beziehungen abbrechen, sie nur noch in absoluter Brüderlichkeit bestehen lassen wollte.

Er verstand mich und gab diesem Wunsche statt. Ich muß gestehen, daß dieser Augenblick für uns beide zugleich etwas Feierliches und auch Schmerzliches hatte. Wir kamen überein, diese Ehescheidung dem Manne mitzuteilen, den wir so sehr lieben, den wir Vater nennen. Also schrieben wir ihm beide ins Gefängnis und gaben ihm unsere Trennung, die wir in sehr religiöser Weise vollzogen hatten, bekannt. Da wir – um uns freier zu fühlen – unsere Briefe nicht austauschten, weiß ich nicht, was Voilquins Brief enthält. Ich selbst sagte unter anderem:

»Ich bin frei. Ich habe meine Rechte an diesen Mann auf dem Altar der Menschheit niedergelegt und abgegeben. Ich habe einen Mann von einer Liebe befreit, die nicht mehr geteilt wurde. Voilquin hat sich groß gezeigt, ja, ich sage es mit Stolz! Ich habe sozusagen einen Mann zur Welt gebracht.«

Julie Parcy und Voilquin, die sich in meinen Augen seither angehören und legal miteinander verbunden sind, haben Frankreich verlassen, um nach Amerika zu gehen. Seit sechs Monaten leben sie in New Orleans, wo sie, wie ich hoffe, ihre Existenz sichern können.

Trotz meiner schwierigen materiellen Lage nach ihrer Abreise muß ich sagen, daß die neuen Ideen mich nicht aus der Bahn geworfen, sondern mich sogar zu einer höheren Existenz geführt haben, indem sie neu belebten, was ich für ausgelöscht hielt.
Einige Briefe, die Voilquin vor seiner Abreise schrieb, sollen hier folgen und dazu beitragen, daß man besser verstehen kann, welche Gefühle mein Denken bei dieser Handlung leiteten: Ich wollte meine Freiheit erobern, ohne meinen Gefährten auszunutzen, ihm Schmerzen soweit als möglich ersparen und mit all meinen Mitteln zu seinem Glück beitragen.

26. April 1833

An Ernest Javary
In wenigen Tagen werde ich Frankreich verlassen – dieses Frankreich, das mir so teuer war und ist. Doch sage ich Dir mit Stolz, ich fühle auch, daß eine göttliche Mission mich unter den glühenden Himmel Amerikas ruft, in dieses Land, wo man die Namen Lafayettes und Washingtons begeistert verehrt. Dort will ich versuchen, den Namen unseres Vaters und Saint-Simons ein Echo zu schaffen, indem ich nachlebe, was unsere Väter mich lehrten.
Ich halte es für unnütz, Dir die Beweggründe, die zu meinem Entschluß zu dieser Unternehmung führten, zu schildern – um so mehr, als sie den meisten Frauen und den ehrenhaftesten Männern der Familie in Paris bekannt sind. Sie wissen, daß unsere liebe Schwester Suzanne auf Kosten ihrer materiellen Existenzsicherung mit aller Kraft dazu beigetragen hat, mich ein Glück finden zu lassen, das sie selbst mir nicht mehr schenken konnte. Denn – ach! – in unser beider Vergangenheit gab es Don Juanerien und mit diesem dunklen Schleier hat die Zeit uns voneinander getrennt – vielleicht, um uns die Größe und Feinsinnigkeit der Moral unseres Vaters zu zeigen.
Du wirst mich verstehen, mein guter Javary, Du, dessen Herz mit allen mitfühlt und sich allem Edlen und Großzügigen zuwendet, Du kennst meine Haltung. Also bist Du es, der sie den Ungläubigen und Schwachen, die leider zahlreich sind, erklären wird. Du wirst diesen Männern, die sich berufen fühlen, zu richten, denen nicht einmal gegeben ist, zu verstehen, sagen, daß sie beruhigt sein können, denn ich reise mit der Zustimmung des Vaters, des tugendhaften Lambert, des treuen Fournel und der gewissenhaftesten Männer unserer Religion. Du wirst ihnen sagen, daß mein Aufbruch keine Flucht ist und

ich mit der Billigung meiner lieben Suzanne fahre. Sage ihnen auch, sie sollten nicht vergessen, daß die Frau, die ich jetzt liebe, Saint-Simonistin ist und ihre Würde als Frau, ihre Pflichten als Tochter und Ehefrau kennt, daß sie niemals wegen eines Verstoßes gegen die christliche Moral zu erröten brauchte und heute dieser Akt ihres freien Willens ein großer, moralischer Protest gegen die Gesetze der Männer ist. Du kannst hinzufügen, daß Julie mit dem Einverständnis ihrer Mutter, die uns begleiten wird, abreist und ebenso im Einvernehmen mit Suzanne, die meine Frau war vor dem Gesetz und unsere Schwester bleibt ... etc.

Voilquin

Ein nächster Brief von Voilquin an mich:

Meine gute Suzanne,
binnen kurzer Zeit wird ein immenser Abstand zwischen uns liegen, und in diesem Augenblick unserer Trennung will ich Dir noch einmal mein Herz ganz öffnen. Ohne eine für uns beide schmerzhafte Vergangenheit wieder in Erinnerung zu rufen, wünsche ich Dich davon zu überzeugen, daß ich Dir die Mühen nicht vergessen werde, die Du um meines neuen Glückes willen auf Dich genommen hast, dieses Glücks, das Dir Gott und Deine von mir beeinträchtigte Gesundheit[1] nicht erlaubten, mir zu schenken. (Ich werde niemals diese Gewitternacht vergessen, die Dich später beinahe Dein Leben gekostet hätte.)
So lasse mich Dir all meine Dankbarkeit aussprechen für die hochherzige Haltung, die Du mir gegenüber so oft bewiesen hast, für Dein Vertrauen und Deinen Mut, Deine Einfühlsamkeit und Ergebenheit. Außer Liebe hast Du mir alles geschenkt, in einer übermenschlichen Anstrengung hast Du dazu beigetragen, mich diese Liebe finden zu lassen, wie sie meine überschwengliche Phantasie so lange erträumt hat, indem Du jenem jungen Mädchen den Versöhnungskuß gegeben hast, das mit reinem Herzen die Schmähungen einer düsteren Welt überwand, um eine Liebe, die uns beide beglückt, zu gestehen. Wir werden nicht vergessen, Suzanne, daß wir Dir dieses Glück verdanken.
Wenn Gott unsere Hoffnungen in Erfüllung gehen läßt, werden wir auch für die Verbesserung Deiner sozialen Position arbei-

[1] Siehe Biographie Suzanne Voilquin. Anspielung auf die zeitweilige Geschlechtskrankheit Voilquins, die nach Suzannes Vermutung ihre Kinderlosigkeit bzw. ihre mehrfachen Fehlgeburten (»... Gewitternacht?«) zur Folge hatte.

ten, und Du wirst deshalb nicht erröten – denn hast Du nicht selbst gesagt, wir seien gute Freunde, ein Bruder und eine Schwester für Dich, und Du würdest eines Tages mit derselben Freundschaft unsere Kinder umarmen, die Dir Glück und Liebe geben werden, wie Deine Seele sie so sehr braucht!
Wir brechen also auf und werden das Werk praktizieren, welches Du, als Frau der Theorie, entworfen hast. Wir fahren und vertrauen Deine Zukunft dem Edelmut derer an, die wir unsere Väter nennen, der Freundschaft unserer Brüder und der Frauen, die Dir eines Tages für all das danken werden, was Du für sie hast tun wollen.
Also Mut! Auf daß unser Glück – Dein Werk – auch Dich den Tag erahnen lasse, an dem Deine Wünsche in Erfüllung gehen und Dein mir so rätselhaftes Herz ein anderes findet, das Dich besser verstehen kann, als ich es konnte.
Dies ist der größte Wunsch desjenigen, der Dein Ehemann war und der sich heute voller Stolz Dein ehrlichster Freund und erster Deiner Brüder nennt.

Voilquin

Seit dieser Trennung bin ich alleine geblieben. Meine neu gewonnene Freiheit erlaubt mir, meine Arbeit noch intensiver der Freiheit meines Geschlechtes zu widmen. Der Zukunft meiner Freunde in Amerika gewiß, da ich sie in ihrer Liebe glücklich weiß, will ich hier mit aller Nachdrücklichkeit die folgende Maxime verkünden, die von den Frauen als eine Grundlage für die Beziehungen der Geschlechter angenommen werden sollte: Jede intime Beziehung, der nicht Liebe zugrunde liegt, ist eine Profanisierung des Körpers!
An den großmütigen und erhabenen Frauen ist es also, zu sagen und aufzuzeigen, wie weit die soziale Liebe reichen soll!

Suzanne

Königin, Kardinal und Page – Vaudeville in einem Akt

Ja, ich wiederhole es, noch für lange Zeit wird die Presse uns Frauen gegenüber eisiges Schweigen bewahren. Unsere einflußreichsten Helfer finden wir im Theater, und es ist das Theater, dieser einzige Tempel, in dem das Volk Ansprache und Gemeinschaft findet, das angemessen auf das Wort der Emanzipation antwortet, welches zu unseren Gunsten ausgesprochen wurde.

Seitdem Ideen von Freiheit und Gleichheit die Herzen bewegen, haben die Autoren gewiß den großen Einfluß, den wir Frauen ausüben, gefühlt und anerkannt. Lange genug haben sie ihn allein in ihrem Interesse genutzt, indem sie uns viele Reden über die Freiheit und die Rechte des Volkes halten ließen und nur über die unseren ... *nichts* ... Dabei sind auch die Frauen Volk! Les femmes sont peuples aussi!
Wann endlich wird man uns also für uns selbst sprechen lassen? Wann endlich wird man aufhören, uns im Namen von Gefühlen auftreten zu lassen, die nicht im geringsten unsere eigenen sind?

Suzanne

Antwort auf einen Artikel der Zeitung »Le bon sens«

Der Artikel im »Bon sens« von Sonntag, dem 14. Oktober, enthält den Brief eines Arbeiters, der die Redaktion der Zeitung auffordert, diese lebensferne, trockene Sphäre, in der die heutige Politik sich abspielt, zu verlassen und ihre Aufmerksamkeit auf die Notwendigkeit materieller Verbesserungen zu richten.
Er weist auf das System Charles Fouriers hin, zeigt es als ein Mittel, aus der Krise, in der wir uns befinden, herauszukommen.
Dieser Brief hat mein Herz höher schlagen lassen, denn ich als ein Mädchen aus dem Volke, habe hier voller Freude gesehen, daß viele unter meinen Brüdern fühlen, was sie wert sind und erkennen, daß ihr Los sich nicht durch politische Umstürze verbessern läßt.
Doch muß ich sagen, ich war erstaunt darüber, daß Männer wie die Redakteure des »Bon sens« die Ideen Herrn Fouriers so wenig verstanden haben und ihm Phantastereien vorwerfen, während ein Arbeiter allein aufgrund der Lektüre der Zeitschrift »Le Phalanstère« gemerkt hat, daß darin anderes zu finden ist als »absurde und lächerliche Einzelheiten«, wie der »Bon sens« behauptet. Der Vorwurf der »Phantasterei« ist um so unverständlicher, als er von Männern erhoben wird, auf die er viel eher zutrifft; denn sie antworten einem Manne, der materielle Verbesserungen fordert, mit dem Angebot politischer Rechte.
Ach, ich fühle es deutlich! Für Sie, die Schriftsteller, ist die Not des Volkes nur Theorie. Sie glauben, politische Rechte würden sein Schicksal verbessern. Aber seien Sie sicher, was dies

angeht: Nicht nach politischen Rechten verlangt das Volk – und Lyon möge Ihnen hier als Beispiel dienen. Denn hat das Volk, als es dort aufstand, etwa die Fahnen irgendeiner Partei aufgepflanzt? Hat es politische Rechte gefordert? Nein! Brot hat das Volk gefordert – Brot und Arbeit! Das ist die Devise des Volkes. Es ist sich seines Leidens bewußt und weiß sehr wohl, daß die Rechte, für die Sie jeden Tag Papier beklecksen, weder seinen Kindern zu einer besseren Erziehung verhelfen werden noch ihm selbst zu einer ausreichend bezahlten Arbeit, die seine Misere beendet. Ja, das Volk weiß recht gut, daß die Konkurrenz, dieser nagende Wurm, der seinen Verdienst ständig schmälert, nicht durch Ihre Forderungen abgeschafft werden kann.

Gewiß besteht das Leben nicht nur in materiellem Wohlstand, und das Volk braucht ebenso wie der Reiche geistiges und moralisches Wohlleben. Doch nicht damit muß man beginnen!

Was würde man wohl von einem Manne sagen, der – wenn er einen seiner Mitmenschen verhungern sieht – ihm eine schöne

La toilette du Saint-Simonien

Rede über die Pressefreiheit hält, anstatt ihm die nötige Hilfe zu gewähren? Zweifelsohne empfände man ihn als recht lächerlich in seiner Art, die Armen zu lieben. Dies aber ist die Haltung der Liberalen gegenüber dem Volke.

Die Herausgeber des »Bons sens« haben sich vorgenommen, das Volk zu bilden. Wahrhaftig eine große, erhabene Aufgabe. Aber worauf sollte sie abzielen, wenn nicht darauf, dem Volke Mittel in die Hand zu geben, die ihm aus seiner heutigen Not und Unsicherheit heraushelfen können? Also ist es Pflicht eines jeden, der sich eine solche Aufgabe gestellt hat, sich mit allen Systemen auseinanderzusetzen, die darauf hinwirken.

Ich glaube, in dieser Hinsicht hat es Herr Fourier verdient, ernsthaft studiert zu werden. Das Ganze wegen Einzelheiten abzulehnen ist allerdings kein Beweis für ein Abwägen, sondern heißt, das Problem zu wenden, anstatt es zu lösen. Dabei glaube ich nicht einmal, daß dieses System alles enthält, was die Menschheit braucht, denn in diesem Punkt denke ich nicht wie Herr Fourier und seine Nachfolger – ich sagte bereits, ich bin Saint-Simonistin – doch will ich auf seine Theorie, die bisher wenig Beachtung gefunden hat, aufmerksam machen. Ja, ich sage es, und es ist meine Überzeugung: Alle Menschen, die Liebe und das Wohl der Menschheit wollen, sollten mit aller Kraft daran mitwirken, Herrn Fouriers Ideen Wirklichkeit werden zu lassen. Sei es, dies hat als Ganzes Erfolg oder nur zu einem Teil – immer wird daraus etwas Gutes für die Menschen entstehen. Die Anstrengungen für dieses Ziel können niemals unnütz sein, selbst wenn nicht sogleich Ergebnisse folgen. Ein Versuch würde aber immer den Vorteil haben, Menschen mit unterschiedlichen politischen Anschauungen zusammenzubringen, die in ihrem gemeinsamen Streben das Mittel fänden, sich einander anzunähern und zu versöhnen.

Ja, der Kampf und der Haß in der Gesellschaft werden nicht enden, bis daß folgende Wahrheit erkannt sein wird: Nicht die leeren, theoretischen Debatten darüber, ob der König das Recht hat, Pairs zu ernennen oder dem Parlament vorzusitzen, können das Dasein und die Kultur des Volkes verbessern.

Wer anders als wir Frauen sollte die Männer dazu bewegen, diese sterile Sphäre der Politik zu verlassen? Wer spürt mehr als wir die Leere all dieser Diskussionen? Wir, die wir kaum aus dem Kreise unserer Familien heraustreten, fühlen deutlicher als die Männer, was notwendig ist, um der Misere abzuhelfen, die jeden Tag Betrübnis in die Familien bringt.

Erst wenn die Menschen diese Gedanken verstehen, werden

Haß und Zwietracht aufhören. Dann beginnt die Assoziation aller, alle werden nur noch ein Ziel haben: das allgemeine Glück und Wohlergehen.

Marie-Reine

Die Frauen selbst werden sagen, welche Freiheit sie wollen

Von allen Seiten erhalten wir Weisungen, Ratschläge und Meinungen in verblüffender Vielfalt. Jeder macht sich nach seinem Dafürhalten zu unserem Befreier und will uns auf seine Weise befreien.

Wie dem auch sei, ich strebe das Ziel an, das ich mir gesetzt habe, ohne nach der einen oder anderen Seite abzuweichen.

Man sollte mich nicht unter dem Einfluß irgendeines Systems, irgendeiner Theorie glauben, denn – gleichgültig, wer unsere Freiheit wünscht – ich will sie, das ist das wesentliche.

Ich wollte sie schon, bevor ich die Saint-Simonisten kennenlernte, ich wollte sie, bevor ich Herrn Fourier kannte – ich will sie trotz jener, die sich ihr in den Weg stellen, und ich arbeite dafür vielleicht abseits von vielen, die sie auch wollen. Aber ich bin frei.

Lange genug haben uns die Männer beraten, dirigiert und beherrscht: An uns ist es nun, den Weg des Fortschrittes ohne Bevormundung zu gehen, an uns, alleine für unsere Freiheit einzutreten und zu arbeiten – ohne die Unterstützung und Leitung unserer Herren.

Hier sollte man mich nicht des Widerspruchs bezichtigen, denn die Männer, denen ich zum Thema Freiheit Gehör schenke, sind nicht unsere Herren, sondern nur unsere Vorkämpfer, da die Gesellschaft alles für sie eingerichtet hat, aber nichts für uns. Doch sie wollen uns weder befehlen noch Ratschläge erteilen. Sie wollen unsere Freiheit, ihr Glück hängt ja davon ab, und sie sind aufrichtig genug, dies anzuerkennen. Sie schmücken sich nicht mit dem Titel der »Befreier«, um das Szepter des Despotismus, das ihnen entgleiten muß, noch länger in ihren Händen zu behalten. Was sage ich, sie weisen es zurück und wollen kein Glück, das nicht in vollkommener Gleichheit von den Frauen geteilt würde. Sie arbeiten wie wir – nur mit dem Unterschied, daß ihre Fähigkeiten sich besser entfalten konnten und entwickelter sind als die unseren – an dem großen sozialen Werk der Befreiung der Frau und des Volkes.

Aber sie sind nicht unsere Befreier, sie können nur gemeinsam mit uns Frauen diesen schönen Titel beanspruchen – nicht alleine für sich selbst.
Obgleich unser langwährendes Sklavendasein Hindernisse auf unserem Weg errichtet hat, gehen wir auf das Ziel zu und kommen ihm schnell näher.
Schon versammeln wir uns – zwar zu wenigen, das ist wahr –, aber alle arbeiten mit Leib und Seele an der schönsten Aufgabe, die eine Frau sich in dieser Welt, die nur Sklaverei oder Verachtung für sie übrig hat, erwählen kann. Wir haben uns mit all den Unterschieden unserer Charaktere und Neigungen ein und demselben Ziele verschrieben. Keine kleinlichen Interessen mehr unter uns, ja, ich wage zu sagen, keine Tücken, keine Intrigen mehr: Die Liebe zur Freiheit erstrahlt als göttliche Flamme im Grunde unseres Herzens und öffnet es den großzügigen Gefühlen, die ein so schönes Werk verlangt.
O ihr Frauen! Daß doch unser Beispiel euch berühre und kein Hindernis euch abhalte! Wolltet ihr aber noch widerstehen, ach, vergebens! Der Sturm des Fortschrittes würde euch alsbald dorthin mitreißen, wohin ihr noch nicht gewagt hättet, eure Schritte zu lenken, und ihr könntet euch nicht rühmen, selbst hingeeilt zu sein.
Ihr Mütter, die ihr die Sklaverei für eure Töchter ablehnt, ihr Mädchen, die ihr in euren zartesten Gefühlen vom Schmerz gebrochen seid und eure Liebe zu Großem von dem engen Kreis der Vorurteile, die euch umgeben, erstickt seht: Kommt, versammelt euch unter dem Banner des Friedens! Erhebt die Stimme, fordert die freie Verfügung über eure vielen Fähigkeiten und ihre uneingeschränkte Anwendung in der Gesellschaft, auf daß sie nicht länger im verborgenen bleiben! In einem jeden großzügigen Herzen werdet ihr ein Echo finden, wenn ihr aller Welt diese Worte zu Gehör bringt:
Freiheit für die Frau, Freiheit für das Volk!
Überall werdet ihr empfangen werden, denn wir leben in einem Zeitalter, in dem der Fortschritt unmerklich anwächst und uns all seinen Glanz schon beim Anblick seiner Morgendämmerung erahnen läßt. Setzt euch über das üble Geschrei der vielen, das in euren Ohren dröhnt, hinweg, denn sie sind ja von Sinnen, verspotten den guten Weg, den sie selbst nicht beschreiten können.
Größere Ideen werden euch absehen lassen von allen Mißbilligungen, und eines Tages werdet ihr – begeistert von den Ideen der Freiheit – diese Zukunft erblicken, die sich für das Wohl

aller ankündigt. Dann wird die Verachtung vergeblich versuchen, zu euch aufzusteigen: Ihr werdet darüber hinwegsehen.
Ihr werdet den Ekel, der untrennbar mit euren Ketten verbunden ist, nicht mehr kennen, und nicht länger wird euer Herz durch die kleinlichen Freuden abstumpfen, die eure Beschützer euch anbieten!
Euer Glück wird in demselben Maße aufblühen, in dem eure Ketten fallen werden!

Josephine-Félicité

Die »Tribüne der Frauen« wird nicht mehr unter meiner Leitung erscheinen. Das gottlose Gesetz gegen die Assoziationen, das unsere blinden Regierenden soeben verkündet haben, wird bald viele großmütige und begeisterte Menschen aus Frankreich vertreiben. Es ist an der Zeit, daß wir uns auf die Praxis besinnen, denn bald wird der Orient uns zur aktiven und intensiven Einflußnahme rufen.
Andere Frauen – ebenso stark und leidenschaftlich wie wir –, die durch ihre Beziehungen und Gefühle unserem lieben Frankreich verbunden bleiben, werden das theoretische Werk weiterführen.
Für uns, die wir in unserer Seele ein glühendes Verlangen spüren und von Gott dazu ausersehen sind, mit allen Mitteln zu dem gigantischen Werk der Erneuerung, der Vorbereitung der weltweiten Assoziation beizutragen, ja, für uns gilt es, unsere Vorkehrungen für die Stunde der Abreise, diese erhabene, ungeduldig erwartete Stunde, zu treffen, die für einige schon sehr bald da sein wird.
Zwei unserer Schwestern sind bereits aufgebrochen. Ihr mutigen Frauen! Dank Gottes Gerechtigkeit werden eure Namen in der Zukunft mit Liebe genannt werden: Cécile Fournel, Sie Vorbild an ehelicher Liebe, man wird sich Ihrer Werke und Ihrer Hingabe erinnern! Und du, schöne Clorinde, du hast in deiner Seele die Kraft gefunden, deinen Ehemann – unseren guten Rogé – zu verlassen, der dir Freund, Geliebter und Gatte zugleich ist, um mit großem Eifer für unsere Sache in der Ferne neue Wege für die Frauen zu bahnen. Dein Name wird von nun an mit einem neuen Heldentum verknüpft sein: Als Name einer Frau, die ihre intimsten und teuersten Gefühle einem sozialen, religiösen Gedanken opfert.
Ja, Barrault hatte recht mit seiner Idee, das Jahr 1833 zum Jahr der MUTTER zu erklären und damit einen Markstein für dieses Jahrhundert zu setzen, ja, eine neue Ära einzuläuten. In diesem

Jahr nämlich durchdrang ein tiefes Gefühl für die Bedeutung der Frau das Herz so vieler Männer, die die Vorstellung von der Gleichwertigkeit der Geschlechter übernommen haben, sogar ohne sich recht über die Auswirkungen dieses Grundsatzes im klaren zu sein. Ehre Barrault! Er beeindruckte die Gemüter nachhaltig mit seiner neuen Ritterlichkeit und befruchtete den Geist des Vaters mit seinem kühnen Appell an die Mutter dieser Erde im Orient, wo noch Sklaverei herrscht und die Frau die Unterdrückteste ist. Er ermöglichte es den Frauen, aktiv die neuen Wege des praktischen Lebens zu beschreiten. Ja, dieses Jahr wird das Jahr der MUTTER, der FRAU bleiben. Diese noch unentfaltete Idee wird bald mehr und mehr verstanden werden, und in der Zukunft alle Taten und Werke der Gegenwart bestätigen.

Zu Beginn dieses Jahres erst konnte jene Tat verwirklicht werden, die einen so wichtigen Platz in meinem Leben einnimmt: meine Ehescheidung.

Kurz darauf fand die Verbindung zweier junger Leute statt: Angélique und Ernest Javary, die sich in Begeisterung für das neue Leben den Gesetzen der alten Welt verweigerten und sich nur gegenseitig ihr Glück versprachen.

Etwas später begab sich Jeanne-Désirée nach England. Wenn dieses junge Mädchen aus dem Volke auch nicht als erste die Idee zur Gründung einer Frauenzeitung hatte, so war sie es aber, die als erste den Mut fand, diesen Gedanken in die Tat umzusetzen. Sie war es, die unsere kleine Broschüre unter dem Titel »Apostolat der Frauen – Die Neue Frau« zusammen mit Marie-Reine und mir ohne materielle Mittel gründete (wobei ich selbst mich erst seit der zweiten Nummer mit diesen beiden jungen Frauen verband). Ihre künstlerische Denkart hielt Désirée nicht bei einem langwierigen Werk, sie zog sich wenig später zurück und bat uns, ihr nur den Titel der Gründerin unserer Zeitung vorzubehalten. Auch war sie es, die die kühne Kraft besaß, Louis-Philippe eine nachdrücklich abgefaßte Bittschrift zugunsten des Volkes zu übergeben. Nun ist sie in England, wo sie mit all ihren Fähigkeiten der Sache der Frauen und des Fortschrittes dient.

Marie-Reine war lange Zeit mit mir zusammen Leiterin der Zeitung, sie wird nun ihre lebhafte Sympathie für das Volk in diesem Jahr noch mehr in die Praxis umsetzen: Sie ist Mitglied der »Freien Gesellschaft zur Bildung des Volkes« geworden. Seitdem sind ihre Tage der Arbeit gewidmet, und ihre Abende der Bildung von Frauen und Mädchen aus dem Volke.

In diesem Jahr sind die Frauen in Paris und Lyon, überzeugt von dem neuen Leben, auf die verschiedensten Arten aktiv geworden. In Lyon verkauften Proletarierinnen sogar ihr Handwerkszeug, um sich ganz und gar der Verbreitung des neuen Glaubens zu widmen. Einige von ihnen durchqueren jetzt den Süden Frankreichs, um anderen Frauen ihre Zukunftshoffnungen mitzuteilen und sie zu begeistern.
Bald werden wir all ihre Namen und Taten in die neue Geschichte einschreiben – auch die, die jetzt innerhalb unserer Publikation noch keinen Platz gefunden haben.
Dir, Claire Démar, gilt unser Andenken! Du hast in unserer Mitte mit dem Tode gerungen, und starbst verstoßen von dieser Welt, die den großen Anspruch deiner flammenden Gedanken nicht verstehen konnte. Betrauernswerte! Möge die Zeit kommen, die dir gerecht wird! Dir zur Ehre werde ich deine letzten Gedanken, deine »Moral der Zukunft« bekanntmachen. Du, die bis zum Überdruß gelebt hat, ohne sich dabei zu erniedrigen! Du, die sich aus eigener Kraft zu sozialem Denken erhoben hat! Du hast den Schmerz über die herrschende Unmoral bis zu deinem Tode so tief empfunden. Um deiner letzten Ruhe willen werde ich in Kürze deine hinterlassene Schrift veröffentlichen, die du selbst als ein Heilmittel gegen die vielen Übel in unserer Gesellschaft angesehen hast. Denn zu Zeiten einer Revolution in der Moral gilt das gleiche wie zu Zeiten einer politischen Revolution: Es gilt, zu wagen!
Diese Devise ist erhaben, und ich bekräftige sie nachdrücklich für alle Frauen, die sich ihrer Kraft bewußt sind und den Mut zu einer eigenen Meinung haben: Sie sollen handeln und durch ihr Beispiel mitreißen!
Von der Mannigfaltigkeit unseres Tuns werden wir schließlich wieder zur Einigkeit im Grundsätzlichen gelangen. Gott ist von einer Größe und Heiligkeit in seinen beiden ewigen Ansichten: der Vielfalt und der Einheit. Solange nicht eine erhabene Frau erscheint, um uns alle bei sich zu vereinigen, alle unsere Wünsche auszudrücken und aus dem Überschwang unserer Herzen den Namen MUTTER zu erhalten, sollten wir ganz nach unserer Überzeugung handeln, aber ohne diejenigen zu mißbilligen oder zu verdammen, die so kühn sind, ihre Zukunftstheorie mit ihrer täglichen Lebenspraxis zu untermauern.
Ihr abwartenden Frauen, laßt euch von dem Geschrei der Welt nicht erschrecken! Hat denn der Mann, den ihr liebevoll Vater nennt, gezögert, euch von einer niederträchtigen Moral zu befreien und seine Zukunftsidee in die Welt zu schleudern?

Besser sich täuschen im Weg und umkehren, als niedergedrückt am Wegrand zu verharren und in einem Leben der Untätigkeit zu erstarren. Ja, ich erwarte nicht von den Frauen, daß sie noch ewig über dieses schwierige Thema diskutieren und tatenlos bei der idealen Vorstellung der MUTTER stehenbleiben. Die Zukunft liegt vor uns! Hat nicht jede von uns ein Herz, sie zu erkennen? Die Sonne unseres Gottes, der die Liebe ist, erleuchtet unsere Wege – also voran!

O ihr Frauen, möge folgender Gedanke euch das Gefühl der Stärke im Grunde eures Herzens erwachsen lassen und Anregung zu euren Taten sein:

Der Einfluß der Frau soll religiös und erhaben zur Harmonie des sozialen Lebens, zur allmählichen Versöhnung der Menschen beitragen.

Dieser Wegweiser wird uns leiten und helfen, die neuen Wege zu beschreiten. Zeigen wir uns der großen Aufgabe gewachsen, erweisen wir uns der Anerkennung der ganzen Welt würdig! Auf daß dieses Jahrhundert, noch ehe es der Vergangenheit angehören wird, erleben möge, wie der Pantheon der Frauen zu unserer Ehre errichtet wird – an seiner Stirnseite die goldenen Lettern:

Der Frau gewidmet,
die dankbare Menschheit!

Suzanne

Die Bewegung der »Neuen Frauen«

Die Aufforderung zur »irrégularité«, zum Widerspruch gegen alle ideologischen Eingrenzungen und Festsetzungen, haben die Saint-Simonistinnen ihrer Zeitschrift »Die freie Frau« vorangestellt. Die Kraft, die sich hier äußert, explodiert in verschiedene, auch widersprüchliche Richtungen. Gewiß prägen globale Vorstellungen des Saint-Simonismus ihr Denken: Die Utopie einer friedlichen Gesellschaftsordnung, in der aufgrund einer »harmonischen« Entfaltung der Industrie die gewaltsamen Auseinandersetzungen der Vergangenheit durch neue, Gefühl und Verstand in Einklang bringende Umgangsformen abgelöst werden; die Organisationsform, die »Assoziation«, die ebenso einen erträumten Endzustand wie auch den Weg dahin bezeichnet und zumindest in der Theorie die Emanzipation als einen Prozeß von unten garantiert.

Die »Neuen Frauen« haben ihre Unterdrückung auf allen Gebieten enthüllt und sich dabei auch den Quellen der weiblichen Unfreiheit zugewandt. Die Suche nach den Ausdrucksformen für ihre Revolte bedeutet ihnen mehr als die Forderung nach Gesetzesänderungen. Gemessen an diesem Anspruch erscheint ihnen ein Beharren auf institutioneller Argumentation irrelevant, denn für sie können die vorgegebenen Paragraphen – seien sie Dokumente für den Ausschluß der Frau aus der Gesellschaft, seien sie fortschrittlich – immer nur vorgegebene soziale Rollen als Muster produzieren. So bezeichnen sie auch das von ihnen geforderte Recht auf Ehescheidung als »kalten, trockenen, unsensiblen« Rahmen. Und ehe sie sich auf »neue Rollen« in den bestehenden Institutionen wie der Familie oder der Ehe festlegen (sie selbst gebrauchen den Ausdruck von der »Mission« der Frau), thematisieren sie Attitüden wie die der Passivität, der Selbstnegierung und das aufgezwungene Verschweigen ihres Leides, oder eher dessen Mystifizierung.

Die Verblendung der Sprachlosigkeit: so viele tiefgreifende Mechanismen der Unterwerfung, die sich bis in die Versuche der Revolte, des argumentativen Dialogs mit den Widersachern hinein manifestieren. Gemeinsam ist den »Neuen Frauen« die Vorstellung von der Umkehrung der Machtverhältnisse, die sich in ihren Reden auf unterschiedliche Weise kundtut: Zum einen werfen sie den Herrschenden ihre rigide, doch gleichwohl »chaotische« Praxis vor, zum andern weisen sie das liberale Publikum – wie Marie-Reine Guindorf auf einer Versammlung der »Gesellschaft für Lehrmethoden« – darauf hin, daß die Frauen nicht darum bitten, daß man ihre Intelligenz nutze, sondern vielmehr verlangen, daß ihrer Entwicklung keine Hindernisse entgegengestellt werden: »Was würden Sie als Männer denn sagen, wenn wir Frauen uns versammelten und dieselben Fragen für Sie stellen wollten, die Sie hier für uns thematisieren?« Bürgerliche Literaturmagazine wie »Figaro« und »Revue des deux mondes« heben es immer wieder als lächerliches Kuriosum hervor, daß die »Mädchen aus dem Volke« als Näherinnen und schreibende Frauen auftreten und dazu den Titel »Freie Frauen« für sich beanspruchen. Man spielt auf ihre soziale Herkunft an und sucht sie damit in den engen Rahmen ihrer »eigentlichen« Tätigkeiten zurückzuweisen. »Le Figaro«: »Empören sich doch wahrhaftig eine Handvoll Näherinnen gegen die Versklavung ihres Geschlechtes, indem sie sich zu freien Frauen erklären, eine Zeitung mit demselben Titel publizieren und sich abwechselnd der Feder und der Nadel bedienen. Sie attackieren wöchentlich die Gesellschaft, machen kunstvolles Flickwerk und rufen die Frauen zum Aufstand gegen das Joch der Männer. Um die Rebellion einzuleiten, haben sie ihre Familiennamen abgelegt, weil diese von Männern aufgezwungen seien.« Und: »Die weibliche Taktlosigkeit breitet sich wie ein Lauffeuer aus. Ein halbes Dutzend Aufständischer, die Finger vollgekleckst mit Tinte (!), haben sich in den Kopf gesetzt, andere Frauen zu sein, als wir sie wollen, verlangen ihre Rechte in beleidigender Weise und möchten uns verbieten, die Dinge wieder ins Lot zu bringen.« Suzanne Voilquin führt die Polemik und bedient sich auch hier anderer Waffen als der direkten Verteidigung; sie liest aus den Angriffen, die die Frauen lächerlich machen, die Angst der Verfasser: »Wir müssen ja sehr mächtig sein, daß wir euch einen derartigen Schreck einjagen; wahrhaftig, ich bin ganz stolz darauf!«

Sie haben sich also bereits ein wertvolles Recht angeeignet, das Recht auf »freien Blick« (»le droit de libre regard«). Dieser Blick kündigt einen Verzicht auf Rechtfertigung ihres Wollens an und setzt jene eigene Beurteilungsfähigkeit wieder in Kraft, mit der sie das Gemeinsame an den vielfachen Selbstentfremdungsprozessen aufdecken – Selbstentfremdung, die in jedem zwanghaft auf Männer gerichteten Blick sich zeigt (bei allem eigenen Tun und Denken) und selbst von beschützenden Anweisungen der Saint-Simonistischen Brüder bestätigt wird. Gegen den »Bann der brillanten Theorien, die diese Herren für uns aufgestellt haben«, protestiert denn auch die junge Saint-Simonistin Adrienne Baissac.

Die Darstellung, die die Saint-Simonistinnen von ihrer Einzwängung in allen Lebensbereichen geben, wechselt von Leidvollem bis hin zu hoffnungsfroher Begeisterung. Besonders in Aufrufen an Frauen aus bürgerlichem Milieu appellieren sie an die Fähigkeit zum Leiden, befürworten zunächst ihre traditionelle Umsetzung in Mitleid, Aufopferungsbereitschaft und machen sie dann zur Triebfeder des Agierens. Die Artikulierung des Leides und zwar als reflektiertes Leid, erschließt weiterhin die Perspektive, eine erste Identität zurückzugewinnen. Die Bloßlegung der Verstümmelungen weiblicher Existenz im 19. Jahrhundert wird bei den »Neuen Frauen« – neben Anklagen nach außen – zu einer Selbstentdeckung: eine von ihnen bewußt erlebte Transgression jenes vorgeschriebenen Frauendaseins dort, wo es zu »stiller Langeweile« degradiert ist. Sie beschreiben die Qualen der Mütter, der Geliebten, der Prostituierten, gehen aber auch über diese Form der Selbstbehauptung hinaus. Beispielsweise deutet die in der »Tribüne der Frauen« des öfteren geäußerte Ungeduld gegenüber jenen zahlreichen Romanen, die das Thema der unerreichbaren Liebe, der Verfolgung des Ehebruchs (der Frau) unter repressiven Moralgesetzen behandeln, auf präzisere Absichten der Redakteurinnen: Im Namen des Hoffnungsvollen und der triumphierenden Liebe weisen sie die melodramatische Glorifizierung »tragischer« Schmerzzustände zurück. In dieser Haltung liegt ihr eigenes Mittel zur kritischen Annäherung an jene Literatur, die alles Erstickende im »weiblichen Schicksal« skrupellos ausbeutet. Gleichwohl bleibt die Faszination, die sie als Romanleserinnen für die ausgesprochene Thematik empfinden, von ihrem Protest unberührt. Suzanne Voilquin polemisiert gegen die Behauptungen der Zeitschrift »Europe Littéraire«, denen zufolge einzig der Roman die Welt und das Ideal der Frau sei: »Wenn Sie unter Roman das Gefühl, die intime Historie der Empfindungen der Seele verstehen, ja, meine Herren, da stimme ich Ihnen zu, als solche wird er immer unsere Geschichte sein. Doch müssen denn alle seine Episoden traurig sein, müssen sie immer von grausamen Schmerzen (wie man sagt) handeln, müssen sie immer von Ehebruch und Eifersucht mit Verdorbenheit und Blut besudelt werden, muß schließlich jedes Kapitel – in der Gegenwart wie in der Zukunft – nur die Ausbeutung, die auf der Frau lastet, beweisen, *um Ihr Interesse zu erwecken*?«

In diesem Wunsch, zugedachte Opferrollen zu verlassen, werden Anzeichen der Subversion spürbar. An die Freiheit, die die »Neuen Frauen« entwerfen, lassen sich schwerlich Maßstäbe anlegen. Ihre schemenhaften Zukunftsversionen vermitteln sich als Versuch, Normen neu zu definieren, und entwickeln sich in die verschiedensten Richtungen. Die »Freien Frauen« greifen die Auseinandersetzung mit den Institutionen und Gesetzen auf, um immer wieder über das Bestehende hinausweisende Perspektiven einzubringen. Suzannes vielschichtige Moral dringt sogar in vorgegebene Frauentugenden ein und wertet sie schließlich mit neuen Interpretationen um. Ihrem Verhalten anläßlich der Scheidung von ihrem Ehemann, die sie in der Frauenzeitung bekanntgibt, liegt das Prinzip der Hingabe zugrunde – wobei sie die traditionell den Frauen zugemutete Fähigkeit, mildernd und ausgleichend zu wirken, mit der Absicht ummünzt, ihrer Entscheidung eine soziale Dimension zu geben. Charakteristisch für die Darstellung ihrer »vorgelebten Lehre«, ihres gelebten Ideals, »durch mein Beispiel die Frauen von der Prostitution in der Ehe zu befreien«, ist das starke Bedürfnis, die soziale Nützlichkeit ihres Tuns hervorzuheben. Gleichzeitig wird durch die Art der Veröffentlichung jegliche Funktionalisierung des Subjektiven verhindert. Und nicht zuletzt möchte sie »Frei denken, frei handeln und lieben – endlich leben!«

Die Saint-Simonistinnen vertreten auf eine ferne Zukunft gerichtete Ideale, ohne sich darauf festlegen zu lassen. Als vielfach ersehnte Mutter, Priesterin der Liebe, Erlöserin, Verkörperung und Vergeistigung der religiösen Liebe sowie Bewahrerin der weiblichen Werte, wirkt die Frau der Zukunft vermittelnd und besänftigend, inspirierend und großmütig, offenbart sie sich als dazu berufen und ausersehen, den Frieden und die Liebe in die Gesellschaft zu tragen. Die »Neuen Frauen« neigen sich hierbei bestimmten Seiten jener tradierten und eigentlich ihren Ausschluß aus der Gesellschaft fortsetzenden Idealisierungen der Frau zu, behaupten sie jedoch nun als zukünftige Realität unter dem Vorzeichen der eigenen Freiheit. Sie wollen »weibliche« Fähigkeiten auf allen Gebieten des sozialen Lebens durchsetzen. So proklamieren sie ihre Einflußnahme auf die ganze Gesellschaft, legitimieren dabei ihre Freiheitsansprüche und nehmen zugleich ihre Selbstverwirklichung vorweg. Von diesen hohen Wunschvorstellungen her gehen sie daran, das Thema der Liebe, der Doppelmoral aufzugreifen. Um die »Moral« in ihrer Tiefe zu ergründen, beginnen sie mit einer Warnung an die Öffentlichkeit: »Jeder Mann, der uns liest und der uns sieht, sollte sich hüten, über uns zu urteilen, wenn er nicht erkennt, welche hohen moralischen Gefühle uns handeln lassen...« Nachdem sie mit ihrem Schweigen gebrochen haben, treten sie mit ihrer Rede hervor. Dabei entzieht sich ihre Argumentation allen gängigen Erwartungen: Die Saint-Simonistinnen, als »würdige Gefährtinnen«, empfinden es als ihre Pflicht, gegenüber der »häßlichen Öffentlichkeit« diejenigen in Schutz zu nehmen, die »in die Abgründe des Lasters hineingerieten«. Sie bringen, um ihr Handeln abzusichern, ihre eigene »christliche Treue« ins Spiel, sehen jedoch davon ab, irgendeine hergebrachte Tugendhaftigkeit für »die Unglücklichen« zurückzuerobern, »die die Männer verführten und denen sie jede Rückkehr zum Glück und zur Achtung verstellten«, denn »bei diesen Frauen befürchteten solche Herren die Ausschweifung nicht im geringsten. Sie fürchten sie nur bei den Frauen, die sich aus ihrer Tyrannei und Ausbeutung befreien wollen.« Sie scheinen Komplizinnen der prostituierten Frauen zu werden, die »die Geheimnisse eines Frauenherzens« tragen. Das hierin sich abzeichnende Plädoyer für den Genuß, für ein Begehren, das in der Gesellschaft noch keinen adäquaten Ausdruck findet, steht dem Verzicht, der Selbstaufopferung entgegen. Die Ideal-Frau will als »Erlöserin« ihre erniedrigten Schwestern im Namen der großzügigen Liebe rehabilitieren; die »wirkliche« Frau schreckt gleichzeitig nicht davor zurück, den »Herren Puristen der Moral« durchaus harte Anklagen zuzurufen.

Die Umwandlung überlieferter Frauenbilder im Sinne eigener Emanzipationswünsche liegt auch darin, das soziale Wirken des Mutterseins als »natürliche Erzieherin des Menschengeschlechts« mit der von ihnen geforderten »Bewegungsfreiheit auf dieser Erde« zu verknüpfen. Die Vorstellung von einer »neuen Mutterschaft« begründet vorzugsweise das gewaltlose Eingreifen der Frau, ihre Ablehnung jeglicher Gewalt überhaupt, und beinhaltet den Rekurs auf ihre eigene »Kraft der Überzeugung«. Der Anspruch, umfassend sozial zu wirken, bedeutet aber auch eine Aufwertung zudiktierter weiblicher Tugenden wie die der Geduld und der Sanftmut. Die »natürliche Erzieherin« setzt die Familienaufgaben der Mutter fort. Sie vermittelt das doppelte Bild der Mutter und der Frau, deren

Einfluß nicht an den Familienbereich gebunden ist. In ihren Entwürfen entfalten die Saint-Simonistinnen diese geforderten sozialen Aufgaben außerhalb der ihnen zugewiesenen geschlossenen Räume.

Das Bedürfnis nach Bewegung läßt die »Mädchen des Volkes« auch im alltäglichen Leben nach Möglichkeiten suchen, aus einer erstickenden Existenz auszubrechen, wobei sie als ein Mittel die Bildung dafür entdecken und wahrnehmen wollen. Deshalb stellen sie Forderungen, die auf eine Aufnahme in das öffentliche Leben hinzielen. Das Auftreten von Saint-Simonistinnen, wie Suzanne Voilquin und Marie-Reine Guindorf in den Sitzungen der »Gesellschaft für Lehrmethoden«, ist von solch umfassenden Bestrebungen geprägt: Es geht um die untergründige Einengung des Frauendaseins. »Unsere wirklichen Leiden«, ruft eine Teilnehmerin, »wurden von der Pedanterie, den falschen Komplimenten überschattet und lautstark übertönt«, während andere Frauen den Rahmen der Diskussion mit gezielten Interventionen sprengen. Sie fördern aus der Tiefe des Vergessens noch ganz andere Formen der weiblichen Abwesenheit aus dem kulturellen Leben zutage. Die Vorstellungskraft der »Neuen Frauen« kehrt sich gegen die Festlegung von Geschlechterrollen und offenbart die damit einhergehenden Dualitätsprinzipien: »Und nun, Ihr Männer des neunzehnten Jahrhunderts, werdet Ihr immer noch sagen: Aber wo sind die Gesetze, die es den Frauen verbieten, die Augen zu öffnen und zu sehen? Gesetze! Das ist ja Spott! Wahrhaftig, will es nicht scheinen, als ob die Männer nach einem beliebigen Festmahl wie vom Wahn besessen ausgerufen hätten: Uns die Sonne! Euch Frauen ihr Trabant, auf das er euch erleuchte, wenn er kann! Uns die Welt und ihren Ruhm! Uns die Entdeckungen! Euch die Gesellschaft und ihre Bevölkerung! Euch die fabelhaften Merkmale des Ursprungs! Uns den belebenden Trank, der den Geist und die Phantasie befruchtet! Euch die leichten, süßen Düfte, die die Sinne aufreizen und die Körperkräfte verweichlichen.«

Die Saint-Simonistinnen streben auch danach, sich in der Öffentlichkeit Unterstützung zu verschaffen. Sie machen sich einflußreiche Künstler der Epoche zu Verbündeten und fordern sie auf, ihre Schöpferkraft zugunsten weiblicher Bestrebungen einzusetzen. In jenen Aufrufen werden vielfältige Sehnsüchte sichtbar: »Ihr Künstler, wenn Ihr die Frau liebt, wenn ihre Schönheit einen Hauch von Poesie in Euren Herzen zurückließ, so stellt sie dar, wie sie immer freier wird; zunächst noch Sklavin und unter das Joch gebeugt wie der Proletarier, waren ihr Körper, ihre Gedanken und Wünsche – ja, ihre ganze Existenz – in der Hand ihres Tyrannen zerbrochen, sodann, als sie ihm gegenübertreten konnte, wandelte sich nach und nach ihre Versklavung in eine Bevormundung, die sie jetzt brechen will! Denn Gott, die Gute (›Dieu, bonne‹), hat ihrer Seele die Liebe zur Freiheit eingegeben. Sie will frei sein, die Frau! Aber frei, um die Leiden der Menschheit, wie die heilige Taube mit dem Ölzweig, zu mildern. Frei! Um ein Band unter den Völkern wie den Individuen zu bilden. Sie will einen Piedestal im Tempel ... und wohin will sie sich bewegen?« Hier proklamieren sie unreduzierbare Freiheitsansprüche, erheben sich in großer Begeisterung auf die Stufe der traditionellsten allegorischen Darstellung des Weiblichen (die die Frau eigentlich als passive Verkörperung der Sanftmut und der Friedfertigkeit »lobt«). So behaupten sie Zukunftsvorstellungen, die den eigenen realen Handlungsmöglichkeiten entgegengestellt sind und ambivalent bleiben. Die Verwendung einer solchen Symbolik führt hier notwendig zum Abstrakten, zum Feld der Ferne, und untermauert gleichzeitig konkrete Hoffnungen für die Gegenwart. Diese Übernahme überlieferter Darstellungsmuster bedeutet in dem historischen und subjektiven Kontext der schreibenden Frauen nicht einfach eine Anpassung an tradierte Normen und Bilder, sondern weist auf weitere mögliche Probleme hin: Die differenzierte Artikulierung subjektiver Freiheitswünsche scheitert, weil die gesellschaftliche Realität keine Ausdrucksmittel zur Verfügung stellt, um neue, nie gedachte Bilder und Entwürfe der Frau zu entwickeln. In dieser Antizipation und in diesem Vagen, Abstrakten drückt sich jedoch das Bestehen auf dem Traum, auf dem Bereich der Idealvorstellungen aus.

In ihrer Bewegung streben die Saint-Simonistinnen nach »Beweglichkeit« im individuellen Alltagsleben; sie verwenden ihre Vorstellungskraft, um eine unmittelbare Realität zu bezeichnen: es sind Herausforderungen, Phantasmen, Prophezeiungen über die Beendigung der Ohnmacht der Frau in Erstarrung und lebloser Verfügbarkeit. Die Aufrufe der Redakteurinnen an die Frauen, diese Anpassung nicht länger zu erdulden, sind fordernd und ungeduldig. Sie selbst weigern sich, ihre wiederholt bekundeten Mitgefühle, ihr Betroffensein in statische, einseitige Handlungsformen umzusetzen: die »Freien Frauen« sind düsteren, negierenden Definitionen des Unterdrückt-Seins wenig zugeneigt, und von dieser Perspektive aus lehnen sie es ab, in ihren Gefährtinnen passive Opfer zu sehen. Ihre hohen »moralischen« Vorstellungen von Glück und »Harmonie« (den Ungerechtigkeiten des sozialen Chaos, der »Unordnung« entgegengesetzt) schaffen neue Freiräume für offene Argumentationsweisen, die die Unterwerfung und die Fügsamkeit leidenschaftlich verwünschen. Heftige, unaufhaltsame Appelle ergehen, die zum Ausbruch mitreißen wollen: Ausbrüche aus der Lethargie, der »Automatenrolle« und weiterhin aus einem Dasein der Schlafwandlerin, deren abseitige Revolte ungehört bleibt, sich in die dunklen Bereiche verlagert und damit die auferlegte Bewegungseinschränkung umgeht.

> Die Männer wollen nichts als eine Maschine in ihr sehen,
> von Gott dazu geschaffen, ihnen das Leben
> angenehm zu machen.
> Eine leblose Maschine im Bann uralter Sitten,
> Schlafwandlerin der Gesellschaft,
> schläft sie, während sie redet und handelt.

Dem Licht entspricht die Sanftheit, dem Feuer die Entfachung der Subversion: »Kommt, nähert euch, auf daß einige Zündfunken unseres Feuers auf eure eisigen Seelen überspringen und die verborgenen Kräfte in euch aufwecken!«
Das Erhoffte läßt sich nicht auf geschlossene Vorstellungsmuster reduzieren. Bei der Gestaltung des Neuen weisen die »Neuen Frauen« in ihrer Gegenwart, aber auch im Hinblick auf »die Gesellschaft der Zukunft« monolithische Denkformen zurück und vertrauen auf die Mannigfaltigkeit ihrer Überlegungen und Bedürfnisse.
Auf die Entmystifizierung wirklicher Abhängigkeitsverhältnisse folgt die Gestalt der lebendigen Frau, die den Boden der alten Gesellschaft erschüttert, in vollkommener Opposition zu ihrer Entmachtung.

Dominique Jallamion

Claire Démar

Appell einer Frau an das Volk über die Emanzipation der Frau

Ich wende mich hier an das Volk, hören Sie? Ja, an das Volk, das heißt an die *Frauen* und an die *Männer,* denn es ist ja so der Brauch, daß man vergißt die Frauen zu erwähnen, wenn vom Volk die Rede ist – vom Volk, das sie in seiner Kindheit pflegen und im Alter trösten sollen, nachdem sie als junge Mädchen der turbulenten und gefühlskalten, doch selten erhebenden Pubertät seiner Jugend als Spielzeug gedient haben.

Ihr Männer der hohen Wissenschaften, Männer von unermeßlicher Weitsicht, sagt, was ihr für die Frau getan habt; ja für sie, die ihr zwar noch immer liebt und mit eurer Lüsternheit verfolgt, ohne der Liebe die geringste Erhabenheit beizumessen! Kein einziges Wort habt ihr verlauten lassen! Doch halt, ich irre; ihr habt in eurem Code Civil, im Gesetz, niedergeschrieben:

»Die Frau schuldet ihrem Ehemann Gehorsam.«

Aber gilt denn unter euch als legal, wenn ihr einen Vertrag aufsetzt, daß eine Partei der anderen Klauseln diktiert, ohne daß letztere kein Recht hätte, die Bedingungen zur Diskussion zu stellen? Nein: das wäre absurd, und selbst ein russischer Leibeigener würde einem Franzosen ins Gesicht lachen, wollte dieser sein Land als frei bezeichnen, in dem solche Dinge möglich sind.

Dennoch, seht einmal, ob es für die Frauen anders ist:

Verheiratet man sie, wird dieser Artikel der Verfassung auf sie angewandt, doch waren sie bei seiner Abfassung etwa dabei? Ist der Code Civil in ihrem Sinn, entspricht er ihnen? Darum sorgt man sich wenig, aber die Frau wird gezwungen, ihm zu gehorchen.

Ihr werdet erwidern: Wie es das Gesetz vorsieht, stellt der Staatsbeamte jeder Frau, die er verheiratet, immer die folgende Frage:

» Willigen Sie ein, ja oder nein?«

Fürwahr, kann man glauben, wenn man eine solche Formel hört, daß es sich dabei um die geheiligte, wichtigste Verbindung im Leben zweier Individuen handelt? Denkt man nicht eher, einen Geldverleiher zu hören, der zu seinen Kunden sagt: »Hundert Prozent, mein Herr, so oder gar nicht!«

Erbarmen solchen Gesetzen! Erbarmen den Männern, die sich erdreisten, sie anzuwenden, und Erbarmen den Frauen, die sich nicht schämen, ihnen zu Willen zu sein!

Das soziale Individuum ist nicht allein der Mann und nicht allein die Frau: das vollkommene soziale Individuum ist der Mann und die Frau. Dennoch sind wir, die *Mütter,* die *Schwestern,* die *Ehefrauen,* immer noch die Sklavinnen der Männer. Nicht länger wollen wir ihre ergebenen Dienerinnen sein, denn wir fühlen sehr deutlich, daß wir frei geboren sind wie die Männer. Unsere Rechte, die uns die brutale Rechtsprechung, die Justiz des Schwertes, geraubt hat, wollen wir durch die Frauen-Gerechtigkeit wieder an uns nehmen, das heißt durch die Überzeugung und die Liebe. Dann wird die Liebe, die mittels unseres Einflusses nicht länger Schwäche oder Ausschweifung, sondern Würde für Mann und Frau bedeuten wird, im Mann und durch ihn, *Gelassenheit, Stärke* und *Schönheit* aufblühen lassen. Diese drei Aspekte bilden zusammen die neue Liebe, die die Welt erfassen wird. Denn die Liebe ist das Leben, das Leben Gott, und Gott ist die allseitige Liebe. Mit dieser neuen heiligen Dreifaltigkeit werden wir eines Tages unsere Fahnen schmücken, und sie werden nicht nur von den Pyrenäen bis zum Baltikum gelten, sondern auf der ganzen Welt, ohne sich von ihrem Ursprung zu entfernen.

Ihr Gesetzgeber, Staatsmänner und Deputierte, dachtet ihr vielleicht, wir würden euch über das Leben unserer Kinder verfügen lassen, ohne jemals das Wort zu ergreifen und Rechenschaft von euch zu verlangen? Glaubtet ihr womöglich, ihr hättet das Recht, uns im Namen eurer Kriegführung Väter, Brüder und Geliebte zu nehmen, und wir würden uns wie einst damit begnügen, zu weinen und euch Kokarden und Schärpen zu nähen? Nein, nein! Ihr habt euch getäuscht!

Es kann nicht Gottes Wille sein, daß die Männer sich ewig gegenseitig zerfleischen, wegen einiger Stücke Land oder irgendwelcher Verfassungen, und daß die Frauen nicht das Recht beanspruchen könnten, all dem ein Ende zu setzen. Und wir verlangen nicht nur Heilmittel, sondern Vorbeugung gegen die Wiederkehr solcher Übel. Wir wollen eine Gesetzgebung, die den Zustand von Feindschaft zwischen den beiden Hälften der Gesellschaft beendet und die Frauen nicht länger in dem Elend läßt, sich in ihrem Leiden zu quälen und zu zerstören.

Denn trotz eurer zur Schau getragenen Gelassenheit dem ge-

genüber, was ihr in eurer großartigen Herrschersprache *unser Weibergeschwätz* nennt, könnt ihr euch nicht darüber hinwegtäuschen, daß im Grunde nicht diese oder jene Bewegung eines unruhigen Volkes euch zutiefst ängstigt und beschäftigt, sondern eher die üble Verstimmung derjenigen, deren Herr und Gebieter ihr *dem Gesetz nach* seid. Ihr könnt die Macht der Frau nicht länger leugnen, denn ihr Einfluß läßt euch – sogar ohne euer Wissen – gut oder böse, mutig oder feige, ehrenhaft oder unmoralisch, großzügig oder knauserig, glücklich oder unglücklich werden. Sie hat Waffen, die zu ihrer Schwäche passen: Sie *ziert sich,* sie *irritiert, greift zur List, lügt* und zwar *schamlos,* denn die Lüge ist die dem Sklaven eigene Waffe – und sie ist um so giftiger, als sie mit Haß getränkt und im Dunkel geschärft wird.
Die Revolution in den Beziehungen der Geschlechter vollzieht sich nicht an den Straßenecken oder auf den öffentlichen Plätzen während drei schöner Sonnentage, sondern zu jeder Stunde, an jedem Ort: in den Theaterlogen, bei den Wintergesellschaften, während der Sommerspaziergänge, während der langen Nächte, die oft und öfter fade und kalt im Ehebett vergehen. Diese Revolution untergräbt unaufhörlich das große Gebäude unserer Gesellschaft, das zum Vorteil des Stärkeren errichtet wurde, und läßt es Stück für Stück abbröckeln wie ein Gebirge aus Sand, daß eines Tages der Schwächere auf geebnetem Boden in gleicher Höhe mit dem Stärkeren voranschreiten und unter denselben Bedingungen die Summe an Glück fordern kann, die jedes soziale Wesen mit Recht von der Gesellschaft verlangt.
Und Männer wie Frauen sollten sich beeilen, dem Leid und den Kämpfen endlich ein Ende zu setzen, zum Wohle aller.
Doch was brauchen wir dazu? Da ein Paar gezwungenermaßen aus Mann und Frau besteht, muß für den einen wie für den anderen auf die Unterdrückung die Freiheit folgen, auf den Argwohn die Offenheit, auf die Sklaverei die freie Liebe und auf die Dunkelheit das Licht; eure überholten Gesetze müssen gesichtet und immer wieder gesiebt werden, bis alle Spreu daraus verschwunden ist, und die neuen müssen gereinigt und gebleicht werden, immer unter der Mitwirkung der Frau, die *im Recht* in der Gesellschaft den Platz einnehmen will, den sie *im Tun* schon innehat.
Hinweg also mit euren Gesetzen und Verfassungen, in denen nur Brandmarkungen für alle Fehler zu finden sind, nicht aber die geringste Würdigung der Tugend! Hinweg mit euren Ver-

fassungen, laut deren die Menschen gleich sind vor dem Gesetz, während eine kleine Anzahl von Müßiggängern unter diesen Menschen alle Reichtümer und allen Wohlstand anhäuft, die andere aus dem Erdinnern herausholen oder durch geistige Anstrengung hervorbringen. Und diese anderen gehen an der Arbeit für den Reichen zugrunde, der flatterhaft seinem Nichtstun nachgeht. Und wenn eure Gesetze schon für die Männer ungerecht sind, wie sehr sind sie es dann erst für die Frauen! Für die Frauen, die ihr in Leibeigenschaft haltet, die ihr von jeder politischen Führung ausschließt und die ihr in den vier Wänden eures Hauses einsperrt, wie Paradepferde, die man für Festtage schmückt und aufputzt, die jedoch wegen ihrer Zerbrechlichkeit und geringen Fähigkeit für wichtige Arbeiten den Rest des Jahres in den Stall verbannt bleiben, die man pflegt und denen man Respekt verschafft, weil man gerne pflegt und respektiert, was einem gehört; für die Frauen, denen die Republikaner wie die Antiliberalen nicht ihren wirklichen Platz gegeben haben, denn sie predigen jeden Tag eine Menschenrechtserklärung, die sie allein aufgestellt haben, obwohl die Frau doch das Recht hat, einzugreifen. Denn das ist die Grundlage für die Bildung einer neuen Gesellschaft, die Freiheit für alle will; schließlich bestehen die Gesellschaften und die Paare unwiderruflich aus Männern und Frauen – wie ich schon sagte, nicht aus Männern oder Frauen allein.
Den wirklichen Feinden der tyrannischen Ausbeutung der Frauen durch die Männer habe ich folgendes zu sagen: Die wirklichen Republikaner sind jene, die die Unterdrückung eines jeden Mitgliedes der Gesellschaft ablehnen. Und so ist es notwendig, unentbehrlich und die höchste Pflicht, die Frauen an der Formulierung jedes Gesetzes zu beteiligen. Hier ist es ebenso von größter Bedeutung, ihre Schwäche nicht länger als ein Hindernis zu betrachten, sondern sie vielmehr als einen Beweis dafür anzusehen, daß jedes Gesetz, das *die Frau* betrifft, aber von Männern aufgestellt wird, immer zu streng sein oder zu Mißbrauch Anlaß geben wird. Schon aus dem Grunde, daß die Frauen am besten wissen, was sie wirklich brauchen.
Ich weiß schon, wie ihr dieses Recht, das ich für die Frauen verlange, behandeln werdet: als eine lächerliche, absurde Angelegenheit; so sehr ihr daran gewöhnt seid, die Frau als ein gänzlich schwaches, zur Unterwerfung und Sklaverei bestimmtes Wesen zu betrachten, so wenig könnt ihr euch mit dem unchristlichen Gedanken vertraut machen, daß eine Frau an der Diskussion eines Gesetzes, das ihr Verantwortung gibt,

beteiligt sein muß. Ihr könnt auf diesen Anspruch der Frau nicht ernsthaft eingehen, ohne ihn sofort als Anmaßung, ja sogar als Ungeheuerlichkeit abzutun.

Ohne euch große Trauergesänge hören zu lassen, muß ich euch vor Augen führen, wie sehr die Gesellschaft den größten Teil ihrer Übel diesem Privileg verdankt, das der Mann für sich beansprucht – nämlich allein die Gesetze zu billigen. Diese Übel basieren auf der Unwissenheit, in der Frauen gehalten werden, und verbreiten sich aufgrund dessen, daß ihr rücksichtslos eure überlegene Kraft und euer Wissen ausspielt. Ihr blendet und verführt die Frau mit diesem Spiel. Eure Kraft erschreckt und besticht sie, euer Wissen hält sie nieder und verdammt sie zu einer ungerechten und empörenden Unterordnung.

Um der Ehre und des Glückes der Menschheit willen, müssen wir unseren ganzen Einfluß geltend machen, um diese Zustände zu verbessern und aufzuheben. Überall existiert der *Ehebruch:* er geht Hand in Hand mit der *Prostitution.* Sagt mir, wo ihr sie nicht antrefft! Auf den Straßen, an den Straßenkreuzungen, in der Mansarde und im Salon, im Theater und in der Literatur, überall wimmelt es nur so davon! Überall zeigen sie sich, wie es in Dramen so üblich ist, das heißt: zuerst verlokkend, kokett, ihren Flitter und Tand zur Schau tragend, wie die Schauspieler in den ersten Szenen einer Tragödie, dann erregt inmitten der Intrigen und immer schamlos, wie Schauspieler am Höhepunkt der dramatischen Verwicklung, um schließlich zerlumpt und blutig den Ekel, das Verbrechen und die Gewissensbisse nach sich zu ziehen wie in der Peripetie des Dramas. Diese spektakulären Abbilder des Schauspiels lassen die Menge unberührt, denn im Leben wie im Theater ist man der dauernden Selbstmorde, Messerstiche, Gefängnisstrafen und Hinrichtungen überdrüssig.

Was tut ihr, damit die Frau dieser Schwäche und diesen Gelüsten entgehen kann, die ihr ihr vorwerft und als Verbrechen anlastet?

Wenn sie reich ist, kommt sie in ein Pensionat. Und was lernt sie dort, um sich auf das Leben vorzubereiten? Man möchte sie am liebsten auch noch über die Formen eines Mannes in Unkenntnis halten, und so bilden Tanz, Stickerei, das Zeichnen von Blumen und die Lektüre von Fabeln ihre ganze Erziehung. Geht sie etwa hinaus in die Welt, wenn sie von dort zurückkehrt? Kann sie etwa all die Verlogenheit in den Worten eines Mannes erkennen, die ganze Korruption seines Denkens, das er in mehr oder weniger geistreiche Metaphern kleidet, all die Fäulnis seines Körpers, die er mit einer Hülle aus dicken Stoffen und schwerem Tuch überdeckt? Mitnichten! Sie bleibt im Elternhause und dort wird sie damit beschäftigt, ihre Kleider zu nähen, Wäsche zu besticken und sie lernt mit Methode zu essen, mit Methode zu lächeln, und schließlich ist alles an ihr Methode, Gezwungenheit, Lüge und Verstellung.

Dann wird es Zeit zu heiraten. Sie empfindet also Liebe für jemanden? Mag sein, doch darum kümmert sich niemand. Sie ist im heiratsfähigen Alter und das genügt.

Mittels vieler Erkundigungen und Nachforschungen im Bekanntenkreise der Familie wird der Mann gefunden, den sie braucht; das heißt ein anständiger Mann aus empfehlenswerter Familie und mit ebenso ausgewiesener Gesittung und Lebensführung. Man hat einen Mann gefunden und führt ihn ihr zu. Ist er dumm oder geistvoll, gut oder boshaft, schön oder häßlich? Dies sind Einzelheiten, über die man kaum spricht. Ein Mann ist immer schön genug, das ist sprichwörtlich, und alle Welt sagt es – ausgenommen die Frauen, die verheiratet werden, nun ja... Hier wird also das junge Mädchen in die Arme eines Fremden getrieben, beinahe wie eine aufdringliche Last. Und so ist sie gezwungen – wenn schon nicht ihre Liebe, dann wenigstens ihre Zärtlichkeit – einer Person zu schenken, die sie nicht lieben kann, einem Manne, der sie zur Frau genommen hat, weil sie schön war oder weil er reich werden wollte. Und das ist, was ich zu Recht Prostitution nennen kann, Prostitution *vom Gesetz her.*

Wehe der Frau, die temperamentvoll und leidenschaftlich ist, daß sie in der bleiernen Atmosphäre der Ehe erstickt und sie schmachtend fast vergehen läßt! Wehe dieser naiven und kranken Frau, wenn ihr ein mehr oder weniger gefühlvoller Mann begegnet und eine vorgespielte oder wahre Leidenschaft für sie zu zeigen weiß, für sie, diese gläubige, vertrauensvolle Frau, die das Glück vermißt, für sie, diese Unglückliche, die einen Treueschwur leisten mußte, den sie erst verstand, als sie ihn nicht mehr verweigern konnte! Nehmen wir an, dieser Frau begegnet also ein Mann, dem eine gewisse Kühnheit im Ausdruck seiner Gefühle und ein Anflug von Geheimnis eigen sind – und schon ist der Ehebruch da: *vom Gesetz her!*

Bis hierher habe ich nur von den Töchtern der Wohlhabenden gesprochen. Doch was ist mit den Mädchen aus dem Volke? Ach, das Mädchen aus dem Volke! Nehmen wir an, sie ist acht oder zehn Jahre alt, geht sie in eine Schule? Ja, ab und zu in die

Schule der Barmherzigen Schwestern, wo sie Gebete und Kirchengesänge lernt, die sie nicht versteht. Wenn sie von dort kommt, wird sie dann in eine Lehre geschickt? Ja und nein, das heißt, sie kommt zu einer Näherin oder Putzmacherin – egal wohin. Dort macht sie die Einkäufe für ihre Meisterin und betreut deren Kinder. Später, wenn sie älter ist, wird sie Arbeiterin. Sie arbeitet von sieben Uhr morgens bis neun Uhr abends und verdient fünfzehn Sous am Tag. Ihr sagt dazu: »Eine Frau verdient immer genug für ihren Unterhalt, sie gibt ja so wenig aus!«, und damit habt ihr auch noch recht. Sie geht zu Festen, ihr bezahlt für sie, im Theater, beim Spaziergang; schließlich bezahlt ihr überall für sie und ihr habt recht, wenn ihr sagt: »Eine Frau verdient immer genug für ihren Unterhalt, *sie gibt ja so wenig aus*!« Könnte man nicht den Eintritt, der von euch beinahe immer für die Frau bezahlt wird, nicht auf eine Ebene mit dem Zoll setzen? Nein, nicht mit Geld bezahlen die Schafe den Torzoll, sie bezahlen den Zoll und den Metzger mit ihrer Freiheit, mit ihrem Leben! Überlegt und sagt mir, ob ich so sehr im Unrecht bin.

Von wem habe ich gesprochen? Ach, ihr habt es leider gehört: von den Töchtern der Reichen und der Armen. Ich habe euch das Wichtigste ihres Daseins gezeigt, und glaubt mir, das Sklavenleben und die Aufopferung sind der Frau genausowenig angemessen wie dem Manne! Gewiß kommt der Tag, da beide davon erlöst werden. Aber beeilen wir uns! Bahnen wir den Weg, machen wir ihn frei von seinen Dornen und allem Sumpf!

Freiheit für alle! Einigkeit im Wollen, Einigkeit in der Liebe, Einigkeit im Handeln! Die Einigkeit ist der Eckpfeiler eines jeden dauerhaften Gebäudes, und ich wiederhole: Beeilen wir uns!

Habt ihr denn niemals über diese unglücklichen Frauen nachgedacht, die das Elend oder die Freiheitsliebe in jedermanns Arme treibt? Diese vom Glück Verlassenen, die zuerst vom Glanze verlockt werden und ihre Zärtlichkeiten gegen einige kleine Kostbarkeiten eintauschen! Diese Unglücklichen, die auf dem glatten Pflaster der Prostitution einsam und ohne Unterstützung sehr schnell von Wechseln zu Napoléons herunterkommen, wenn sie ihre erste Jugendfrische verloren haben. Und immer weiter, von den Napoléons zu kleinen Talern, von kleinen Talern schließlich zu den grünspänigen Sous torkelnder Kofferträger.

Habt ihr denn niemals über das Schicksal der Unglücklichen

nachgedacht, die meist in dieser dreckigen Senkgrube in der Bourbe geboren werden, um in der Salpêtrière, diesem ekelhaft stinkenden Wasserloch, zu sterben, nachdem sie ihr Leben im Elend der Ausschweifung und der Gosse verbracht haben und sich noch glücklich schätzen können, wenn sie nicht von diesem tristen Pfade abkommen und ihre mit den schändlichen Flecken und Wunden der Amoral dieser Gesellschaft übersäten Körper zu den verstümmelten Kadavern des Friedhofs von Clamar dazulegen müssen.[1]

Gewiß habt ihr alle voller Mitleid tief geseufzt. Es wäre verächtlich von mir, daran zu zweifeln. Und so wiederhole ich: Beeilt euch! Beeilt euch!

Volk, deine Frau, deine Tochter ist den Verführungen des Besitzenden ausgeliefert, denn sie selbst besitzt nichts – und Gott erschuf sie als ein Wesen mit Wünschen!

Volk, du wirst erst wirklich frei sein und wirklich erhaben an dem Tag, an dem auch die Hälfte deines Lebens, deine Mütter, deine Frauen und deine Töchter von der Ausbeutung befreit sein werden, die auf ihnen lastet.

Volk, Gott hat den Mann als Stärkeren erschaffen! Aber doch nicht, damit er die Frau unterdrückt, die sein Geschöpf ist wie du!

Volk, Gott hat dir zwar die Kraft und die Energie gegeben, aber die Frau hat er mit Anmut und der Kraft, zu überzeugen, ausgestattet.

Volk, deine Kraft soll sie schützen und ihr gegen jede Ausbeutung zu Hilfe eilen.

Frauen, eure Anmut und eure Liebe soll dafür den Mann belohnen, ihn besänftigen und ihn ehren. Schon wird die Liebe in der Gesellschaft mehr und mehr anerkannt – nicht die Liebe des Sklaven für den Herrn oder die des Herrn für den Sklaven –, sondern die freie und würdevolle Liebe zwischen Gleichen.

Ich wiederhole noch einmal: Die Zeit ist reif, und die Frau muß endlich ihre Rechte haben, ihr Besitzrecht, ihr Recht zu wählen, und sie muß frei und spontan nicht nur in der Familie, sondern auch in den Regierungen der Städte und des ganzen Königreiches ihren Platz einnehmen. Ja, so muß es sein.

[1] In der Rue de la bourbe befanden sich zu dieser Zeit armselige Entbindungsheime, in denen ledige Mütter – die sich meist ihren Unterhalt durch Prostitution verdienten – ihre Kinder zurückließen. Sie wurden dort notdürftigst versorgt und haben später ebenfalls häufig ihr Leben als Prostituierte oder Bettler gefristet. Salpêtrière ist der Name des ältesten Gefängnisses für Prostituierte, das unter der Regierung Ludwigs XIV. eingerichtet wurde.

Es ist an der Frau, das heißt an den Frauen, das nebulöse Geschreibe zu zerpflücken, hinter dem euer parlamentarischer Zauber zum Vorschein kommt.
Es ist an den Frauen, diesen goldenen Faden zu durchtrennen, an dem eure politischen Marionetten hängen, denn:
»Die Revolution in den Beziehungen der Geschlechter vollzieht sich nicht an den Straßenecken oder auf öffentlichen Plätzen während drei schöner Sonnentage, sondern zu jeder Stunde, an jedem Ort: in den Theaterlogen, bei den Wintergesellschaften, während der Sommerspaziergänge und während der langen Nächte, die oft und öfter im Ehebett vergehen. Diese Revolution untergräbt und höhlt unaufhörlich das große Gebäude unserer Gesellschaft, das zum Vorteil des Stärkeren errichtet wurde, und läßt es Stück für Stück, wie ein Gebirge aus Sand abbröckeln, auf daß eines Tages auf besser geebnetem Boden der Schwächere mit dem Stärkeren auf gleicher Höhe voranschreiten und unter denselben Bedingungen die Summe an Glück fordern kann, die jedes soziale Wesen mit Recht von der Gesellschaft verlangen kann.«

MA LOI D'AVENIR,

PAR

CLAIRE DEMAR. — 1833.

OUVRAGE POSTHUME,

PUBLIÉ PAR SUZANNE.

PARIS,

AU BUREAU DE LA TRIBUNE DES FEMMES,
rue des Juifs, n° 21,
ET CHEZ TOUS LES MARCHANDS DE NOUVEAUTÉS.

1834

Suzanne Voilquin

Vorwort zur Ausgabe »Meine Moral der Zukunft« von Claire Démar, Paris 1833

Ich habe in dieser Schrift, die ich heute der Öffentlichkeit übergebe, eine Menge für die Frauen wichtige Wahrheiten erkannt, um die Verantwortung für diese so neue und in ihrem Wagemut so ungewöhnliche Rede auf mich zu nehmen.

Ja, gewiß hat diese Frau den *Schleier der Verschämtheit* mit *ihrer »Moral der Zukunft«* abgelegt. Wenn sie so offen die tausend heimlichen Ursachen für die Entzweiung der Eheleute nach der intimen Vereinigung benennt – Ursachen, die vorher keineswegs erkennbar sind –, dann ist *ihre Wahrheit ganz und gar nackt* und bloß; sie hat sie ihrer letzten Hülle beraubt.

Steht es aber deshalb den Frauen an, sie zu tadeln? Werden sie niemals verstehen, daß außerhalb der wirklichen Erfordernisse der *Natur* nur falsche Tugenden für uns existieren können und daß hinter dem Anschein dieser verlogenen Schamhaftigkeit unzählige Leiden verborgen sind, die zu Recht den Männern ausdrücklich vor Augen geführt werden sollen!

Diese Männer, die uns glücklich wähnen, weil wir zu schweigen wissen, zu *Listen* greifen und ihnen gegenüber ständig etwas *verheimlichen,* während wir in anderen Beziehungen Glück und Entschädigung suchen. Die Männer werden gezwungen sein, uns aufmerksam zuzuhören und uns alles aussprechen zu lassen, wenn sie müde sind, ein Spielzeug unserer Listen zu sein, und wenn sie verstehen, daß die menschliche Würde durch die Beziehungen zwischen den Geschlechtern bei ihnen ebenso verletzt ist wie bei uns Frauen, *daß sie Sklaven sind* wie wir, denn *wenn wir der Gewalt unterworfen sind,* so *unterliegen sie der Lüge und der List,* die sie ihr Leben lang umgarnen, daß die Ehe, diese in ihrer Absolutheit absurde Verbindung, die sie uns aufzwingen, ihre Spontaneität ebenso erdrückt wie die unsere und daß wir ebenso wie sie, wenn diese geheiligte Verbindung erst besteht, die Möglichkeit haben, ihr zu entkommen, indem wir genau wie sie zum System der Kompensationen greifen.

Man kann sich schaudernd fragen, wohin die Welt treibt, was sie aus diesen Scherben der Vergangenheit machen will, wenn sie sich so mit aller Kraft daran festklammert? Ist es nicht an der Zeit, auf diesem Weg haltzumachen? Ist es nicht an der Zeit,

daß man sich bewußt wird, wie sehr diese völlige Verdorbenheit in der Moral droht, *jegliche Beziehung, jegliches Gefühl* in den Menschen zunichte zu machen?
Und uns Frauen kommt die hohe Aufgabe zu, *die Welt der Moral* zu erneuern. Wagen wir also furchtlos zu *sagen* und zu *tun,* was wir für gut und richtig halten, um dieses Ziel zu erreichen.
Claire Démar, die Verfasserin dieser Broschüre, hat damit begonnen. Sie hat den Sumpf der alten Welt durchquert und ist angeekelt daraus hervorgetreten – noch jung, doch gebrochen von diesem Erleben. Ihr soziales Empfinden ist dabei vielfach verletzt worden, daher hat sie das Recht, aus eigener Erfahrung zu sprechen, Gehör für sich zu beanspruchen.
Bevor sie ihr Leben durch Selbstmord beendete, hat sie ihre Gedanken für die Zukunft in einer letzten Schrift dargelegt.
Dieser Schrei nach Freiheit ist der *stärkste* und *energischste,* der jemals von einer Frau in die Welt geschleudert wurde.
Falls heute die Öffentlichkeit nach der Lektüre dieses Textes es wagen sollte, Bewertungen wie »Liederlichkeit« darüber zu verbreiten, falls *mein Name* – von jetzt an *untrennbar* mit dem *Claires* verbunden – beschmutzt werden sollte, trotz der Lauterkeit meiner Absichten ... es stört mich nicht! Ich bin bereit. Ich widme mein ganzes *Leben* der *Gegenwart* und mein *Andenken* der *Zukunft.* Hat sich denn jemals ein Fortschritt auf der Welt vollzogen, ohne daß zunächst aus *Hingabe* für die neue Idee Opfer für das dann *entlarvte Vorurteil* gebracht worden wären?
Ehre und Glück liegen in der Hingabe, die ihresgleichen rehabilitiert.
Diese Schrift ist das Vermächtnis einer *Frau,* das sich an die *Frauen* wendet, und ich halte es für unsere Sache nützlich; deshalb soll es durch seine Veröffentlichung *allen Frauen* gehören.
Als die unglückliche *Claire* von uns ging, war sie erst etwa zwischen 32 und 34 Jahre alt, mit braunem Haar, klein, doch von angenehmer Gestalt, mit zierlichen Händen und hübschem Fuß. Ihre Gesichtszüge waren hart, aber angenehm in ihrer Regelmäßigkeit; der Ausdruck ihrer Augen und ihres ganzen Gesichtes war stolz, ja sogar ein wenig schroff. Wenn sie sprach, erregte sie sich schnell, ihre Sprache war jedoch ausdrucksstark und gewandt, dabei auch hart und schroff. Man spürte ihr feuriges Temperament, das kaum von Vorsicht, sondern von Leidenschaft getragen war. Daher hatte sie, die *so geschaffen*

war, mehr als alle anderen unter der *christlichen Moral* zu leiden; diese Moral, gegen die alle Welt täglich so gewaltig protestiert und die dennoch als Grundlage der eigenen Urteile dient.

Welche Inkonsequenz!!!

Erbarmen mit dieser Moral, die die *Unwissenheit* der *Jungfrau* hochpreist, und die *Frau* verdammt, wenn nicht zuvor ein absurder Vertrag die *Mutterschaft,* unsere schönste Auszeichnung, legalisiert hat. Es waren nicht so sehr die Ideen der Arbeitsorganisation, des Bankwesens, der Eisenbahnen, der großen Entwässerungsarbeiten und der Industrie, die *Claire Démar* am tiefsten beeindruckten. Die ganze politische Seite der neuen Theorien war für sie nicht Gegenstand einer ernsthaften Untersuchung; nein, alle Aktivität ihrer Person, ihr ganzes Interesse richtete sich auf die Veränderung der *Moral* und auf die Suche einer neuen Vorstellung von der Liebe, in der beide Geschlechter sich ohne Scham und Erniedrigung diesem so mächtigen und natürlichen Bedürfnis hingeben können.

Lange Zeit bat ich sie, für unsere Zeitung zu schreiben – und nicht zuletzt, um sie zu diesem Entschluß zu bewegen, ersetzte ich den Titel »*Apostolat...*« durch »*Tribüne der Frauen*«, der schon von der Formulierung her sehr viel offener war und ihr allen Raum gab, ihre Gedanken auszuführen. Bis zur 17. Nummer hatte sie sich immer wieder geweigert, mit der Begründung, der Ton dieser Zeitung sei zu gemäßigt, und unsere Mitredakteurinnen würden zurückschrecken vor dem, was sie zu sagen hätte. Als diese Nummer dann erschien, befand sich darin in einem Artikel von mir eine Passage, die durch ihre Form und ihre Zurückhaltung *Claire* in Wut versetzte.

Sie schrieb mir, sie werde darauf antworten, doch – wie sie in ihrem Vorwort bemerkt – wurde aus ihrer Antwort eine ganze Broschüre, und sie entschloß sich daher, sie gesondert zu veröffentlichen.

Oh, gewiß habe ich unserer kleinen Zeitung lediglich die Bedeutung von nur vorübergehendem Wert beigemessen. Sie diente sozusagen als Brücke zwischen zwei großen Ideen: Sie sollte der christlichen Welt ermöglichen, sich der Welt der Erneuerung anzunähern. Und so mußte ich meine Artikel nach den Fortschritten, die ich um mich herum bemerkte, gestalten. Man wird nach der Lektüre dieser Schrift verstehen, wie wenig unser langsames Vorgehen der leidenschaftlichen Seele *Claires* entsprechen konnte: Ihr Gedanke war auch, indem sie ihre

Broschüre an die Damen der *Tribüne* richtete, uns zu einer klaren Antwort zu zwingen. Und gewiß würde ich, was ich damals nicht tun konnte, heute besser tun. Heute, da mein Denken reifer geworden ist, heute, nach der Einstellung unserer Zeitschrift, fürchte ich nicht mehr die Namen meiner Mitstreiterinnen zu kompromittieren, heute kann ich sprechen und bin nur mir allein verantwortlich...

Claire antwortete mit ihrer »Moral der Zukunft« auf einen Artikel in der »Tribüne«, in dem ich über die Theorien des Chevalier J. de Laurence sprach und der Claire mit seiner Mäßigung in Wut brachte. Ich schrieb damals:

Es lebt noch ein Mann auf der Welt, der die christliche Religion auslegt, aber zum Vorteil für unser Geschlecht. Er heißt James de Laurence, Verfasser einer Broschüre mit dem Titel »Die Kinder Gottes oder die Religion Jesu...«

Der ungeheure Unterschied zwischen ihm und dem Vatikan liegt in der Freizügigkeit der Moral, welche er uns ohne Regeln noch Grenzen geben will, was uns – zusammen mit dem Mysterium, das er annimmt, und unter der Voraussetzung, daß wir unsere Handlungen nur einem ganz mystischen Gott anvertrauen – geradewegs zu einem vulgären und ekelhaften Durcheinander führen würde. Außerdem spricht dies nicht für die Assoziation und ist kein Beitrag zu der Erneuerung einer Gesellschaft, die an allen Enden zusammenbricht.

Gemäß Herrn de Laurence haben wir keine festgelegte soziale Bestimmung, doch zeitigte ihm zufolge diese vollkommene Freiheit in der Liebe große Ergebnisse. Nach ihm muß sich die Familie auf die Mutterschaft gründen. Um sein System zu rechtfertigen, sagt er, daß die Vaterschaft auf Annahme beruhe und allein die Mutterschaft eine Gewißheit sei. Da der Autor dieser Broschüre kein Befürworter Saint-Simons ist, sondern im Gegenteil eher feudal gesonnen scheint, und von daher weder die Anerkennung der Fähigkeit noch die Abschaffung des Erbrechtes fordert, läßt er, um konsequent zu sein, von den Müttern an die Töchter vererben.

Gewiß ist dieses System – obgleich unvollständig – für uns Frauen sehr vorteilhaft. Ich habe die Hoffnung, daß ein Teil davon, zusammen mit einer neuen und öffentlich anerkannten Moral, in die Religion der Zukunft eingehen wird, und daß das Prinzip der Mutterschaft die Gesetze des Staates grundlegend bestimmen wird. Die zukünftige Gesellschaft wird nicht auf dem Mysterium, sondern auf Vertrauen gründen, denn das

Mysterium würde die Ausbeutung unseres Geschlechtes noch fortsetzen. Öffentlichkeit und Vertrauen werden die Grundlage der neuen Moral bilden.[1]

Suzanne

Nein, gewiß, ich sprach nicht von der *heutigen, häßlichen Öffentlichkeit.* Sie ist *schändlich und erniedrigend* für die Frau, denn sie verlangt ständig Rechenschaft von ihr über alle ihre Handlungen, und *Claire* hat recht, wenn sie diese Öffentlichkeit so heftig und treffend attackiert.

Aber ich als eine Frau, die Freiheit und Unabhängigkeit will, ich empfinde die Notwendigkeit einer umfassenden Verbindung, um alle Charaktere zu vereinen. Deshalb sage ich, schaffen wir moralische Grundsätze, so offen wie möglich, aber schaffen wir sie, wenn wir die Anarchie vermeiden wollen, denn eine absolute Freiheit kann nicht funktionieren, bedenkt man, daß die hierarchische Ordnung die Einheit des Universums garantiert. Unsere Versuche müssen also darauf zielen, zum Glück der Gesellschaften die zwei Prinzipien *Freiheit* und *Autorität* zu verbinden, so wie durch Raum und Zeit die *Einheit* und die *Vielfalt* in Gott harmonisch vereint sind. Für mich ist die

[1] Die Auseinandersetzung Suzanne Voilquins mit dem leidenschaftlichen Plädoyer Claire Démars für eine »freie Liebe« mag zuerst verwirrend erscheinen. Das von Claire Démar befürwortete *Mysterium* bezeichnet das Verborgenbleiben von Liebesbeziehungen, während Suzanne Voilquins Eintreten für die *Öffentlichkeit* mit dem Wunsch nach verbindlicher Anerkennung einer »neuen Moral« durch die zukünftige Gesellschaft korrespondiert. Im Mittelpunkt jener Suche nach eigener Freiheit steht bei beiden Autorinnen der Ruf nach Wertschätzung der Liebe der Frau als selbständiger Beitrag zum sozialen Glück. Damit geht in ihren Schriften gleichzeitig eine entweder offensive oder mehr auf Schutz bedachte Verteidigung der sinnlichen Persönlichkeit, ihrer Bewahrung und Entfaltung einher.

Claire Démars Ausgangspunkt liegt in der Annahme der eigenen Stärke der Frau, wobei die umfassende *Beweglichkeit* in der Liebe als Bestimmung der eigenen Bedürfnisse (sowie die Reflexion darüber) durch die Individuen jeden selbst großzügigen Rahmen, jegliche Anerkennung auf gesellschaftlicher Ebene überflüssig werden lassen. Ihre Ablehnung einer Kontrollinstanz, d. h. einer *Öffentlichkeit,* geht also über ihre Angriffe auf die traditionellen repressiven Institutionen der damaligen Zeit hinaus.

Anders betrachtet Suzanne das *Mysterium* weitgehend unter dem Gesichtspunkt der damaligen Zeit, als Übertünchung der sexuellen Macht- und Besitzverhältnisse. Das von ihr postulierte Prinzip der *Öffentlichkeit* meint eine soziale Haltung, die die objektiven und subjektiven Hindernisse für die ersehnte Unabhängigkeit aufheben und die beanspruchte Entfaltung der »moralischen Freiheit« garantieren soll. Nun läßt dieses betonte Verlangen nach Absicherung ihr eher defensives Bemühen zutagetreten, der Verrohung des Gefühlslebens Einhalt zu gebieten. Wenn Suzanne Voilquin das *Mysterium* positiv umwertet, setzt sie es mit der »Schamhaftigkeit« der Frau gleich, was für sie als Schutz oder Abwehrhaltung eine Funktion erfüllt.

Moral die tiefgehende Kenntnis des menschlichen Seins und der Pflichten, die sie uns auferlegt. Wenn für die große menschliche Familie, verbunden im Leben wie im Sterben, wenn in dieser Zeitspanne ihre Gefühle, ihre Bedürfnisse und ihre Schmerzen, *ihre große Solidarität, unbestreitbar sind,* so ist ebenso unbestreitbar der *einzelne Mensch* am wichtigsten für den *einzelnen Menschen.* Die schönste Moral, die einzig wahre, muß also die Liebe zum einzelnen wie das Interesse für die ganze Menschheit sein. Das heißt: Achtung vor der Freiheit *aller,* keine Ausbeutung eines Geschlechts durch ein anderes, eines einzelnen durch einen anderen! Daß doch diese Gedanken zur allgemeinen, öffentlich anerkannten Moral werden, daß sie mit der Erziehung in alle Herzen gelangen und alle egoistischen Wünsche nach Unterwerfung der Freiheit eines anderen zum eigenen Vorteil daraus verjagen!

Dann wird die Gesellschaft ihre allgemeingültige Moral haben, die auf der *Liebe* für *alle* und auf *gegenseitigem Vertrauen* beruhen wird. Wenn diese Prinzipien anerkannt, und vor allem wenn danach gehandelt wird, gibt es keinen Grund mehr, das Mysterium abzulehnen oder zu glauben, es könnte die Ausbeutung fortführen, die heute unser Geschlecht verdummt. Erst wenn die neue Generation eine wahre und umfassende Erziehung erhält, die auf der exakten Kenntnis der Natur beruht, wird man, ohne Mißbrauch zu fürchten, sein intimes Leben mit Geheimnis umgeben können. Dann werden die *Erzieherinnen,* von *Gott* und ihren Gefühlen zu dieser sehr priesterlichen Aufgabe berufen, die jungen Mädchen lehren, *ihre Poesie zu bewahren,* wenn sie die Geheimnisse ihrer Seele preisgeben wollen, und ihnen einprägen, daß die *Sinnlichkeit* auch schamhaft sein muß, um *graziös* zu bleiben, und die Seele wie der Körper der kostbaren Zierde eines Schleiers bedarf. Sie werden ihnen sagen: Hütet euch davor, euren Gefühlen den Reiz zu nehmen, indem ihr sie verbreitet. Das *Mysterium,* ihr jungen Mädchen, ist die *Schamhaftigkeit.* Sie ist der größte Zauber der Frau, ist der kostbare Stoff, der ihr dazu dienen muß, den *Gürtel der Venus* und den *Schleier der Maria* zu erneuern.

Nein, gewiß, ich hatte nie die Absicht, einen einzigen Vorteil oder Vorzug der Frau, der ihr von Natur aus gegeben ist, ihre Macht zu behaupten, zu schwächen oder gar zu zerstören. Aber diese göttlich mysteriöse Macht wird sie nur in einer Gesellschaft ausüben können, in der ihre moralische Freiheit anerkannt, ihre materielle Unabhängigkeit gesichert sein wird. In einer solchen Gesellschaft wird die Frau dem Schwung ihrer sympathischen Natur folgen können, ohne Ausbeutung und Erniedrigung befürchten zu müssen. Dann wird sie den Einfluß ihrer Anmut, ihrer Schönheit und Liebe zum größten Wohl der ganzen Menschheit auf alle ausdehnen können, ohne auf Hindernisse zu stoßen, und ohne sich Grenzen zu ziehen.

Dann wird sie, wie *Claire* es angedeutet hat, »die Liebe mehrerer Männer erwidern, und allen, die nur bei ihr und durch sie Glück und Liebe zu finden glauben, Glück und Liebe schenken« können.

Wenn die christlichen Frauen vor dieser grenzenlosen Freiheit für die Leidenschaft zurückschrecken und mich fragen, was in der Gesellschaft, wie ich sie mir vorstelle, *gut* oder *schlecht sein wird,* nach welchem Maßstab ich die Moral einer Handlung erfassen kann, dann antworte ich: Der moralische Wert einer Handlung wird ganz und gar in ihren Auswirkungen liegen. Wenn die Liebe der Frau nicht selbstsüchtig ist, wenn sie das Individuum würdiger, gerechter und liebender macht, wenn sie den Schwächeren unterstützt, den Stärkeren begeistert, den Mut belohnt, mit einem Wort: Wenn diese Liebe religiös ist und die Menschen bereichert, *erkläre ich sie für göttlich*!

Will man über eine Moral für die Zukunft sprechen, so muß man sich über die kleinen, egoistischen Leidenschaften, die die Gegenwart bewegen, erheben können und der Stimme des lebendigen *Gottes* aufmerksames Gehör schenken. Hat diese Stimme nicht bei jeder gesellschaftlichen Erneuerung *»Erbarmen«* geschrien? Erbarmen diesen Männern, die mit ein paar in den Sand geschriebenen Gesetzen behaupten: Dies ist die *ganze Wahrheit*!

Wie erbärmlich sind doch diese Moralgesetze, die die Männer allein aufgestellt haben, die uns ersticken und das Bild *Gottes* in uns verdunkeln! *Frau!* So eile zur göttlichen Quelle aller Moral und schöpfe daraus eine neue, die dein liebendes Herz nicht länger qualvoll bedrücken wird! Berufe dich auf deine Fähigkeit, *Mutter* zu sein, verlange deine Gleichstellung von den Männern und das Recht, dich frei zu bewegen auf dieser Erde!

Ja, die *Mutterschaft!* Sie ist unsere schönste Eigenschaft, sie umfaßt alle anderen Gefühle, ohne ein einziges auszuschließen: Mutter, das ist die Frau in ihrer größten Entfaltung. In der Religion der Zukunft werden wir den Gläubigen nicht mehr die jungfräuliche Madonna als das Ideal des Weiblichen darbieten, sondern die Mutter, die keinen mehr als Waise auf dieser Erde aufwachsen lassen und nicht länger erlauben wird, daß nur ein einziges ihrer Kinder enterbt würde. So wird die *Frau* in der Schönheit ihrer vielfältigen Gefühle sein.

Oh, ihr eifrigen und begeisterten Männer, die ihr in allen Religionen und Parteien eine Verbesserung für das Volk anstrebt, wollt ihr nicht endlich die blutigen Kämpfe beenden? Wollt ihr nicht die armen Klassen aus der Misere, die sie niederdrückt, nach und nach befreien?

Beseitigt das Übel an seiner Wurzel, ändert das Eigentumsrecht, so daß alle Mütter *besitzen,* und verlaßt euch auf sie, die die Kinder und die Alten pflegen.

Euch Männern die *Produktion,* die großen Entwässerungsarbeiten, die Eroberung der Erde, der materiellen Welt!

Uns die *Bevölkerung,* uns die Erneuerung der Menschheit, uns die Bildung des Herzens, der menschlichen Gefühle, uns schließlich die Moralerziehung der Menschen: durch die *Mütter,* die *Schwestern,* die *Liebenden,* die *Ehefrauen,* die *Freundinnen,* die *Töchter.*

Es ist an der *Frau* in ihrer *Vielfalt,* der Menschheit *Liebe* und *Glück zu bringen.*

Suzanne

Claire Démar

Meine Moral der Zukunft

Paris 1833
Posthum herausgegeben von Suzanne

Vorwort

Vielleicht werden sich einige über diese Broschüre wundern und wissen wollen, wer die Damen sind, die ich so oft anspreche. Ihnen schulde ich eine Erklärung. Hier ist sie:
Seit einigen Monaten wurde eine große Zahl bedeutsamer Fragen, darunter besonders die Frage der Freiheit der Frau, in einer Broschüre zur Sprache gebracht. Diese Broschüre erschien zunächst als halber, dann als ganzer Druckbogen in unregelmäßiger Folge und unter verschiedenen Titeln:
»Die freie Frau«, »Apostolat der Frauen«, »Befreiung der Frauen«, »Die neue Frau«, »Tribüne der Frauen«. Nunmehr ist die siebzehnte Nummer erschienen, die eine Reihe von Artikeln enthält, unterzeichnet mit den Namen Jeanne-Désirée, Jeanne-Victoire, Marie-Reine, Suzanne, Joséphine-Félicité, Christine-Sophie, Françoise, Rosalie, Juliette B., Isabelle, Pauline P., Emélie F., Angélique, Sophie-Caroline u. a.
Die »Tribüne der Frauen«, mit Mmes. Suzanne und Angélique als Herausgeberinnen, verfolgt weiterhin ihren friedlichen und ruhigen Weg in den neuen Bahnen des Apostolats.
Die fünfzehnte Nummer der »Tribüne der Frauen« begann mit einem Artikel unter der Überschrift: »Betrachtungen über die religiösen Ideen dieses Jahrhunderts.«
Ich wollte mit einigen Zeilen darauf antworten, doch da mich die Vielfalt der von mir angesprochenen Fragen weitertrieb, habe ich statt eines Briefes eine ganze Broschüre verfaßt und damit die Grenzen eines gewöhnlichen Artikels dieser Zeitschrift weit überschritten. Da ich überzeugt bin, daß ihre Veröffentlichung von einigem Nutzen sein kann, entschließe ich mich, sie unter Beibehaltung ihrer ursprünglichen Form außerhalb der Zeitung, für die sie eigentlich bestimmt war, deren Volumen jedoch für ihren vollständigen Abdruck nicht ausgereicht hätte, zu veröffentlichen.

Claire Démar

Meine Moral der Zukunft

Sie haben die Kanzel des Apostolats leer zurückgelassen zugunsten der Tribüne der Diskussion.[1] Da Ihre Rede und Ihre Glaubensgrundsätze nicht mehr nur die Bedürfnisse und die Leiden der Frau benennen und Sie ihr nicht mehr nur mit Autorität die Grenzen einer bestimmten zukünftigen Moral setzen, sondern da Sie jede Frau aufrufen, jedes Bedürfnis, jedes Leid zu enthüllen und selbst ihre Moral für die Zukunft zu formulieren, so haben Sie mit Klugheit gehandelt.

Heute wird jedes Wort einer Frau, heute muß es zur *Emanzipation der Frau* laut werden. Denn jede Frauenstimme, ob energisch, machtvoll und mit langem Nachhall, oder bebend, unentschlossen und undeutlich, freundlich oder feindlich, ob unklar und gebrochen wie tausend wirre Geräusche und todverheißendes Klirren, das widerhallt vom Zusammenbruch der Gesellschaften, von den stürzenden Trümmern der Zivilisationen, oder mild und harmonisch wie die Hymnen der Feste in der Zukunft: Jede Frauenstimme wird gehört werden und wird Echo finden.

So haben Sie die einzig angemessene und mögliche Haltung eingenommen: Sie appellieren, aber Sie richten nicht mehr. Sie haben darauf zu achten, daß jede alles sagt oder zumindest sagen kann, was sie fühlt, was sie liebt und was sie will.

Und ich, eine Frau, antworte Ihrem Appell. Und ich, eine Frau, werde sprechen, da ich mein Denken nicht gefangen und still im Grunde meines Herzens zu halten weiß, da ich seine männlichen, rüden und kühnen Formen nicht verschleiern kann und mich nicht darauf verstehe, die *Wahrheit* in ein zartes Gewand zu kleiden, sowenig wie ich ein ehrliches, freies und gewagtes Wort, ein Wort, das nackt, wahr, hart und treffend ist, an der Schwelle meiner Lippen zurückhalten kann, ohne es durch die Konventionen der alten Welt zu filtern oder durch das mystische Sieb christlicher Prüderie zu verfeinern.

Ich werde sprechen. Ich, die bereits allein, ohne Unterstützung, ohne Ermutigung und ohne den Beifall einer anderen Frau an das Volk appelliert habe – egal, was aus meinem Appell geworden sein mag. Ich sage: allein und ohne die Hilfe anderer Frauen, denn es ist nicht unwichtig, festzustellen, wie wenig uns miteinander verbindet.

[1] Anspielung auf die Änderung des Titels der Frauenzeitung von »Apostolat der Frauen« in »Tribüne der Frauen«.

Ja, allein, denn selbst die Frauen, die sich als Neue Frauen bezeichnen und die beanspruchen, ein Apostolat zu erfüllen, sind davor zurückgeschreckt, eine Broschüre wahrzunehmen, die – wenn nicht mit Talent, so doch zumindest gewissenhaft und mit Übung geschrieben – daran ging, zu ihren Gunsten den ganzen verwesten Moder der alten Institutionen und eines ohnmächtigen Moralkodex aufzurühren. Nein, nicht eine dieser starken Frauen war stark genug, eine Äußerung dazu zu wagen, und dies, obwohl ihnen Autor und Schrift gleichermaßen bekannt waren. Nicht, daß ich mich darüber beklagen will oder deshalb irritiert bin, aber die Tatsachen sind so, meine Damen, gewiß, weil sie so sein mußten. Ich akzeptiere sie, wie die Vorsehung oder Ihr Wille sie mir bereitet haben. Doch sind es persönliche Tatsachen, die mich angehen. Ich nehme sie wahr und teile sie mit. Ich analysiere sie, denn vielleicht wird es auch gut sein oder sich als gut erweisen, diese Tatsachen festzuhalten, zu analysieren und mitzuteilen. Sie haben übrigens einen direkten Bezug, eine innere Beziehung zu meinem Fühlen und Denken, welches ich Ihnen darlegen werde, und führen mich natürlich zwangsläufig darauf zurück.

Ja, meine Damen, wie Sie warte ich, wie Sie rufe ich mit all meinem Wollen die heilige Stunde herbei, welche die Beziehungen von Mann und Frau auf der Grundlage einer neuen Moral herstellen wird und die – bei gleichzeitigem sympathischen Zusammenwirken von Mann und Frau – beide mit einem Band reiner und religiöser Liebe umgeben wird. Ewig größte und fruchtbarste unter allen großen Stunden der Menschheit, die eine neue Ära des sozialen Lebens für die große Familie der Menschen eröffnen wird!

Glorreiche Stunde, in der alle Völker der Erde – um dasselbe Banner der Assoziation vereint und bereit, den großartigen Wegen einer Zukunft der der Eintracht und Harmonie zu folgen – zum ersten Mal sehen werden, wie Mann und Frau, den Gesetzen einer göttlichen Anziehung folgend, sich Körper an Körper vereinigen und zusammen endlich das soziale Individuum verwirklichen werden, wie es bis zu dieser Stunde noch nie möglich war.

Dann endlich wird die schwere Kette der Sklaverei fallen, die für so lange Zeit alle Nationen der Welt mit einem Netz aus Leid überzog und die in die Hände einiger privilegierter Müßiggänger die Mühsal, die Freiheit, ja, sogar Blut und Leben mehrerer Millionen ihrer Mitmenschen legte, Mitmenschen, die – stark, arbeitsam, aktiv, vertrauensvoll und edel – nur stöhnten angesichts der Hinterlist und moralischen Schwäche einer brudermordenden Knute.

Ja, *die Befreiung der Proletarier, der ärmsten und zahlreichsten Klasse,* ist nur möglich – davon bin ich überzeugt – mit *der Befreiung unseres Geschlechtes,* mit der Assoziation von *Kraft* und *Schönheit, Härte* und *Lieblichkeit des Mannes und der Frau.*

Und so ist es an den Frauen, den Schrei nach Befreiung widerhallen zu lassen und den beleidigenden Schutz dessen zurückzuweisen, der sich ihr Herr nannte, jedoch nur ihresgleichen war!

Erhebe sie sich doch, diejenige unter den Frauen, die mit Eichenlaub und Ölzweig in Händen den Vertrag der Rehabilitierung, des Bündnisses und der Gleichheit unterzeichnen wird!

Auch ich rufe sie herbei: Ich werde ihr mit Begeisterung zujubeln und werde mitgerissen sein. Auch ich lasse meine Blicke an diesem unermeßlichen Horizont wandern und frage die Nationen des Nordens und des Südens, des Orients und des Okzidents: Wo ist sie nur? Wann endlich wird sie kommen? . . . Und keine Stimme, die diesen Schreien einer leidenden Seele antwortet oder antworten könnte.

Denn noch ist die Stunde nicht gekommen, die Welt noch nicht bereit, lange noch werden wir uns in der verpesteten Atmosphäre der christlichen Moral abmühen, die uns erstickt, und lange noch werden unser Wollen, unsere Worte und Taten in der Finsternis dieser Nacht, dieses Chaos im Denken, immer wieder hier und dort anstoßen, bis endlich ein unsicher schimmernder Lichtschein uns die Morgenröte der Erneuerung, der endgültigen Erlösung und diese Sonne ankündigt, die nach so vielen Jahrhunderten sehen wird, wie die Frau den Kopf der Schlange für immer zertritt.

Aber nur noch wenige unter uns werden ihre vom Alter geschwächten Lider den Strahlen dieser blendenden Morgenröte öffnen, wenige unter uns werden in die jubelnden Hymnen, den unaufhaltsamen Beifall einstimmen, die von allen Seiten das Kommen der Messias-Frau mit milden Klängen begrüßen werden! Glücklicher diejenigen, die nach uns kommen und sich dann zahlreich und friedlich zu ihrer Begleitung versammeln werden!

Für uns, die wir in diese unglücklichen Zeiten der Zerstörung, des Kampfes und der Anarchie hineingeschleudert sind, wird die Aufgabe ganz Aktion, ganz Bewegung – aber nicht weniger schön, weniger edel oder weniger der frommen, dankbaren Gesänge der Zukunft würdig – sein, wenn wir sie nur wahrzunehmen wissen und uns ihr gewachsen zeigen! Gewiß wird es einige Ehre für uns bedeuten, daß wir als erste über unsere Individualität hinausgegangen sind und einen Ruf nach Befreiung haben ertönen lassen, daß wir ohne zurückzublicken auf eine bessere Ordnung der Dinge zugehen, die wir vorausahnen – und dies inmitten der Beschimpfungen, Beleidigungen und Verleumdungen, inmitten der verletzendsten Abscheu, die uns ununterbrochen selbst von denjenigen entgegengebracht wird, für deren Glück wir eintreten.

Ich weiß, meine Damen, daß Sie – vertrauensvoller als ich – das Ende des Elends, der Leiden unseres Geschlechtes und der Menschheit nicht so weit in zukünftige Zeiten verschieben. Schon glaube ich sogar zu hören, wie Sie sich laut beklagen und sagen, daß die Wege der Vorsehung großzügig seien, geheimnisvoll und mysteriös, daß sie jenseits unserer schwachen, sterblichen Intelligenz lägen und wir uns gläubig auf sie verlassen sollten, ja, wie unreligiös es sei, an ihr zu zweifeln.

Nein, ich zweifle nicht. Ich habe nie an der Vorsehung und an ihrer Auswirkung gezweifelt, doch zweifle ich an uns armen Frauen, die wir uns stark glauben, aber – schwach, zurückhaltend und christlich gesinnt – dem Aufruf der *Erlöserin* gegenüber vielleicht stumm und verschlossen bleiben würden und ihre Gedanken heute womöglich ablehnten, weil ihre Handlungen uns erschrecken könnten.

Nein, ich zweifle nicht an der Vorsehung, doch glaube ich, daß sie – beständig und des unaufhörlichen Fortschreitens der Menschheit gewiß – warten wird, bis die Zeit und der Fortschritt in den Herzen der Frauen neue Ideen und Kräfte für ihre neue soziale Stellung heranreifen lassen, ohne dabei von ihrem ewigen Vorhaben abzuweichen; und dies wird sogar zu Ihrem Vorteil sein. Ärgern Sie sich nicht. Ich sagte schon, meine Rede ist offen, schroff und irritierend, sie ist aber immer aufrichtig.

Ich komme zum Beweis:

So unwissend, wie wir in bezug auf die Bedürfnisse und Wünsche jeder Natur, jedes einzelnen sind, kommt uns als Aufgabe nur zu, die Wünsche und Bedürfnisse unserer Persönlichkeit kundzutun, ohne die stärkeren und die schwächeren Charaktere, die mehr oder weniger einer Bewegung von veränderlicher Intensität zugetan sind, unter ein und derselben Bestimmung, unter ein und demselben gleichbleibenden Gesetz von Bewegung und Leben zusammenfassen zu wollen. Verkünden wir laut, wenn wir unseren Charakter und unser Wollen formulieren, daß jeder Charakter, jedes Wollen heilig ist und gut und daß sie Erfüllung verlangen!

Von diesen Argumenten ausgehend sage ich, daß wir mit Achtung und Selbstbesinnung ohne Vorurteil oder Mißbilligung jedes Wort zur Emanzipation anhören sollen, so fremd, so ungeheuerlich – ich würde sogar sagen – so empörend und aufrührerisch es auch sein mag. Ich gehe noch weiter: Ich behaupte, daß das Wort der *Erlöserin ein höchst revolutionäres Wort sein wird,* denn es wird das Großzügigste sein und deshalb jeden Charakter und jedes Wollen am weitgehendsten befriedigen.

Wenn es also an dem ist, und ich berufe mich mit meiner Meinung auf einen geachteten Namen, den Sie oft erwähnen, auf den Obersten Vater der Saint-Simonisten, Père Enfantin, der es ablehnte, der Frau mit seinem Appell Grenzen zu setzen, über die hinaus ihre Rede schlecht und unmoralisch würde und ihre Stimme nicht mehr gehört werden dürfe. Wenn es also so ist, wie ich sage, hatte ich dann nicht recht, zu Beginn vorwegzunehmen, daß auch die Frauen der »Tribüne« nicht das Wort der Erlöserin verkünden?

Ich muß gestehen, ich war schmerzlich betroffen, als beim Durchlesen einer ihrer letzten Nummern mein Blick auf einen übrigens bemerkenswerten Artikel fiel. Er hat uns gezeigt, daß ihr Stil allen Anforderungen des Denkens mit wundersamer Geschicklichkeit gerecht zu werden vermag und so gewandt die strengen Formen der Diskussion und des Philosophierens annehmen kann, daß man diese Seiten eher einem geübten Theoretiker zuschreiben würde als einer sensiblen, erregbaren Frau. Ja, ich war schmerzlich berührt, denn Sie haben einem Gedanken der Befreiung ihre Mißbilligung ausgesprochen, und indem Sie ihn als schlecht deklariert haben, handelten Sie mit unüberlegter Leichtfertigkeit.

Als eine Frau, die sich um diese überlebten Theorien der alten Welt besorgt zeigt, haben Sie Schranken und Grenzen errichtet, wo weder Schranken noch Grenzen möglich sind.

Ich zitiere hier wörtlich, was Sie geschrieben haben: »Der große Unterschied zwischen ihm (Herrn James de Laurence) und dem Vatikan besteht in der moralischen Freizügigkeit, die er uns ohne Regeln und Grenzen geben will, was uns mit dem Geheimnis, das er annimmt, und mit der Verantwortlichkeit für unsere Handlungen allein gegenüber einem ganz mystischen Gott geradewegs zu einem ordinären und ekelhaften Durcheinander führen würde; und so etwas spricht übrigens eher gegen die Assoziation und ist kein Beitrag zur Neubildung einer Gesellschaft, die an allen Ecken zusammenbricht.«

Etwas weiter: »Die Gesellschaft der Zukunft wird sich nicht auf das *Mysterium* stützen, sondern auf das *Vertrauen,* denn das *Mysterium* würde die Ausbeutung unseres Geschlechtes fortbestehen lassen. Öffentlichkeit und Vertrauen müssen die Grundlagen der neuen Moral bilden.«

Gewiß, meine Damen, wenn ich wie Sie Vertrauen und Öffentlichkeit verwechseln würde, wenn ich wie Sie behaupten würde, daß das Mysterium die Ausbeutung unseres Geschlechtes fortbestehen ließe, dann müßte ich die Zeiten und die Umstände, in denen wir leben, mit meinen Lobpreisungen segnen, müßte mich verneigen vor dem Gesetz, das uns beherrscht; denn niemals war die Vereinigung der Geschlechter so publik wie heute, niemals hat die Liebe (wenn dieses Wort in unserer Zeit noch einen Wert, eine andere als nur materielle, zynische Bedeutung haben soll) weniger hinter den Schleier des Geheimnisses fliehen können als heute.

Hören Sie hin: Die Kanzel der christlichen Kirche hallt wider von der Bekanntgabe von Hochzeiten! Schauen Sie: Die Mauern der Kirchen und Rathäuser sind voll davon, und selbst die Zeitungen füllen ihre überflüssigen Spalten damit!

Diese Wagenschlange vor einem unserer Tempel, vor der Tür eines unserer Rathäuser der 12. Arrondissements: Sie ist da, um irgendeine lärmende Hochzeitsgesellschaft zum Festessen zu bringen. Vor den Bürgermeister und den Priester, vor die Augen der materiellen und religiösen Welt haben ein Mann und eine Frau einen ganzen Zug von Zeugen jedes Alters und jeden Geschlechtes hinter sich hergeschleppt; und der Priester in seiner goldglänzenden Stola, der Bürgermeister mit der Trikolorenschärpe haben im Namen Gottes und des Gesetzes eine unlösbare Verbindung gesegnet und legalisiert. So steht es um die sogenannte legale Vereinigung der Geschlechter, die allein einer Frau erlaubt, ohne zu erröten, auszusprechen: »*An jenem Tag, zu jener Stunde, werde ich einen Mann in meinem Bett empfangen!!!*«

Die Vereinigung, geschlossen vor diesem ganzen Haufen, zieht sich *langsam* hin und geht über in eine Orgie mit Wein und Tanz bis hin zum Ehebett, das zum Bett der Ausschweifung und Prostitution wird, und erlaubt der trunkenen Phantasie der Gäste, allen Einzelheiten, *allen Ereignissen* dieses lüsternen

Dramas, das unter der Bezeichnung »Hochzeitstag« gespielt wird, zu folgen und in sie einzudringen!
Wenn dieser Brauch oder das Gesetz, das die aufgeregte, furchtsame Jungvermählte den frechen Blicken einer ganzen Versammlung aussetzt, das sie den zügellosen Lüsternheiten und empörenden Verspottungen von erhitzten, durch das hemmungslose Festtreiben erregten Männern preisgibt – wenn, so sage ich, dieser Brauch, dieses Gesetz Ihnen nicht als eine *abscheuliche Ausbeutung* erscheint, wenn Sie bei solchen Gedanken niemals vor Ekel und Entrüstung erschauert sind, dann verstehe ich nichts mehr, und der Begriff von Würde der Frau, von Befreiung und Emanzipation der Frau hat dann für mich keinen Sinn, keine Bedeutung mehr in meinem Denken!!!
Und dennoch sind dies nur einige wenige der Resultate dieses Gesetzes der Öffentlichkeit, die Sie als Garantie, als Basis der neuen Moral fordern!
Es ist auch die Öffentlichkeit, die in einem Winkel der Rue de Jérusalem mit ihrer infamen Feder soviele verirrte, verlebte junge Mädchen im roten Heft der Polizei registriert und brandmarkt. Es ist die Öffentlichkeit, die diese brutalen Vereinigungen von einer Stunde hervorbringt, denen die unglückliche Prostituierte sich zuerst an einem Grenzstein an der Straßenekke hingibt, und die sie schließlich mit großer Hast in ihrer Bleibe auf dem Altar der Ausschweifung zu Ende bringt, um gleich danach von neuem anzufangen!!!
Es ist auch noch die Öffentlichkeit, wenn solche skandalösen rechtlichen Streitfälle, die in unseren Gerichtshöfen und Tribunalen selbst vor den Richtern die Worte »Ehebruch, Impotenz und Vergewaltigung« erschallen lassen, abscheuliche Untersuchungen und empörende Festnahmen bewirken ...
Aber lassen wir diese ermüdende Aufzählung, diese greulichen Bilder beiseite, die uns mit Ekel erfüllen, und sehen wir, ob das Geheimnis die Ausbeutung unseres Geschlechtes noch fortbestehen lassen könnte, wie Sie behaupten.
Also bitte! Bloß weil eine Frau nicht die Öffentlichkeit ins Vertrauen über ihre geheimsten Empfindungen ziehen würde, bloß weil keine anderen als ihre eigenen Blicke unter den Männern, die sie mit Aufmerksamkeit und Verehrung umgeben und ihr ihre Liebe schenken, denjenigen erkennen könnten, den sie bevorzugt, bloß weil ihre Nachbarin keine gemeinen Klatschgeschichten mit den Einzelheiten ihres intimen Lebens auflockern könnte, bloß weil ihre Liebesnächte nicht hellerleuchtet und allseits sichtbar wären, weil sie nicht Türen

und Fenster aufreißen würde, wenn sie sich einem Mann hingeben und ihre Küsse und Zärtlichkeiten an ihn verschwenden wollte, all dies hätte zum Resultat, daß sie Spielzeug und Sklavin des Mannes, daß keine Assoziation mehr möglich, daß das Glück der ganzen Menschheit auf ewig zerstört wäre? Eine Frau wäre also unglücklich und ausgebeutet, weil sie mehrere Männer in ihrer Liebe gleichzeitig befriedigen könnte, ohne befürchten zu müssen, daß sie sich gegenseitig zerfleischen und hassen, weil sie allen, die nur bei ihr und durch sie Glück und Liebe zu finden glauben, Glück und Liebe schenken könnte!
Selig die Armen im Geiste, aber alle Subtilität, alle Raffinesse des Gefühls oder des logischen Verstandes haben mich nicht einmal vermuten lassen, aus welch' hohen Gründen Sie diese Frage so voreilig und resolut aufgelöst haben! Denn nichtsdestoweniger wiegt sie schwer und verlangt, daß man ihr nachgeht und sie vertieft!
Würden Sie doch bitte die Ablehnung und den Bann beiseite lassen, deren Ihnen meine Person wie auch meine Theorien würdig erscheinen, würden Sie mir noch für einige Momente folgen. Denn ich gehe weiter und glaube lieber mit Herrn J. de Laurence an die Notwendigkeit einer Freizügigkeit ohne Regeln und Grenzen, glaube lieber an eine so umfassend wie mögliche Freiheit – gestützt auf das Mysterium, welches ich zur Grundlage der neuen Moral mache –, selbst wenn sie uns zu dem Durcheinander führen könnte, das Ihnen ordinär und abstoßend erscheint.
Heute werden Mann und Frau einander oft in die Arme getrieben, ohne sich zu lieben und ohne sich zu kennen, nur durch den Willen absoluter, despotischer Eltern, um irgendeiner Etikette oder einem Kalkül aus Gewinnsucht Genüge zu tun. Daher so viele schlecht zusammenpassende Verbindungen, so viele unglückliche Existenzen, die verdammt sind zu Tränen ohne Ende, zu einem dauernd brodelnden Haß, der immer wieder auflebt, sich aufgereizt von Stunde zu Stunde steigert, sich über lange Jahre hinter Hinterlist und Lüge verbirgt und nach grausamen Leiden oft wieder auflodert, um endlich dem Gift und dem befreienden Dolch Erleichterung abzuverlangen. Ich spreche nicht von den wenigen, sehr seltenen Ehen, die aufgrund einer gegenseitigen Anziehung entgegen aller »guten« Sitten unserer alten Welt geschlossen werden, und manchmal die Hand des einfachen armen, naiven, vertrauensvollen jungen Mädchens und die Hand des müßigen, reichen, mächtigen und beneideten Adligen zusammenführen. Diese in der vergeistig-

ten und verfeinerten Welt unserer Romane sehr verbreiteten, sehr klassischen Verbindungen sind in unserer so kalten, nüchternen und ganz berechnenden Wirklichkeit eine Seltenheit. Ich selbst habe davon nur wenige gesehen, und einige Monate in freier Begegnung und ausgelebter Lust haben immer ausgereicht, um diese großen Leidenschaften hinwegzufegen. So daß am Ende des Honigmonds die Ehe aus Liebe und Zuneigung – fast immer auf zuwenig erprobtes gemeinsames Fühlen gegründet – der Vernunftehe, die vom Gesetz des Machtinteresses und Gewinnstrebens diktiert wird, zum Verwechseln ähnelt.

Man kann der einen wie der anderen mit Sicherheit gleichdauernde Phasen von Ekel und Reue vorhersagen!...

So sehen die Vereinigungen der alten Welt doch aus, und auch Sie weisen sie zurück, solche sind die Folgen der christlichen Moral, die auch Sie brechen.

Die Vereinigung der Geschlechter muß in Zukunft also das Resultat der weitesten und unter allen möglichen Gesichtspunkten reflektierten Sympathien sein, ohne Intervention eines anderen Willens, ohne Einflußnahme einer anderen gewichtigen Bestimmung als der des eigenen freien Willens – und dieser wird am häufigsten von der Erregung, die an der Begeisterung der Sinne sich entflammt, hervorgebracht.

Es tut mir leid, meine Damen, ich gestehe es zu meiner Schande als sentimentale Frau, daß ich nicht an diese plötzlichen, übrigens sehr poetischen, hinreißenden Gefühle glaube, die aus der zufälligen Begegnung zweier Individuen eine glühende, sehr heftige und unwiderstehliche Liebe wie einen hellen, sprühenden Funken aus dem Zusammenprall zweier Steine entspringen lassen. Es tut mir leid, daß ich nicht an die Spontaneität eines Gefühls, an das unumstößliche Gesetz der Anziehung der Seelen glaube. Ich denke nicht, daß aus einer ersten Zusammenkunft, einer einzigen Unterhaltung die Gewißheit und das Bewußtsein, daß das Denken und die Empfindungen immer dieselben und an allen Punkten identisch sind, resultieren können.

Erst nach langer ernsthafter Prüfung und fundierter Überlegung kann man sich eingestehen, daß man endlich *diese andere Seele – Ergänzung der eigenen –* gefunden hat, die *leben wird von dem eigenen Leben, mit den eigenen Gedanken denken wird, mit den eigenen Empfindungen empfinden wird* und die mit ihr verschmelzen wird und ihr Stärke, Macht, Freude und Glück geben und von ihr empfangen wird.

Früher wie heute werden wir Zeit und Erfahrung wie auch Reflexion brauchen, um das Vorhandensein eines mehr oder weniger weitreichenden, mehr oder weniger intensiven, mehr oder weniger umfassenden gegenseitigen Verstehens als Grundlage jeder Liebe herauszufinden.

Man wird sich also kennenlernen, wird über kürzere oder längere Zeit in eine Beziehung treten und sich gegenseitig studieren und ausprobieren müssen, um sich nach vielen Enttäuschungen nicht in trügerischen Träumen zu verirren, nicht einem Phantom – dem Produkt einer wahnhaften Phantasie nachzujagen, um nicht nur einen flüchtigen Schatten zu umarmen, der sich bei der ersten Berührung auflöst und vergeht und den das Licht verschwinden läßt. Wie oft wird man sich aber leider eingestehen müssen, daß man sich geirrt hat und zum Spielball trügerischer Erscheinungen, falschen Scheins geworden ist.

Und so appelliere ich an Ihre *Erfahrungen als Frauen,* meine Damen!

Doch will ich auch, daß man die Existenz von intimen, geheimnisvollen Beziehungen zweier Seelen anerkennt. Ich will, daß man sich dieser Einigkeit der Gefühle, des Denkens und Wollens bewußt wird, ja, ich meine der größten, so offen wie möglichen Sympathie. Aber alles dies, meine Damen, braucht uns meines Erachtens durchaus noch nicht zu einem glücklichen Resultat zu führen, all dies – ich fühle es – kann immer noch an einer letzten, entscheidenden, aber notwendigen und unerläßlichen Probe zerbrechen!

Ich will mich erklären: Das Leben äußert sich doch aufgrund der vorbestimmten Notwendigkeit nach einem konstanten, unveränderlichen Gesetz der Fortentwicklung im ganzen Universum immerzu unter dem doppelten Aspekt von Konzeption und Realisierung, in der Form von Geist und Materie. Vergleichen Sie, analysieren Sie jede Tatsache, jede Bedingung, jedes Ereignis; kombinieren Sie und setzen Sie jedes menschliche Wesen, jeden Anteil des Universums, jedes Fragment im großen Ganzen auf tausenderlei Arten zusammen – und Sie werden immer und überall auf jene beiden Prinzipien treffen: Geist und Materie. Ein schöpferischer Geist, der ordnet, und eine Materie, die realisiert und ausführt. Und dies ist der einzig mögliche und erklärliche Grund einer jeden Schöpfung, denn eine Konzeption wäre ewig unfruchtbar ohne ihre Ausführung und sähe andererseits keine Möglichkeit einer Realisierung ohne vorherige Konzeption.

Geist und Materie! Das ist die große Formel, der letztendliche Grund für alles, was Leben von Gott ist, von Gott, der fortwährend erschafft, denn dauernd konzipiert und realisiert er, Gott, der selbst die unumschränkte Konzeption, die unumschränkte Materialisierung ist. Und wir müssen das künftige Gesetz unseres Glückes, unserer zukünftigen Befreiung und Befriedigung eben im vollkommenen Gleichgewicht, in der vollständigen Harmonie dieser beiden Prinzipien, die beide gleich notwendig sind und in Ewigkeit nebeneinander existieren, suchen und verankern.

Deshalb fühlen wir heute, deshalb fordern wir die Rehabilitierung des mißachteten Körpers, der seit so vielen Jahrhunderten unter dem christlichen Gesetz gemartert worden ist, weil dieses Gesetz die unrechte Vorherrschaft eines Prinzips über das andere sicherte. Aber die Zeit ist gekommen, wo alles Körperliche rehabilitiert werden muß, wo die Materie dem Geist gleichgestellt und nicht länger dessen Sklavin sein wird, wo endlich das eine Prinzip sich nicht länger zu Ungunsten des anderen entwickeln darf.

Wenn jedes dieser beiden Prinzipien seine Wirkungsweise entfaltet – in all seiner Kraft, seiner Energie und Heiligkeit – wird das Leben seinen gleichmäßigen, majestätischen Fluß wieder aufnehmen und sein fruchtbares Werk in alle Richtungen hin vervollkommnen.

Nur dann wird der Mensch endlich das Abbild Gottes sein.

Diese abstrakten Betrachtungen waren zur Einsichtigkeit dessen, was mir noch zu sagen bleibt, unerläßlich. Ich gehe nun zur Lösung des großen Problems, das uns beschäftigt, über: Die Liebe und die Vereinigung der Geschlechter muß – so geht es mit allem – schließlich ein Werk, eine notwendige Schöpfung hervorbringen. Hier wie überall sonst müssen die Prinzipien Geist und Materie ihre gleichzeitige Wirkung entwickeln, und auch hier muß Rehabilitierung stattfinden!

Verstehen Sie bitte, ich beklage mich nicht im geringsten darüber, daß bislang diese Notwendigkeit der Fortpflanzung nicht gefühlt, verstanden oder befriedigt worden wäre: im Gegenteil, selbst die vergeistigtesten Menschen haben sich sogar unter der absolutesten Herrschaft christlicher Moral in großem Maße an der Reproduktion, am Leben beteiligt. Zu jeder Zeit hat man sich reproduziert, hat man in großem Umfang an der Materialisierung teilgenommen, und niemals brauchte die Menschheit zu fürchten, daß ihre Weiterentwicklung in dieser Hinsicht aufgehalten würde!

Ich will nur, daß man diese Notwendigkeit in aller Ehrlichkeit anerkennt und ganz offen ausspricht, ohne die Lider verlogen zu senken, ohne in irgendeiner mystischen Schamhaftigkeit, die ich nicht verstehe, zu erröten.
Seien wir also mit uns Frauen, die wir die Rehabilitierung der Materie, die Würdigung des Körpers fordern, seien wir ein wenig konsequent und berücksichtigen wir das Prinzip der Materie, geben wir dem körperlichen Bedürfnis sein Recht. Ich wiederhole es: Die Vereinigung der Geschlechter muß in der Zukunft das Resultat der weitreichendsten und unter allen möglichen Gesichtspunkten reflektierten Sympathien sein.
Doch selbst wenn man die Existenz intimer, geheimer und mysteriöser Beziehungen zweier Seelen anerkennt, selbst wenn man um eine vollkommene Einigkeit der Gefühle, des Denkens und des Wollens weiß, könnte dies trotzdem unabwendbar an einer letzten, entscheidenden, aber notwendigen und unumgänglichen Probe zerbrechen:
an der Probe der Materie durch die Materie, dem Experiment des Körpers durch den Körper!!...
So habe ich endlich das große Wort ausgesprochen, vor dem so viele kühne Erneuerer, erschreckt von Geschrei, Tumulten und haßerfüllten Beschuldigungen, die der Widerhall einer gewagten und einschneidenden Rede um sie herum auslösen könnte, haltgemacht haben. Und auch ich, die ich mich schwach fühlte – unruhig und alarmiert –, brauchte eine lange Zeit des Erwägens. Sollte ich mich dem Sturm aussetzen, mit der Bereitschaft, mein Ansehen als Frau in die Strudel der brausenden Menge zu schleudern und darauf gefaßt, im Getöse der Öffentlichkeit die Ruhe meines einsamen und unbekannten Lebens für immer zu verlieren! Sollte ich dem Bedürfnis, zu sagen, was ich erkannt habe, und der Verpflichtung, das zu vollbringen, wozu ich mich berufen fühlte, nachgeben?
Meine Entscheidung ist getroffen: Ich spreche. Und ich glaube, mir wird die Kraft zur Verteidigung meiner Rede nicht fehlen.
Möge die Verleumdung mit ihrer Bitterkeit, ihren anzüglichen Verspottungen und hinterlistigen Anspielungen im Gefolge, möge sie nur kommen! Ich bin bereit. Mein so abgeschirmtes Leben verläuft am Tage nicht etwa wollüstig und verborgen im Dunkel der Seidenvorhänge eines Boudoirs. Gleichgültig zu welcher Stunde man auch an meine Tür klopft: Sie öffnet sich dem Besucher immer. Mögen nun Bann und Verfolgung kommen, ich sage es noch einmal: Ich bin bereit.

Wird etwa ein Chirurg das Eisen, wenn es in das Fleisch des Kranken eindringt, oder das Feuer beim Ausbrennen der Wunde weit von sich werfen, bloß weil ihn die Schreie, Tränen und Beschimpfungen des Kranken schwach werden ließen?
Und es ist richtig und gut, daß gerade eine Frau es wagt, die in ihren Handlungen sich christlich und vergeistigt zeigt, für die Sache der körperlichen Liebe einzutreten. Ich habe von der Notwendigkeit eines ganz materiellen Experimentes des Körpers durch den Körper gesprochen. Wie oft ist es nicht geschehen, daß eine verzehrende Flamme schließlich am Fuße des Bettes zum Erlöschen kam. Wie oft sind die parfümierten Bettlaken – anstatt eine größere Leidenschaft zu bewirken – zu einem Leichentuch geworden. Vielleicht wird manche Frau, die am Abend noch erschauernd vor Begehren und Erregung das Ehebett herbeigesehnt hat und sich am Morgen kalt und erstarrt daraus erhob, diese Zeilen lesen.
Ja, ich selbst, die ich hier spreche, habe nur eine Stunde aus eigenem Willen in den Armen eines Mannes verbracht, und diese eine Stunde vermochte eine Barriere aus Sattheit zwischen ihm und mir aufzurichten, ja, diese Stunde, die ihm als einzige zur Verfügung stand, war lange genug, daß mein Gefühl ihn wieder in die monotone Menge der mir Gleichgültigen zurückversetzte. Er wurde für mich wieder zu einer dieser Einheiten, die außer einer farblosen, kalten und banalen Erinnerung ohne Wert, ohne Freude und ohne Bedauern, keine Spuren in unserem Leben hinterlassen.
Und ich will hier weniger von den Enttäuschungen sprechen, die aus dem enormen und eigenartigen Opfer hervorgehen können, zu dessen Bedingungen ein junger Mann unter dem brennenden Himmel Italiens das Glück haben kann, ein gefeierter Maestro zu werden, als von denen, die ihre Ursache im unangemessenen Ausleben einer mit ihrer Freigiebigkeit grausam spottenden Natur finden.
Ich will nicht weiter darauf anspielen, tausend verschiedene Ursachen können zu denselben Ergebnissen führen.
Ich weiß, daß man seit langem die abscheulichen Gutachten von Matronen verboten hat, welche früher auf die widersprüchlichen Aussagen zweier Eheleute hin zu Rate gezogen wurden. Doch hat nicht erst vor kurzem die »*Gazette des Tribunaux*«[2] ihre langen Kolumnen mit einem ähnlich skandalösen Fall

[2] Zeitung, die nicht nur auf Prozeßberichterstattung spezialisiert war, sondern auch den Wortlaut von Verhören und Urteilen abdruckte. Erschien im 19. Jahrhundert in Paris.

ausgefüllt, wo die Richter bei ihrer Urteilsfindung so sehr in Verlegenheit gerieten, daß sie eine dieser Erfahrungen aus den Novellen eines Boccaccio, Lafontaine oder Grécourt hätten gebrauchen können, um ihre Beweisführung zu erhellen?
Wenn man die Notwendigkeit des Experiments also anerkennt, ich bitte Sie, was wird dann aus dem Gesetz der Öffentlichkeit? Müßte man sie dann auch über diese kürzer oder länger andauernden Versuche ins Vertrauen ziehen – gleichgültig, ob sie zu einem positiven Resultat führen oder nicht? Ich denke, nicht. Aber an welchem bestimmten Punkt müßte dann das *Mysterium* aufhören? Und was wird den genauen Zeitpunkt der Veröffentlichung, der Bekanntmachung bestimmen?
Wir können uns hier nur nach der freien Entscheidung der Betroffenen richten. Wir müssen jedem Individuum alle Freiheit zugestehen, so daß diejenigen in der Verschwiegenheit bleiben können, die es wollen. Sonst weiß ich nicht mehr, was man unter Freiheit, unter Befriedigung einer jeden Natur verstehen soll, denn jede Natur ist gut.
Wann soll die Zeit der Probe enden? Wann soll die Phase der Ehe beginnen? Das ist die einzige Frage, oder eher: Ist nicht die Ehe eine lange, dauernde Folge von Experimenten, die früher oder später, zumindest für bewegliche Charaktere in ein Abkühlen, eine Trennung übergehen werden?
Und hier ist der Ort, wo man das Gesetz der Beständigkeit und der Unbeständigkeit, der Mobilität und der Immobilität diskutieren sollte, dieses Gesetz, das bei den Vertretern der saintsimonistischen Doktrin für die ganze Organisation der Moral in der Zukunft eine so wichtige Rolle spielt.
Begleichen wir zunächst unsere Dankesschuld und bezeugen wir jenem mutigen Manne die Ehre! Er hat als erster gegen die allgemeine Verdammnis, gegen das überholte christliche Gesetz der Beständigkeit protestiert und hat als ein neuer Messias den ewigen Fluch von der beweglichen Menschennatur abgenommen!!!
Ehre sei *Enfantin!* Ehre sei den Gläubigen, diesen Aposteln eines neuen Evangeliums, die alles geopfert und aufgegeben haben, um ihm zu folgen. Gegrüßt seist Du, Barrault! Ehre sei euch allen, »Gefährten der Frau«, ihr Ritter des friedlichen Kreuzzuges! Ehre euch allen, mit euren von der sengenden Sonne des Orients braungebrannten Gesichtern! Euch, die ihr überall in Frankreich eure blutigen und von der Arbeit des Proletariers ausgezehrten Hände hart werden laßt! Ehre, ewige Ehre euch allen!

Vielleicht werden andere euer Werk vollenden, und mit ihren Namen die euren verdrängen: doch euch allein die Ehre, als erste den Grundstein zu dem zukünftigen Gebäude gelegt zu haben.
Doch so ist das Gesetz der Welt: Saint-Simon verfolgt sein Leben lang eine neue Idee, und auf seinem Sterbebett inmitten der Armut übergibt er der Menschheit eine neue Zukunft, die von einigen teuren und treuen Schülern als seine Hinterlassenschaft angenommen wird. Bald setzen diese Schüler selbst das ständig wachsende Werk ihres Lehrers fort, und wiederum andere werden aus ihren erschöpften Händen dieses sublime Erbe empfangen und es weiterentwickelt denjenigen überreichen, die sie immer stärker und zahlreicher ablösen werden.
Ja, da die Rede der Saint-Simonisten lebendig ist und dem Fortschritt folgt, wird sie sich mit dem Leben selbst weiterentwickeln. Auch sie, die das große Gesetz des Fortschrittes so umfassend formuliert haben, sind ihm selbst stets unterworfen. Und als eine notwendige Folge ihres Glaubens wird die Menschheit das ihnen eigene Symbol, mit dem sie dem Menschengeschlecht einen neuen, schöneren und besseren Weg eröffnet, brechen und verwerfen wie verdorrte Rinde, die – ausgepreßt von vielen Generationen – ihren brennenden, ausgetrockneten Lippen keinen erfrischenden und wohltuenden Trank mehr spenden wird.
Aber bereits sie selbst haben, nachdem sie die Welt mit ihrer neuen Lehre konfrontiert haben, die Frau dazu aufgerufen, ihr Werk fruchtbar zu machen, da es ohne ihre Mitwirkung ewig steril bliebe. Sie haben ihre Ohnmacht und Schwäche zugegeben, indem sie sich in die Stille und das Schweigen des Abwartens zurückzogen.
Nun, ich als eine Frau, die wie alle anderen aufgerufen ist, nehme die Grenze, an der sie stehengeblieben sind, zum Ausgangspunkt; und wenn sie nicht als inkonsequent, verlogen oder als Scharlatane erscheinen wollen, werden sie wohl meine Initiative nicht verleugnen können, oder aber zumindest auf jede Beurteilung, jede Mißbilligung verzichten müssen.
Ich wiederhole: Es gehörte viel Mut und Stärke dazu, die Existenz eines beweglichen Charakters zu verkünden, die Unbeständigkeit zu rehabilitieren, sie heilig und göttlich zu erklären, weil sie *vorhanden ist* und weil alles, was existiert, von Gott kommt, von Gott ist, Gott ist.
Dort aber erreichte man eine Grenze, und es wäre höchst unüberlegt und sehr unklug gewesen, sie sofort, ohne jegliche

Vorsichtsmaßnahme zu durchbrechen. Ich meine die Vorsicht, die bei den Saint-Simonisten darin besteht, den beweglichen Charakter nicht verleugnen zu wollen, ja, nicht einmal verleugnen zu können und keinerlei gegenseitige Garantien zu verlangen, womit sie einige Möglichkeiten für die ungehinderte, unbeschwerte Entfaltung dieses neuen Prinzips offenlassen; dieselbe Vorsicht führt sie aber auch dazu, den beständigen, unbeweglichen Charakter anzuerkennen – wenn es überhaupt einen solchen gibt und man von der Koexistenz zweier entgegengesetzter Wesensarten und Handlungsweisen sprechen kann. Also bedienen sie sich einer Art vorübergehenden Kodexes, der neue Rechte gewährt, jedoch die bereits erreichten Positionen beibehält (im Stile des Journalismus der »Tribüne«). Dies ist eine Zwischenlösung, bei der man heute so oft stehenbleibt, ein sanfter Abhang, der dem Gefährt der Zivilisation erlaubt, in immer schnellerer, ununterbrochener Fahrt auf einen neuen Weg zu gelangen, ohne daß ihn abrupte, zu hastige Bewegungen aus der Bahn werfen, ihn sich überschlagend in einen tiefen Abgrund stürzen und dort zersplittern lassen würden!...

Doch endlich bricht der Tag an, an dem das Kind in der Wiege stark geworden ist, seine Gliedmaßen aus den Windeln befreit, die Gängelbänder zerreißt und die Hindernisse überwindet, die seine ersten wackeligen und unsicheren Schritte zurückgehalten haben!

Heute ist es soweit, daß der menschliche Verstand ohne Führung noch Unterstützung, alleine durch seine Kraft und seinen freien Willen vorwärtsgehen kann: Es ist soweit, daß die Welt energisch und selbstsicher zu einer neuen Zukunft und weiteren Perspektiven voranschreitet!!!

Also laßt ihn, den Riesen, doch vorbei und macht ihm Platz! Ihr müßtet sonst befürchten, daß im Falle eures Widerstandes sein riesiger Fuß euch zerquetschen könnte, müßtet fürchten, daß ihr Sandkörner von ihm zerstampft und als Pulver in den Staub gemischt würdet, den er auf seinem Weg in Wolken vor sich her aufwirbelt!...

Von zwei *entgegengesetzten* Prinzipien ist das eine die totale Negierung des anderen, das eine vernichtet das andere: Wenn eines wahr ist, muß dann nicht das andere falsch, absurd und unannehmbar sein?

Ja, nur ein alberner und stupider Mensch konnte die Worte »Republik«, »Monarchie«, und Königsherrschaft und Herrschaft aller in einem Atemzug brüllen!

Und unserem Jahrhundert, das selbst im Grunde genommen nur ein großes Paradox ist, blieb es vorbehalten, dieses eigenartige Paradox: »Die beste Republik ist der König«, zu hören, es aufzunehmen und mit Beifall zu begrüßen. Nur den Menschen von heute konnte der Gedanke kommen, die Revolution und Louis-Philippe zu vermählen und seine Stirn königlicher Herkunft mit dem Blut der Juli-Märtyrer wie mit heiligem Öl zu salben!!!

Und nun sehen sie, was nach kaum drei Jahren aus diesen heterogenen Zusammenschlüssen, diesen anormalen Bündnissen und monströsen Theorien geworden ist:

Eine Fehlgeburt von Regierung, ein kurzlebiger Fötus ohne Puls und Atem, der sich elend und nur mit größter Anstrengung durch das Spottgelächter, die Auspfiffe und Buhrufe hinschleppt bis zu seinem Grab und dem Vergessen, die ihn erwarten. Arme, gebrechliche Kreatur – genährt und aufgewachsen unter den Fahnen des Despotismus und im Schutz der Paläste –, die nur den Modergeruch der Höfe atmen kann und sich bedrückt fühlt von der kräftigen und regenerierenden Brise der Freiheit, der es übel wird vom populären Geruch der Trikolore und die von ihrem Palais in den Tuilerien zum Landsitz nach Neuilly irrt, verfolgt vom ewigen Alptraum der Pflastersteine und Barrikaden!

Mitleid mit diesem schwankenden Schilfrohr, das den Lauf des schnellen, schäumenden Stromes aufzuhalten gedenkt! Mitleid mit dem mikroskopisch kleinen Insekt, dessen fast unsichtbarer Stachel das Herz des wilden Löwen durch die starken Flanken hindurch treffen will!

Der Strom in seinem Bett stürzt zum Ozean, der Löwe zu seiner Beute, das Prinzip drängt zu seiner letzten Konsequenz: Ich bitte Sie, was wird dann aus dem schwankenden Rohr, dem kleinen Insekt? Was wird aus den Barrieren, den Gesetzen und belanglosen Übereinkünften?

Was mich betrifft, so habe ich diese Klassifizierung, diese subtilen und metaphysischen Unterscheidungen nie verstehen können (und werde nie fähig sein, sie zu verstehen), mittels deren man die Menschen nach Rangordnungen, Serien und Arten einzuteilen versucht. Kategorien gegenüber bin ich mißtrauisch, und dies *aus guten Gründen.*

Es gibt, so sagen Sie, beständige, unbewegliche Menschen und andere, die im Gegensatz zu jenen, beweglich, unbeständig seien? So zeigen Sie mir doch bitte die Trennungslinie zwischen der Beständigkeit und der Unbeständigkeit, zwischen der Be-

weglichkeit und der Unbeweglichkeit. Wo endet die eine, wo beginnt die andere?
Wahrhaftig, meine schwachen, kurzsichtigen Augen können sie nicht unterscheiden. Sie proklamieren die Existenz zweier Charaktere – und doch, je nachdem wie eine Mehrheit sich den einen oder den anderen zu eigen machen wird, werden Sie morgen dem einen oder dem anderen entsprechend mehr Gewicht beimessen. Sie werden dann vielleicht sogar unwillkürlich einen bevorzugen und dem anderen als überlegen erklären: Bald haben wir dann wieder einen guten und einen schlechten Charakter, eine Erbsünde, und bald kommen wir wieder zu einem Paradies und einer Hölle zurück. Um die Stirn des einen werden Sie dann einen Heiligenschein legen, den anderen Charakter dagegen werden Sie in die rächenden Flammen, die für die Verdammten bestimmt sind, hineinwerfen. So werden Sie mit Gott sein und ich mit dem Teufel.
Sie glauben an den Fortschritt im Universum und in allen seinen Teilen. Aber was ist der Fortschritt, wenn nicht eine ewige Bewegung des Geistes und der Materie, ein ständiger Wechsel von einem Gedanken zu einem anderen, Übergang von einem Gefühl zu einem anderen, von einer Art, zu existieren, zu einer anderen?
Widerspruch!
Sie sprechen von Unbeweglichkeit! So schauen Sie sich doch um: Sie sind noch im Gestern, aber um Sie herum hat sich alles verändert, hat alles neue Gestalt angenommen. Aus einem schwachen, schüchternen Kind ist ein lebhafter, stürmischer junger Mann geworden; der junge Mann, der aufbrach und seine ganze Kraft und Energie in Vergnügungen, Ausschweifungen und Rastlosigkeit verausgabte, hat sich jetzt mit Stille, Schweigen und Ernsthaftigkeit umgeben; kalte, nüchterne Berechnungen aus Ambition und Gewinnsucht schmälern nun seinen früher so lachenden Mund, höhlen seine rosigen Wangen aus, furchen seine so glatte Stirn und bleichen sein feines, dunkles, parfümiertes Haar und lassen es ausfallen.
Was ist aus jener glänzenden Schar geworden, die die Macht, die Throne und die großen Monarchen umschwärmte? Die Throne, die Könige selbst – wo sind sie heute?
Wie viele Serien von Menschen haben andere, für immer verlorene, abgelöst? Und selbst von ihren Freundschaften und Lieben, ihren Ängsten und Hoffnungen, von dem, was ihr Herz vor ein paar Stunden noch bewegt hat – was taucht heute noch davon auf?... Eine schwache und verschwommene Erinnerung

vielleicht, und die wird sich selbst verwischen – ohne Wiederkehr.
Sie sprechen von Unbeweglichkeit! Ziehen Sie doch einmal ihre Akademiker, ihre Wissenschaftler zu Rate, befragen Sie die Cuvier, die Geoffroy-St. Hilaire, die Brogniard, all diese mutigen Erforscher ausgestorbener Volksstämme und verschwundener Völker, diese Geschichtsschreiber ausgelöschter Gesellschaften und versunkener Planeten...
Ja, außerhalb und in uns selbst verändert und erneuert sich alles – und wir sprächen noch allen Ernstes von Unbeweglichkeit? Wie bitte? Was wir gestern geliebt haben, hassen wir heute, was wir leidenschaftlich geliebt und vergöttert haben, verachten wir heute und werfen es weit von uns wie Abfall. Wie bitte? Unsere Freude hat sich in Kummer verwandelt, unsere Lust in Leid, unser Lachen in Tränen, unser Glück in Schmerzen – aber immer noch redeten wir von Beständigkeit?
Unbeweglichkeit, Beständigkeit! Wo gibt es euch denn überhaupt? Nirgendwo kann ich euch finden! Also müßte ich euch nur in den Beziehungen zwischen Männern und Frauen suchen und gar entdecken? Hätte euch eine launische übernatürliche Macht, die dem unabänderlichen Willen Gottes noch überlegen wäre, zu den einzigen Grundlagen der Geschlechterbeziehungen gemacht – zu einem Zwecke und in einem Interesse, die ich nicht verstehen kann? Hätte sich also ausgerechnet hier die Vorsehung inkonsequent und bizarr zeigen wollen?
Nun gut, graben wir aber weiter, stoßen wir das Skalpell noch tiefer in diesen Schmutz und sehen wir hin!!!
Würde ich die ganze Welt fragen: Was ist Liebe? Millionen konfuser Stimmen würden von überall her im gleichen Augenblick eine vielfache, vielfältige Antwort murmeln, aus der ich nach Belieben eine Definition auswählen könnte, die ich mir von tausend anderen zu eigen machen würde. Denn welche Spielarten hat diese arme Liebe noch nicht reihum angenommen? In welchem Wäldchen hat sie sich noch nicht versteckt, in welchen Bäumen noch nicht ihr Nest gebaut? Vom vornehmsten Hotel des Faubourg Saint-Germain, vom luxuriösesten Pavillon der Chaussée d'Antin bis hin zur dunkelsten, schmutzigsten und baufälligsten Bude in der Altstadt, vom Zwischengeschoß bis zur Mansarde: Welches Zimmer, welche Bleibe hat sie noch nicht bewohnt? In welchem Dichtergemach, welchem Atelier hat sie noch nicht Pose gestanden? Welches Buch hat sie noch nicht mit ihren Seichtigkeiten und Bonmots verziert, welche Galerie noch nicht mit ihrem Portrait geschmückt?

Habe ich sie nicht gerade bei der letzten Ausstellung getroffen, dieses arme dicke, zahnlose Kind mit seiner großen blonden Perücke, seinem verschimmelten, schlaffen Bogen und seinem durchlöcherten Pappköcher voller abgeblätterter, alter vergoldeter Pfeile? Habe ich ihn nicht an der Hand seiner ewig guten Mama Venus gesehen?

Von allen Definitionen, die so viele dicke Bände gefüllt haben, scheint mir nur eine schön in ihrer Wahrheit, ihrer Prägnanz und Energie; ich meine die von Mme. de Staël, dieser Frau, die die Stärke unseres Geschlechtes mit ihren Schriften am besten verteidigt hat und gegen unsere Abhängigkeit und Minderwertigkeit am kühnsten protestierte. Ja, Mme. de Staël erahnte einen diffusen Lichtstrahl der Zukunft, als sie – vielleicht in der Erleuchtung ihrer eigenen Erfahrungen und Enttäuschungen – ihren bekannten Ausspruch niederschrieb und ein Stück des mysteriösen Schleiers lüftete, der unser zukünftiges Schicksal noch verhüllt.

Du eigenartige Frau, illustre Schriftstellerin, ja, du hast wahr gesprochen: »Die Liebe war bis heute nur ein *Egoismus zu zweit.*«

Männer haben sich nur selbst geliebt in den Frauen, die Frau hat beim Manne nur ihre eigene Befriedigung gesucht, und trotz feierlicher Treueschwüre, die einer dem anderen gab, um sie ihm umgekehrt als sein Recht abzuverlangen, haben sich beide gegenseitig belogen, betrogen und den Eid zum Meineid gemacht, sind sich beide mehr oder weniger, für kürzere oder längere Zeit untreu gewesen.

Daß doch die Frauen, die mich lesen werden, allen sinnlosen Stolz, alle unangebrachte, anerzogene Prüderie einmal beiseite lassen! Daß sie einmal in ihrem Leben für eine Stunde ihr verlogenes Erröten vergessen, daß sie aufhören, ihr Gesicht hinter den Falten eines schützenden Fächers oder unter der breiten Krempe eines Hutes zu verstecken und Hand-aufs-Herz dieser Frage antworten: Lebt unter Ihnen, meine Damen, auch nur eine einzige, die – selbst in der glücklichsten Beziehung – nicht einmal auch nur für einen kurzen Moment den Blick von ihrem Ehemann oder Geliebten abgewendet hätte, um ihn mit Vergnügen und Wohlgefallen auf einen anderen Mann zu richten, und die – nachdem sie ohne dessen Wissen einen für den letzteren vorteilhaften Vergleich angestellt hat – sich nicht gewünscht hätte, daß der Ehemann oder Geliebte ihm ähnlich sei? Wenn sich unter Ihnen *allen* auch nur eine solche Frau befinden sollte, dann möge sie aufstehen und den ersten Stein auf mich werfen und mich verurteilen, denn dann hätte ich ein unvorsichtiges, verleumderisches Wort ausgesprochen, wofür ich zu büßen hätte: Dem füge ich mich! Aber ich glaube, wenn die Dauer meines Lebens an diese Bedingung geknüpft wäre, ginge ich eher das Risiko der Unsterblichkeit ein...

Und schon will mir scheinen, als sähe ich einen der vielen spitzfindigen Rhetoriker in den Überresten des alten Rom wühlen, um die tote Asche der *Lucretia* wiederzubeleben. Ach, stören Sie sie nicht in ihrem vergessenen Grab! Ihr Schweigen ist allzumal vorteilhafter für Sie, als ihr Reden jemals sein könnte! Ach, lassen Sie sie schlafen, aus Erbarmen für ihr Andenken, lassen Sie sie schlafen! Vielleicht verdankt sie die Erwähnung ihres Namens in den Reden von vielen nur dem abstoßenden Gesicht oder der hastigen Überstürzung ihres stürmischen Anbeters. Vielleicht träumte sie, diese arme Lucretia, zu der Stunde, in der er sich ihr mit seinen in Lüsternheit entflammten Augen, die Bedrohung auf den Lippen, näherte und erklärte, vielleicht träumte sie da von einer sehr zarten, sehr mysteriösen Liebe mit einem ehrenvollen Römer – mit blassem Teint, leidender Miene und von zerbrechlicher Gestalt. Vielleicht ist sie nur vor der Heftigkeit einer zu wilden, zu energischen Verliebtheit zurückgeschreckt! – Warum stürmst du junger, unvorsichtiger Mann so überraschend, ohne überhaupt angemeldet zu sein, ins Boudoir derjenigen, die du liebst? Nur deine Heftigkeit hat dich verraten. Ein Paar eleganter Handschuhe, ein Flakon Duftöl und einige Tage Geduld... hätten dieses Vorbild an Tugend womöglich zu Fall gebracht! – Von welchen Kleinigkeiten können das Glück eines Mannes, die Existenz einer Monarchie, ja, das Schicksal einer ganzen Gesellschaft abhängen! Aber wozu den kalten Staub einer bedauernswerten Frau und die bröckelnde Geschichte dieses alten Rom aufwirbeln, die ja doch kein Licht in die Diskussion bringen können...

Von dem Augenblick an, in dem Sie einen Mann mit Vergnügen und Gefallen betrachtet haben, in dem er Ihnen schöner und geistreicher als Ihr Geliebter oder Ehemann erschien, von der Stunde an, in der Sie ihn dem einen oder anderen überlegen fanden – gleichgültig, ob unter dem Gesichtspunkt des Körpers oder des Geistes –, ist der Ehebruch begangen, hat die Prostitution stattgefunden – zumindest vom Wollen her. Nun aber haben das Vorurteil, die Angst oder ein anderer unbekannter, versteckter Grund Sie zurückgehalten,

und damit fügten Sie dem Ehebruch noch Hinterlist und Lüge hinzu.
Ehebruch, Lüge und Hinterlist, dahin führt uns immer wieder das *Gesetz der Beständigkeit,* bestärkt durch die *Öffentlichkeit*!
Also müssen wir zugeben, daß selbst die Reinste und Treueste sich schuldig gemacht hat (ich gebrauche hier die überholten Moralbegriffe der alten Welt), ja, schuldig von ihren Wünschen her, untreu zumindest von ihrem Wollen ... Und ist es etwa von Bedeutung, wenn dem Gedanken nicht die Tat gefolgt ist? Denn dies geschieht doch nur aus einem peinlichen Zwang heraus, über den sie schon oft gestöhnt haben mag; und wenn sie sich mit ihrer Beständigkeit schmückt und sich ihrer rühmt, dann könnt ihr Männer als sicher annehmen, daß sie sich im Herzen verachtet und ablehnt, denn ihre vorgegebene Beständigkeit ist nichts als Lüge und Betrug – für sie selbst wie für die anderen.
Doch könnte man nun – nach der theatralisch pompösen Tugend solcher Lucretien – die Raserei der Othellos geltend machen, und entgegen meiner Theorie von der Eifersucht auf die Beständigkeit schließen.
Ich bitte Sie, was ist aber die Eifersucht anderes als der höchste und deutlichste Ausdruck dieses Egoismus, der alles für sich will, der bedingungslos, ohne Einschränkung und ohne die geringste persönliche Selbstzurücknahme den Körper und den Geist jedes geliebten Wesens für immer an sich fesseln will, und dessen Denken, Wollen und Empfinden seinem Gesetz, seiner Lust und Laune zu beugen sucht? Ja, was ist die Eifersucht anderes als das anti-soziale Besitzdenken, das Sie sagen läßt: mein Schloß, mein Land, mein Haus, und das Sie das Schloß mit breiten Gräben umgeben läßt, das Haus mit festen Mauern und das Land mit undurchdringlichen Hecken!
Sie sprechen von Othello – warum erwähnen Sie dann nicht auch die Eunuchen, die Matronen und andere Haremswächter! Warum sprechen Sie nicht auch von den Keuschheitsgürteln und ihren Schlössern? Diese großartigen Erfindungen Italiens, die die Beständigkeit sichern, die Treue garantieren und dank deren ein Ehemann selbst als zittriger Greis umherreisen kann – in der Gewißheit, daß seine junge Frau treu bleibt, weil er deren Schlüssel tief in seinem Koffer verpackt hat!
Aber die Liebe weiß auch während der Unterbrechung ehelichen Lebens dem glücklichen Liebhaber einen zweiten Schlüssel in die Hände zu spielen und die verlassene, begierige junge

Ehefrau zu entschädigen. Welch reizendes, rührendes Bild gegenseitiger Offenheit und Ehrlichkeit! ...

Und schließlich, wenn ich mich als Beispiel hier heranziehen darf – was man mir wohl nach allem, was vorangegangen ist, gestatten kann –, werde ich mein Bekenntnis mit der naiven Unerfahrenheit und gutmütigen Aufrichtigkeit dieses armen Esels aus der Fabel ablegen, der auf einer Wiese nur ein Stück Gras von der Größe seiner Zunge abgeäst hatte und von Tigern und Löwen in aller Frömmigkeit als Opfer für die erzürnten Götter gefressen wurde!

Ich würde von mir sagen, daß ich mich lange Zeit beständig glaubte, weil ich eifersüchtig, ja, sehr eifersüchtig gewesen bin. Später erst, nachdem ich das Problem meiner Individualität besser bewerten und enträtseln konnte, habe ich gemerkt, was aus meiner Treue tatsächlich hätte werden können, wenn Verschwiegenheit und Geheimhaltung mich geschützt hätten!

Von allen Männern habe ich gewiß einen bestimmten mehr als alle anderen geliebt, und meine Zuneigung ließ mich immer wieder zu ihm finden. Doch fanden sich auch andere, die mir mehr oder weniger gefielen und mit denen ich von Zeit zu Zeit den ersten gerne vergessen hätte – in der Gewißheit, dank seiner Unwissenheit alle seine Zärtlichkeit weiterhin zu behalten.

Und diese meine Geschichte ist auch die vieler Frauen. Ich sage dies im Namen meines Selbstwertgefühles: Fluch über den, der Schlechtes dabei denkt – Honni soit qui mal y pense.

Ich will mich kurz fassen. Die Eifersucht ist nichts anderes als ein Ausdruck von häßlichem Egoismus und Individualismus, die in keiner Hinsicht für die Beständigkeit sprechen, sondern sogar eher für das Gegenteil ... Und die Treue hat bisher fast immer auf der Angst oder der Unfähigkeit beruht, besser oder anders handeln zu können. Dies wiederum ist nur die eindeutige Folge dieser Tatsache und Wahrheit, daß nur veränderliche und unbeständige Charaktere existieren. Denn die Beweglichkeit ist eine Voraussetzung für alle Weiterentwicklung, und ich könnte mir keine andere Unbeweglichkeit und Beständigkeit vorstellen, als die unseres Gottes, die einzig ewig und unveränderlich bleibt, weil Gott alles ist – der Fortschritt und das Leben.

Nur mit der Verkündung des Gesetzes der Unbeständigkeit also, und nur dadurch wird die Frau befreit werden!

Die Vereinigung der Geschlechter muß auf den weitestgehenden und zum Besten entwickelten Sympathien beruhen. Da das

Leben sich stets unter den beiden Aspekten Geist und Materie äußert, muß dort die Übereinstimmung des Geistes mit dem Geist, des Körpers mit dem Körper vorhanden sein – als kürzer oder länger dauerndes Experiment des einen und des anderen mit dem einen und dem anderen, als kürzer oder länger währendes Zusammensein.

Wird aber unter diesen Voraussetzungen nicht das Mysterium notwendig? Ist es nicht eine unentbehrliche Garantie für die Freiheit der Frauen? Was wird dann aus der tristen Existenz dieser Öffentlichkeit, die heute mehr denn je mit ihrem ganzen erdrückenden Gewicht auf unserer Welt der Moral lastet?

Also meine Damen, und selbst wenn dieses System zu einem ordinären und ekelhaften Durcheinander führen könnte, muß man entgegen Ihrer Meinung den Schluß ziehen, daß künftig die Assoziation auf einer grenzenlosen Freiheit beruhen wird – umgeben von dem Mysterium. Lassen Sie mich mit Herrn James de Laurence wiederholen: Daß doch die Frau die Geheimnisse ihres Herzens bewahre, daß sie sich allein Gott anvertraue – dann wird die Schlange ihr Haupt heben, aber ohne Gottes Kindern Böses tun zu können, und das Paradies wird wiederkommen.

Ich will einige Beobachtungen hinzufügen. Das Gesetz der Beständigkeit war wie jedes Gesetz, das zu seiner Zeit kam, gut und nützlich, denn es öffnete die Frauengemächer des alten Griechenland und Rom, in denen Frauen zu Hunderten zum Vergnügen und im Dienste eines einzigen Mannes schmachteten, indem es festlegte, daß ein Mann sich nur noch mit einer Frau in religiöser Verbindung vereinigen konnte und umgekehrt. Damit war es der Ausdruck eines Fortschrittes, einer Öffnung des Weges zur Emanzipation der Frau. Aber zu dieser Stunde, heute, da es nutzlos geworden ist, werden wir ihm – während wir es verwerfen und wie unnützes Werkzeug zerbrechen – ein Denkmal errichten, so wie das dankbare Vaterland seinen vergangenen Helden.

Ich sagte, daß nur bewegliche und unbeständige Charaktere existieren: Man muß aber nichtsdestoweniger sehen, daß die verschiedenen Wesensarten eines jeden Individuums in einer unendlich langen Reihe von Variationen mehr oder weniger beweglich sein werden – je nachdem wie weit entwickelt, wie vervollkommnet die einzelnen Charaktere sein mögen. Wenn wir zwei Individuen – das am weitesten und das am wenigsten entfaltete – miteinander vergleichen, dann erscheinen sie durch ihre große Unterschiedlichkeit als unbeständig und beständig.

Diese Festlegung hebt sich aber bald auf, wenn wir sämtliche Zwischenstufen aller möglichen Charaktere in Betracht ziehen und dabei alle Nuancen, alle Fortschrittsstadien durchgehen.
Schließlich gibt es noch eine mögliche Situation, die freilich sehr selten und kaum anzutreffen ist, wo zwei Individuen in immerwährender Beständigkeit zusammenleben könnten: Dies wäre der Fall, wenn beide sich in gleicher Weise entwikkeln würden und dabei fortwährend in einer immer gleichbleibenden, immer gleichmäßigen Beziehung verharrten.
Mir scheint, ich sollte hier innehalten, nachdem ich die Frage der Befreiung der Frau in ihren hauptsächlichen Aspekten behandelt habe. Darauf beschränkt sich meine Aufgabe aber nicht, denn diese Frage wirft eine andere, sehr wichtige Frage auf, von der sie abhängt: die der Abstammung, der Zeugung. Ich werde mich so kurz wie möglich fassen.
Noch immer existiert eine monströse Herrschaft, eine Art göttliches Prinzip, die sich inmitten der rauchenden Ruinen so vieler zerstörter Mächte, den Befehl auf den Lippen, streng und imposant auf ihrem alten Piedestal erhebt und gegen die ganze Jahrhunderte ihre Stürme austoben ließen, ohne sie aber umzustürzen – Herrschaft, unter welcher wir alle während langer Jahre gestöhnt haben, harte, fatale Ausbeutung des Menschen, der wir uns alle gebeugt haben: Es ist die bei allen Völkern von der Religion oder den Zivilgesetzen heiliggesprochene *Vatergewalt,* die wie die Bundeslade der Juden mit den imaginären Blitzen ihrer Verdammungen jede sich unvorsichtig nähernde Hand verdorren und abfallen läßt. Ich weiß nicht, was für ein kalter, mysteriöser Schauder sich an die Schritte all derer heftet, die es wagen, diesen Riesen anzugreifen und gegen ihn zu kämpfen. Jedermann findet Haß und Verachtung für sie, alle Welt errichtet unüberwindbare Schranken der Verdammnis um sie herum und stößt sie wie Abschaum von sich!
Und ich, die ich auch gegen die Legitimität, gegen die Heiligkeit dieser Vatergewalt protestieren will, werde vielleicht daran zerbrechen, werde meinen Namen geächtet sehen, meine Person verleumdet und mein Andenken beschmutzt!
Aber sehen Sie, was die Zeit, die stärker und mächtiger ist als die Rede einer Frau, aus dieser Autorität gemacht hat – die Zeit, die unaufhörlich alle Autorität zerstört. Sehen Sie, wie sie Stück für Stück die schönsten Verzierungen aus dem Diadem dieser wahrhaften Feudalherrschaft herausgebrochen hat – sie, die keine Pflastersteine braucht, um Königreiche zu zerschmettern!

Abraham, dieser fanatisch entbrannte Besessene, errichtet einen Scheiterhaufen, bereitet das Opferfeuer vor, und Gott lächelt dem Kindesmord zu und segnet sein Haupt mit Lobpreisungen. Jephtah erwürgt in seinem Triumph seine Tochter – und in Gottes Augen ist er ein Mensch! Und die heilige Schrift graviert die Namen Abrahams und Jephtahs in den Pantheon der Juden ein, verewigt ihr Andenken, und zwanzig Völker plündern diese Legende nach Belieben, übersetzen sie in ihre Sprache und umgeben sie mit ihrer Achtung und Anerkennung!
Brutus, jener furchterregende Republikaner, vergißt seine langjährige Bedeutungslosigkeit, verjagt die Tyrannen aus seinem angebeteten Rom und erwürgt seine Kinder, ohne zu zagen! Und auf ihren schönsten Seiten spricht die Geschichtsschreibung solche Schandtaten heilig, noch dreißig Jahrhunderte später wiegt man unsere Kinder mit den Erzählungen dieser Abscheulichkeiten in den Schlaf! Das römische Gesetz legte jedem Vater das Schwert in die Hände und verlangte keinerlei Rechenschaft von ihm für seine Taten – gleichgültig, ob er seine Söhne verkaufte oder ermordete ...
Abraham, Jephtah, Brutus! Ihr alten römischen Soldaten! Schlaft euren Totenschlaf, denn die Zeiten haben sich geändert: Würdet ihr heute von der Erde ausgestoßen, mit blutigen Händen unter unsere Augen treten, so kämen Gendarmen, euch zu verhaften, und der königliche Staatsanwalt erhöbe sofort Klage gegen euch wegen des reinen, unschuldigen und zu Unrecht vergossenen Blutes! Wie ließe euch die Pedanterie unserer Gesetze vor Mitleid lachen, ihr sublimen Peiniger! Unsere Gesetze, die dem Despotismus selbst des härtesten Vaters nur ein paar Monate Gefängnis gegen seinen Sohn zubilligen.
Ja, diese Veränderung ist bemerkenswert, der Fortschritt immens. Ehedem konnte jeder Vater seine Kinder nach Belieben töten, heute kann er sie kaum für einige Zeit ins Gefängnis bringen. Und die Zeit wird in ihrem ewigen, unabänderlichen und befruchtenden Verlauf auch noch dieses letzte Phantom mit Füßen treten, ihr Atem wird auch diese letzte Knechtschaft hinwegreißen!
Sehen Sie einmal, auf welcher Grundlage sich die väterliche Autorität erhebt: Wenn Mann und Frau dem gewaltigen Streben der Sinne folgen und von diesem Verlangen zueinander hingezogen werden, an das Gott in seiner gütigen Voraussicht die Erhaltung unserer Art gebunden hat, wenn sie sich also

einander hingeben und ihre Leben in einer langen Umarmung verschmelzen, dann vergessen sie die natürlichen und wahrscheinlichen Folgen, die durch ein unerklärliches göttliches Geheimnis aus ihrer Vereinigung erwachsen. Die Naturgesetze indes erhalten ihre Bestätigung, und die Frau hat empfangen.
Sehr oft verfluchen Sie nun allerdings dieses natürliche Ergebnis Ihrer Vergnügen, das ihre egoistischen Interessen und Ambitionen ganz unvorhergesehen stört und den Lauf ihrer Lüste unterbricht. Dann sind Sie gezwungen, sich dem Diktat eines Willens, der stärker ist als der ihre, zu unterwerfen, weil sie seinem Wirken gegenüber machtlos sind. Und nach neun Monaten empfangen Sie dieses schwache Geschöpf in ihren Armen, das schon im Bauch seiner Mutter mit ihrem Haß und ungerechten Zorn beladen ist, weil Sie sich nicht gewünscht hatten, Mutter zu werden!
Bald verwandelt sich das noch kraftlose, hilfsbedürftige neue soziale Individuum nach ihrer Willkür in ein Spielzeug, dessen Bewegungen Sie nach ihrem eigenen Rhythmus festlegen und regulieren. Sie bekräftigen mit ihrem Lachen, ihren Zärtlichkeiten schon die ersten Spielereien seiner beeindruckbaren Phantasie, die alle ihre Äußerungen nach ihrem Gesichtsausdruck, nach ihrem Stirnrunzeln ausrichtet. Sie geraten in Verzückung, begeistern sich in Selbstzufriedenheit und jauchzen bei jeder der sogenannten Schelmereien, die dem Kinde entschlüpfen, laut auf.
Das Kind wächst und entwickelt fortwährend seinen Körper und Geist. Es führt die Spiele, die Sie mit ihren Zärtlichkeiten und ihrem Beifall unterstützten, weiter. Doch ist das bunte Prisma zerbrochen, wird ihre Seele nurmehr von Sattheit erfüllt, Überdruß und Langeweile folgen auf die Begeisterung und lösen die Bewunderung ab ... Und eines Tages zwingen Sie seinen verformten Gliedmaßen mit der Peitsche in Händen eine erste Lektion in Ungerechtigkeit und gutem Benehmen auf, die Sie noch oft wiederholen werden.
Von diesem Tage an wird das Kind keine Ruhe, keine Freude mehr finden: Sie haben ihm auf dem riesigen Schachbrett der Welt einen festen Platz zugedacht, ohne sich auch nur einen einzigen Gedanken darüber zu machen, ob die Entwicklung seiner Persönlichkeit ihm erlauben wird, diesen Platz auszufüllen. Sie kneten und zerdrücken es, Sie überstrecken und verstümmeln es – ganz so, wie es ihren Plänen entspricht. Nach langen Jahren schließlich verlangen Sie von diesem häßlichen Monstrum, das ihren Händen entwächst, tiefe Dankbarkeit für

alles, was Sie ihm geschenkt haben, und verfolgen es noch mit ihren unersättlichen Ansprüchen. Sie zwingen es, einen Kult der Liebe um Sie herum zu treiben, und endlich, wenn es in der Stunde ihrer Agonie wieder Atem holen kann und versucht, seine deformierten Glieder, seinen gesenkten Kopf wieder aufzurichten – dann vergeblich! Seine Gliedmaßen und sein Kopf werden die Verkrümmung beibehalten, und seine rachitische Konstitution wird den Keim der Zerstörung für immer in sich bergen.

Ach! Nur gestützt auf ein immenses Bündel elternmordender Dolche und inmitten so vieler Seufzer über Vater und Mutter, wage ich, meine Stimme zu erheben für das Gesetz der Freiheit und Befreiung – gegen das Gesetz des Blutes, das Gesetz der Generation!

Keine Sklaverei, keine Ausbeutung, keine Bevormundung mehr!

Emanzipation für alle! Für die Sklaven, die Proletarier, die Minderjährigen – für große und kleine!

Aber Vorsicht, denn diese Gewalt der Vaterschaft, gegen die ich protestiere, müßte sich doch als Recht wenigstens mit einem Anschein von Begründung und Legitimität umgeben können...

An meiner Theorie des Experimentes und Mysteriums zerbricht jedoch jede Sicherheit und Behauptung einer Vaterschaft – eine Gewißheit und Behauptung, die heute schon genauso zweifelhaft sind!

Herr James de Laurence, der nur die Linie der Generation von Mutter zu Tochter als eindeutig anerkennt und daraus sein ganzes System ableitet, Herr James de Laurence hat diese Tatsache sehr gut erkannt, hat sie mit Prägnanz und Klarheit entwickelt.

Unfähig, mich besser oder anders auszudrücken als er, lasse ich ihn sprechen:

»Der Titel des Vaters kann tatsächlich nur *Gott* zugesprochen werden, denn – obgleich jeder weiß, daß er einen Vater hat – kann doch niemand mit Bestimmtheit wissen, wer sein Vater war. Welches Paar kann sagen: ›*Wir werden jetzt ein Kind machen.*‹ Und welches Paar: ›*Wir haben gerade ein Kind gemacht*‹*!* Der Erfolg ihres Tuns muß für einige Zeit ungewiß bleiben. Eine Mutter, die mehrere Liebhaber hat, kann vermuten, doch nicht belegen, wer der Vater ihres Kindes ist, und ebensowenig kann sie es beweisen. Wenn ein Paar mehrere Zusammenkünfte hatte, kann dann selbst die Mutter mit Sicherheit wissen, aus welcher ihr Kind hervorgeht? Ein Kind wird nicht wie eine Statue gemacht, wo der Künstler bald an einer Hand, bald an einem Fuße arbeitet. Wenn man Kinder nicht aus eigenem Willen macht, so kann ihre Empfängnis von den *Skeptikern* dem Zufall, von den *Gläubigen* der Vorsehung zugerechnet werden. Und es ist einsichtiger zu behaupten, alle Kinder würden von *Gott* gegeben, als zu sagen, alle Eheleute seien durch ihn verbunden.

Daß doch die Frauen in den Klöstern sich nicht länger als Bräute Gottes betrachten! Nein, die schwangeren Frauen sollten als von Gott auserwählt geehrt werden! Denn in dem Moment, da sie empfangen, ist Gott in ihnen gegenwärtig wie in der vom Priester gesegneten Hostie, und dieses wohltätige Mysterium muß die Unabhängigkeit der Frauen gegen die Ansprüche der Männer garantieren! Bis hierher haben wir die Ehe heilig geheißen, wir werden von nun an die Empfängnis göttlich nennen: Diejenige, die schwanger ist, ist erfüllt vom heiligen Geist... Alles was ist, ist durch Wunder...

Die Empfängnis aller Mütter ist ein Mysterium. Die Empfängnis aller Mütter ist unbefleckt. Welcher Makel kann sich an das Wirken der Natur heften?

Das Gegenteil zu behaupten wäre Gotteslästerung, und Jesus den einzigen Sohn Gottes zu nennen, hieße die ganze Menschheit zu enterben...«

Wir wollen hier innehalten – was könnten wir alldem noch hinzufügen?

Ich habe nur noch einem einzigen ernsthaften Einwand zu begegnen, einem, den die zahlreichen Verteidiger des Eigentums erheben könnten. Sie werden mir vorwerfen, daß ich das alte Erbrecht, das unwandelbare Gesetz der Nachfolge des Sohnes auf den Vater, das von Generation zu Generation bis zu uns hin weitergegeben wurde, brechen will. Herr James de Laurence schlägt vor, diese alte Art der Erbfolge durch die Weitervererbung von der Mutter an die Tochter, also die matrilineare Erbfolge, zu ersetzen.

Für uns, die wir mit so vielen anderen glauben und verkünden, daß es kein Eigentum mehr geben wird, daß das Erbrecht verschwinden wird, weil Eigentum und Erbrecht Privilegien von Geburt an sind, die ohne Ausnahme abgeschafft werden müssen, wie alle Standesprivilegien;

für uns, die wir die gesellschaftliche Stellung des Menschen gemäß seiner Fähigkeit fordern, und die Fähigkeit nur gemäß den Werken anerkennen;

für uns, die wir überall und in allen Menschen nur »fonctionnaires«, sozial Tätige, sehen, die abgelöst und ersetzt werden, von denen man aber nicht erbt;
für uns fällt dieser Einwand von selbst und wird bedeutungslos.
Auf die Behauptungen mancher, die Abschaffung des Erbrechtes bedeute die Zerstörung der Gesellschaft, erwidere ich, daß die Gesellschaft sich seit Jahrhunderten dann erschöpft, unaufhörlich an diesem Werk der Zerstörung zu arbeiten, daß sie dieses Recht in jeder Form verfolgt und ihm schon ein Privileg nach dem anderen genommen hat. Heute verschanzt sich das Eigentum, reduziert auf seinen einfachsten Ausdruck, vergeblich hinter den zahlreichen Reihen der Nationalgarde gegen einen Wall aus Gesetzen und Erlassen. Der Auflösungsprozeß hat bereits begonnen, und das Wort »progressive Steuer« klingt für den aufschreckenden müßigen Eigentümer wie todverheißendes Geläute.
In früheren Zeiten war ein Mensch Sklave und Eigentum, ja persönlicher Besitz eines anderen Menschen und konnte vererbt werden. Was ist denn aus der Sklavenhaltung, diesem großartigen Eigentum, geworden? Zerstört, vernichtet... und dennoch überdauert die Gesellschaft – immer schöner, größer und vollkommener. Was ist aus der Vererbung des Lebens mit seinen Vasallen, die mit Zehnt und Steuern belegt waren, geworden? Liegt die Gesellschaft etwa unter dieser Ruine des Mittelalters begraben?
Was ist selbst aus der Erblichkeit des Titels geworden, der einstmals Rechte und Privilegien gewährte? Hat die Erde etwa bis zu ihren Polen gebebt, als zwei oder drei Privilegierte inmitten der Nationalversammlung als erste ihre Adelsurkunden und Charten auf dem Altar des Vaterlandes verbrannten?
Ich weiß, daß eine Revolution sich nicht in einem Tag, abrupt und unvorhergesehen vollzieht; ich verstehe, daß Vorsichtsmaßnahmen notwendig sind, um diese Veränderung herbeizuführen, daß die Gesellschaft sich nur nach und nach verändern wird – in einem allmählichen und vorsichtigen Übergang. Aber diese möglichen und notwendigen Vorsichtsmaßnahmen, diese Übergänge zu zeigen ist nicht mein Werk, nicht meine Mission – wenigstens nicht hier.
Ich meine also:
Keine Vaterschaft mehr, die ohnehin immer zweifelhafter und nicht zu beweisen ist!

Kein Eigentum, kein Erbrecht mehr!
Gesellschaftliche Stellung gemäß der Fähigkeit, Entlohnung gemäß den Werken!
Folglich:
Keine Mutterschaft mehr, kein Gesetz der Blutsverwandtschaft mehr!
Ich sage, keine Mutterschaft mehr: So wird es sein, wenn die Frau vom Joch der Bevormundung und des Schutzes der Männer befreit und emanzipiert sein wird, wenn sie weder Nahrung noch Lohn von ihnen erhalten wird und sie ihr nicht länger ihren Körper bezahlen werden. Dann wird die Frau ihre Existenz, ihre soziale Position nur aus ihrer Fähigkeit, aus ihrem Werk beziehen!
Dazu muß die Frau ein Werk vollbringen, eine Funktion ausfüllen, und wie könnte sie das, wenn sie immer dazu verurteilt ist, einen kleineren oder größeren Teil ihres Lebens in der Fürsorge aufzubrauchen, die das Aufziehen eines oder mehrerer Kinder verlangt? Entweder das Werk wird vernachlässigt und schlecht erfüllt, oder das Kind wird schlecht und ohne die Pflege aufwachsen, die seine Schwäche und seine langsame Entwicklung brauchen.
Sie wollen die *Frau* befreien?
Gut, dann bringen Sie die Neugeborenen von der Brust der *natürlichen Mutter* in die Arme der *sozialen* Mutter, der *beruflichen* Amme, und das Kind wir besser aufgezogen werden, denn es wird dann von derjenigen betreut, die fähig ist, Kinder zu erziehen, ihre Entwicklung zu unterstützen und sie zu verstehen.
Jede Frau wird so in der Gesellschaft einen Platz einnehmen, der ihren *Fähigkeiten* entspricht, und wird für ihre Werke entlohnt werden.
Dann, und nur dann werden alle: der Mann, die Frau und das Kind, vom Gesetz der Blutsverwandtschaft und von der Ausbeutung der Menschen durch die Menschen emanzipiert sein.
Dann werden jede und jeder, alle Frauen und alle Männer, die Töchter und Söhne ihrer eigenen Werke sein, und nur ihrer Werke.

Flora Tristan

Brief an Olympe

London, 1. August 1839

Oh, vielen Dank für Ihren Brief, meine liebe Olympe, er belebte mein Herz wie ein Tropfen frischen Morgentaus.
Stellen Sie sich vor, meine Liebe, hier herrscht seit sechs Tagen ein wahres Lumpenwetter (wie Chabrié sagen würde). Seit sechs Tagen hörte es nicht einmal für eine Stunde auf, zu regnen. Dennoch – seien wir gerecht – gibt es Abwechslung: Donner, Wind, Hagel, Schnee, mehr oder weniger durchdringende, stechende Kälte. Was man sonst als Himmel bezeichnet, der überall aus Sonne, Sternen, blauen Tuchen und Wolkengruppen in vielfältigen Farben zusammengewebt ist, sinkt hier als riesiges Bett aus grauschwarzen Federn auf diese riesengroße, düstere Stadt herab und ergießt sich über sie.
Wahrhaftig, dieses Land hat einzig für die Enten einen gewissen Zauber. Doch die Menschen, die dazu verdammt sind, im Schlamme zu waten, und die unglücklichen Katzen, denen nicht einmal die unschuldige Freude vergönnt ist, in den Dachrinnen zu spazieren – sie führen hier ein zutiefst miserables Leben! Ich bin in diesem Augenblick alleine in meinem Zimmer, soeben vom erbärmlichsten Mittagessen zurückgekehrt, das ein Proletarier oder Paria finden kann. Ich hatte wohl eine Einladung in der Stadt, jedoch kosten hier die Einladungen sehr viel: an Toilette, an Geld für Kutsche und Domestiken, schließlich an Verdruß und Langeweile, so daß ich kaum mehr eine annehme.
O Paris, wo bist du!
Gestern kam keine Post hier an, wegen des schlechten Wetters.
Ich bange um meine Überfahrt – ich werde so seekrank! Doch lassen wir all das beiseite. Ich will Ihren Brief noch einmal lesen.
Sie sollen wissen, wundersame Frau, welche Freudenschauer mich durchrieseln angesichts Ihres Briefes . . .
Sie sagen, Sie liebten mich und ich magnetisierte Sie, ja, ich versetzte Sie sogar in Ekstase.
Vielleicht scherzen Sie mit mir? Sehen Sie sich vor – schon lange sehne ich mich danach, eine Frau möge mich leiden-

schaftlich lieben. Oh, ich wünsche gar ein Mann zu sein, um von einer Frau geliebt zu werden.
Ich fühle, liebe Olympe, daß ich einen Punkt erreicht habe, da mir die Liebe eines Mannes nicht mehr zu genügen vermag – vielleicht aber die einer Frau?... Die Gefühle, das Gedankenspiel einer Frau bergen so große Kräfte in sich, eine Frau verfügt über solch immensen geistigen Reichtum!
Sie werden mir nun sagen, daß zwischen zwei Menschen desselben Geschlechtes die Anziehung der Sinne nicht sein kann, daß dieses hochfliegend leidenschaftliche Lied der Liebe, wie Sie sie erträumen, nicht zwischen zwei Frauen wirklich werden kann.
Ja, und nein.
Es kommt eine Zeit, da die Sinne ihren festen Platz verlassen, das heißt, da alles von unserem Geist durchdrungen ist. Was ich hier sage, wird Ihnen als Wahn erscheinen! Ach, Sie verstehen Gott, die Frau, den Mann und die Natur nicht, wie ich sie verstehe. Es ist absolut vonnöten, daß ich in diesem Winter Unterricht halte – für Sie und zwei oder drei der Liebenswertesten.
Im Augenblick empfinde ich so tief, so bewegt, und ich will Sie, liebe Schwester, mit Glauben an dieses mein Leben erfüllen. Meine Seele ist ihres Schutzmantels beraubt: ich lebe mit den Seelen. Ich fühle solche Nähe zu anderen Seelen – besonders wenn sie beinahe im Gleichklange mit der meinen sind –, daß ich sozusagen Besitz von ihnen ergreife.
Seit langer Zeit habe ich Sie. ... Ja, Olympe, ich atme durch Ihren Busen und durch den Puls Ihres Herzens.
Eines Tages werde ich Ihnen alles sagen, was Sie wünschen, was Sie bedauern und welche Schmerzen Sie erleiden – und Sie werden erschrecken. Nun, dies ist die Macht des *zweiten Gesichtes,* das Allernatürlichste: Eine Seele, die Kraft hat zu lesen, was andere Seelen bewegt – ganz einfach der Magnetismus, der nur aus der Überlegenheit des Fluidums einer Person über das Fluidum einer anderen herrührt. Sie sehen, meine Liebe, daß für mich die Liebe – ich sage, die *wirkliche Liebe* – nur zwischen zwei Seelen lebendig sein kann. Folglich ist es sehr einfach, sie zu verstehen: zwei Frauen können sich wahrhaftig lieben, zwei Männer ebenso.
All dies soll Ihnen sagen, welch brennenden Durst ich verspüre, geliebt zu werden. Doch ich bin so anspruchsvoll, so fordernd, so vielfräßig und feinschmeckerisch zugleich, daß alles, was man mir entgegenbringt, mich kaum zufriedenstellt. Mein Herz

gleicht dem Gaumen des Engländers: es ist ein tiefer Schlund, in dem alles, was hineingelangt, zerschellt, zerbricht und verschwindet.
Nun, eben gerade stört mich das Zimmermädchen und fragt, ob ich Tee trinken wolle. Ich verabscheue Tee! Sie bringt mir Licht. Es ist sieben Uhr, doch man sieht nichts mehr! Zauberhaftes Albion, welches Vergnügen, bei dir zu weilen!
Sie fragen mich, ob ich Ihren ehemaligen Freund M. gesehen habe. Nein, wahrhaftig, nicht einen aus der Bande. Stellen Sie sich vor, ich werde hier als Revolutionärin und Jakobinerin abgestempelt, ja, als eine Art weibliches Monstrum, das sich erdreistet, *Gleichheit der Rechte für Männer und Frauen* zu fordern! Ich verdanke diese so vorteilhafte Reputation der Tory-Presse, die ebenso feige, ebenso käuflich und verachtungswürdig ist wie die unsere in Paris. Sie werden nun vielleicht so einfältig sein und mir sagen: »Diese Attacken der Tories müßten Ihnen doch einmal mehr die Sympathien der Londoner Republikaner zuziehen!« Sie Kind! Sie wissen noch nicht, daß Ihr Freund Marraste (wenn er sich in London aufhält, was gegenwärtig nicht der Fall ist) und der wilde Cavaignac und Co. bei Seiner Kaiserlichen Hoheit, dem Prinzen Louis-Bonaparte, direkter Prätendent auf den Thron der Franzosen, antichambrieren! (Dies ist die buchstäbliche Abschrift aus dem Briefe eines Republikaners.)
Ach, liebe Olympe, überhaupt erlebe ich in London pyramidalische Tollheiten ...

(Das Ende des Briefes ist nicht überliefert.)

Flora Tristan

Von der Notwendigkeit, fremden Frauen einen guten Empfang zu bereiten

Helft Euch untereinander

Hervorragende Gelehrte beschrieben unser Zeitalter recht treffend, indem sie es als eine Epoche des Übergangs in der sozialen Ordnung und der Erneuerung des Menschengeschlechts bezeichneten. Die Grundfesten, auf denen die vergangene Gesellschaft des Mittelalters ruhte, sind zerfallen – für immer zerfallen – und auf ihren Überresten versucht eine neue Gesellschaft sich aufzubauen. Allerorten hört man den Widerhall einmütiger Stimmen, die neue Institutionen für die neuen Bedürfnisse fordern – Stimmen, die nach Assoziation und Vereinigung rufen, auf daß in gemeinsamer Anstrengung für die Entlastung der schmachtenden Massen gearbeitet werden kann, denn als einzelne sind sie schwach und nicht einmal in der Lage, sich zu erheben und gegen die letzten Anstrengungen einer überkommenen, verlöschenden Zivilisation zu kämpfen.

Eine ganze Klasse, die die Hälfte der Menschheit ausmacht, gehört zu diesen unglücklichen Wesen, die unsere Zivilisation zu einem Leben im Leid verurteilt. Und alle Menschen, die die Stimme ihres Herzens in sich noch nicht erstickt haben, werden spüren, daß das Los der Frauen, dieses Teiles der Menschheit, dessen Mission darin liegt, den Frieden und die Liebe in die Gesellschaft zu tragen, verbessert werden muß. Diese Notwendigkeit zeigt sich deutlich, es ist allgemein anerkannt, daß die grundlegenden Lebensbedingungen der ganzen Gesellschaft verbessert werden müssen, und die der Frauen ganz besonders, ebenso wie bekannt ist, daß man soziale Gewohnheiten verändern muß, wenn sie der Entwicklung, die der Fortschritt mit sich gebracht hat, nicht mehr angemessen sind.

Aber das Übel unserer Zeit liegt darin, zuviel verallgemeinern zu wollen: Daher verliert man die Mittel zur Verbesserung aus dem Blickfeld und ersinnt vollkommene Systeme, die jedoch vielleicht erst in zwei Jahrhunderten Wirklichkeit werden können.

Unser Ziel hier ist nicht, eine brillante Utopie zu erbauen, indem wir eine Welt, wie sie sein sollte, beschreiben würden, aber vergäßen, einen Weg anzuzeigen, welcher uns zur prakti-

schen Ausführung dieses schönen Traumes von einem allumfassenden Eden führen könnte.
Wir wollen schrittweise Verbesserungen, und unter diesem Gesichtspunkt wenden wir uns nur einem Teil der Menschheit und seinen Leiden zu. Wir meinen, wenn ein jeder solchem Vorgehen folgen wollte und unter bestimmten Aspekten an verschiedenen Verbesserungen arbeiten würde, dann sähe man recht bald die Sonne der Erlösung und des Glückes aufgehen.
Wir wollen uns hier nur des Loses der Ausländerinnen und ortsfremden Frauen annehmen, ohne uns von dieser Besonderheit je zu entfernen.
Wir richten unseren Aufruf, unsere Worte an alle: an Frauen, die das Unglück jener Position nicht aus eigener Erfahrung kennen, wie an die Männer, auch wenn sie trotz aller Anstrengung nur wenig verstehen werden, wie furchtbar es ist, als Frau alleine und als Fremde zu reisen.
Unsere Ideen sind uns von großzügigster Philanthropie diktiert, unser Ziel ist heilig; auch hoffen wir, daß Gott uns Worte geben wird, die aus dem Grunde eines jeden empfindsamen Herzens, einer jeden edlen und großmütigen Seele Echo erhalten werden. Wir selbst sind lange Zeit alleine gereist und waren Fremde, folglich ist uns alles Unglück dieser grausamen Situation bekannt. Wir befanden uns als Fremde in Paris, in Provinzstädten, in Dörfern und Badeorten. Wir durchquerten mehrere Gegenden Englands und seine immense Hauptstadt, besuchten große Gebiete Amerikas, und unsere Worte werden nur Nachhall unserer Empfindungen sein, denn wir können nur von dem sprechen, was wir selbst erfahren haben.
Um ein getreues Abbild all der Leiden, denen alleinreisende Frauen ausgesetzt sind, entstehen zu lassen, halten wir es für das Beste, mit einer Darstellung ihrer Lage in einer der großen, reich bevölkerten Hauptstädte – diesen Zentren der Zivilisation – zu beginnen. Paris wird hierfür mehr als genug Material an die Hand geben, um das Blut in den Adern eines jeden Menschen stocken zu lassen, dem von Natur die Fähigkeit zuteil wurde, das Unglück einer qualvollen Situation mitzufühlen.
Also werden wir zuerst von Paris sprechen, diesem Paris, das wegen der Freundlichkeit seiner Bewohner schon seit alten Zeiten ein europäisches Renommée besitzt. Unsere Anklagen werden um so größere Aussagekraft haben, als bisher keine andere Stadt mit Paris rivalisieren konnte. Wenn wir manches Mal von Einzelheiten sprechen werden, die minimal erscheinen könnten, so nur, um zu zeigen, wie all diese kleinen Unannehm-

lichkeiten wahrhaftige Pein verursachen, die um so stechender schmerzt, als sie sich in jedem Moment unseres Lebens wiederholt.

Eine Ausländerin wird tausend Ärgernisse, tausendmal fehlende Gastfreundschaft und mangelnde Höflichkeit erleiden, sobald sie an der Grenze die Kutsche bestiegen hat, um in drei oder vier Tagen das Land zu durchfahren, welches sie noch von der Hauptstadt trennt! Anstatt bei ihren Reisegefährten oder in den verschiedenen Herbergen, in denen sie sich aufhalten muß, die Wohlanständigkeit und Aufmerksamkeit zu finden, die Ausländerinnen ganz selbstverständlich immer und überall entgegengebracht werden sollten, wird sie einerseits nur Neugier und Eigensucht antreffen, andererseits vollkommene Gleichgültigkeit. Wenn sie endlich ankommt, wird sie von all den Anstrengungen erschöpft sein. Nun aber muß sie sich darum sorgen, wo sie wohnen kann. Sie steigt aus dieser schweren Postkutsche aus, fast betäubt von all dem Lärm, der ihr noch im Ohr nachklingt. Die Schreie der Kutscher und Laufburschen, die sich um ihr Gepäck streiten, der Hoteldiener, die ihr rücksichtslos das schöne »Hôtel d'Angleterre« oder »de France« anpreisen, müssen ihre Benommenheit und ihre Einsamkeitsgefühle noch vergrößern. Auch wird all dies Getöse, an das sie nicht gewöhnt ist, wird die Betriebsamkeit all dieser geschäftigen oder gleichgültigen Menschen sie in Schrecken versetzen, ihr Herz wird sich schwermütig zusammenkrampfen. Schon mag ihr scheinen, daß irgendein Unglück droht, sie bebt und ihre Augen füllen sich mit Tränen. Aus tiefstem Herzen wird sie stöhnen: Mein Gott, was soll aus mir werden! Ich alleine, ganz und gar alleine in dieser großen Stadt, in der ich fremd bin!

Ja, so wirkt Paris auf eine Frau, die zum ersten Male und ohne Empfehlungen dorthin kommt. Bei der Ankunft im berühmten »Hôtel d'Angleterre« wird man sie mit Blicken empfangen, die wir kaum zu beschreiben vermögen, und man darf davon ausgehen, daß sie zuerst folgende Worte zu hören bekommt: »Madame sind allein?« (Mit einer Betonung des Wortes *allein.*) Nach ihrer bestätigenden Antwort wird man sodann den Pagen oder ein Zimmermädchen anweisen, sie zum schlechtesten Zimmer im ganzen Hause zu bringen. Sie wird erst nach allen anderen Gästen bedient werden, und dies in Gott-weiß-welcher Art! Dennoch muß sie meist für ihr schlechtes Zimmer 10 Francs mehr bezahlen als ein Mann. Für alles andere gilt dies ebenso, und man trifft es überall so an.

Soviel über die physischen Widernisse – kommen wir nun zu

den anderen. Sollte eine Ausländerin einen Verwandten, einen Gefährten oder etwa einen fremden Mann wegen geschäftlicher Dinge bei sich empfangen, so wird man umgehend – mit einer wahrhaft christlichen Haltung, wie sie in Hotels ja so üblich ist – feststellen, daß diese Fremde mit schlechten Absichten nach Paris gekommen ist. Die Hoteldame wird es befürchten, die dort wohnen, werden nicht daran zweifeln, und die Bediensteten endlich, werden dafür garantieren. Wir sind nicht imstande, zu sagen, wo dieser Brauch in beinahe jedem Hotel herrührt, doch es ist so – wir berichten hier nur von Tatsachen.

Solche sind die Leiden aller alleinreisenden Frauen. Doch müssen wir sie nun in verschiedene Klassen einteilen, um besser ihre jeweils besondere, aber immer unglückliche Position studieren zu können.

Betrachten wir zunächst die Lage der Frauen, die zum Zwecke ihrer Bildung und Zerstreuung reisen. Besonders in dieser Klasse kann man die hervorragendsten, und für eine Stadt wie Paris interessantesten Frauen finden. Sie sind es, die unsere Gesellschaft bereichern und verschönen können, sowohl dank ihrer guten Sitten und der Geldmittel dieser gehobenen Klasse, welcher sie gewöhnlich angehören, als auch aufgrund ihrer Fähigkeiten, die sie sich daher bereits aneignen konnten. Und dennoch, wie empfängt man diese Frauen? Sind sie jemandem empfohlen worden, so lädt man sie einmal zum Essen, zu einem Nachmittagstee oder zum Ball ein – doch nichts darüber hinaus. Es wird ihnen außerordentlich schwer fallen, Zugang zur Gesellschaft zu finden, denn kein Weg dahin wird ihnen eröffnet.

Wie also kann sich eine Fremde verhalten, wenn sie mit dem edlen Ziele, diese Stadt als Ort der Kunst und der Wissenschaft zu besuchen, nach Paris gekommen ist? An wen könnte sie sich wenden, um hilfreichen Rat zu erhalten? Wer würde ihr dabei helfen, ihr Ziel zu erreichen und die Zeit auszuschöpfen, die sie für diese Reise geopfert hat? Dies ist ein Problem, das sich nicht einfach lösen läßt. Gewiß, ein Fremdenführer gibt ihr die Besuchszeiten der öffentlichen Denkmäler und Sehenswürdigkeiten bekannt, doch wird eine Ausländerin, wenn sie schüchtern ist, etwa den Mut haben, diese Plätze aufzusuchen, wo sich meist nur Männer aufhalten, die nicht im geringsten daran gewöhnt sind, Frauen ohne Begleitung dort anzutreffen und sie daher mit recht eigenartigen Blicken mustern werden? Selbst wenn sie mutig zu einer dieser Stätten hingeht, sich aber so betrachtet sieht – wie eingeschüchtert wird sie dann sein, wie wenig wird sie es wagen, auch nur eine einzige Frage an irgend jemanden zu richten. Und sie wird auf die Ziele ihrer Unternehmung verzichten, wird gezwungen sein, umzukehren, ohne die Namen oder Bedeutungen von tausend Dingen kennengelernt zu haben, die sie gerne gewußt hätte. Sie empfindet nur mehr eine undefinierbare Verstimmung – so sehr in der Seele, als auch körperlich – und der Gedanke, dieses hervorragende, vielgelobte Paris zu verlassen, wird zu ihrem einzigen Wunsche.

Doch gehen wir nun zu einer anderen, ebenso interessanten Klasse von Frauen über. Eine große Zahl Frauen kommt nach Paris, um Geschäfte zu tätigen, wegen eines Prozesses oder anderen Angelegenheiten dieser Art. Wie die ersteren haben sie niemanden, der sie begleiten würde, und sind darauf angewiesen, ihre Interessen Unbekannten anzuvertrauen, denen sie nicht selten zum Opfer fallen. Die Unerfahrenheit in geschäftlichen Dingen, wie sie aus der heutigen Erziehung der Frauen herrührt, macht sie zu leicht ausbeutbaren Objekten für Gauner und Profiteure aller Art. Oft wird ihnen ihr Vertrauen zur Falle, und ihr Alleinsein bringt viel Übel mit sich – ja, oft sogar den vollkommenen Ruin für ihre Familien, in deren Interesse sie die Reise unternommen hatten.

Wieviel Kummer muß sich bei ihnen ansammeln! Sie werden Paris und seine Einwohner verwünschen – betrogen, irritiert und ruiniert, wie sie sind. Denn kaum einer der Bewohner dieses fabelhaften Paris fühlt sich aufgerufen, der glücklosen Fremden eine helfende Hand zu reichen, wenn sie kommt, um ihre Rechte zu verteidigen und schließlich abreisen muß, ohne daß auch nur eine einzige Stimme sich zu ihren Gunsten erhoben, auch nur eine Menschenseele ihr Unglück bedauert hätte.

Betrachten wir nun die dritte, die zahlreichste und interessanteste Klasse, in der sich alle Leiden zu versammeln scheinen, und die daher des tiefsten Mitgefühls würdig ist. Schon immer hat man die großen Städte mit Verwünschungen bedacht und gesagt, dort gediehen Laster und Infamie, dorthin gingen all diejenigen, die sich verstecken müßten und untertauchen – um letztendlich unterzugehen. Dies ist nur zu wahr. Doch trifft man dort auch auf die Tugend, die da weint und unbekannt stirbt, trifft man auf stöhnende, händeringende Verzweiflung und still und resigniert ertragenes Unglück.

Wir wissen doch, daß ein armes junges Mädchen aus der

Provinz, wenn es verführt, entehrt und in seinem Unglück alleingelassen wurde, keinen anderen Ausweg hat, seine Schande zu verstecken, als sich in diesem immensen Schlund, wo alles zur gleichen Form zerbrochen wird und dieselbe Farbe annimmt, zu verlieren. Auch die unglücklich verheiratete Frau sucht dort ein Refugium, weil unsere heutigen Institutionen sie von ihrem Manne trennen, ohne ihr aber die Ehescheidung zuzugestehen, die für das Glück aller und die allgemeine Ordnung notwendig wäre. Dort suchen auch die Ausländerinnen Unterschlupf, wenn ein Unglück oder die Verleumdung, die ihm stets nachfolgt, sie zwangen, ihre Heimat zu verlassen. Solange sie noch ganz von dieser Not beschwert sind und der infame Bann ihrer Mitmenschen, die vielleicht tausendmal schuldbeladener sind als sie, auf ihnen lastet, flüchten sie in die großen Städte und suchen dort nur die kleine Freiheit, ihre Nöte und Schmerzen zu verstecken und unbemerkt im Schatten zu weinen.

Dieses Paris, das sich ihren jungen Phantasien in einem fernen Zuhause so vielfarbig und lebhaft darstellte, dieses brillante Paris erscheint ihnen dann grauenvoll, ja, diese so menschenreiche Stadt wird für sie zur Wüste.

Man wird schnell gewahr werden, daß alle fremden Frauen, die sich in der Lage befinden, welche wir gerade beschrieben haben, beinahe immer ohne Geldmittel sind. Denn das junge Mädchen wäre nicht verlassen worden, wäre es reich gewesen, die verleumdete Ausländerin müßte ihr Land nicht verlassen, wäre sie reich: Man täuscht und attackiert immer nur die Schwachen und vom Glück Verlassenen.

Reiche Frauen sind nur sehr selten gezwungen, sich von ihrem Manne zu trennen, da sie ohnehin gewöhnlich von Anbeginn der Ehe an getrennt leben. Also befinden sich Ausländerinnen, die ihr Land verlassen müssen, beinahe immer in pekuniärer Not oder sogar in Armut. Die Verachtung und Einsamkeit, denen sie ausgesetzt sind, lassen sie ihr Leben verwünschen, und die geringsten Unhöflichkeiten, der kleinste ironische Blick werden für sie zu Dolchen, die sich grausam in ihre Brust bohren. Nötiger, als Vögel die Luft zum Fliegen und Pflanzen die Sonne zum Wachsen, brauchen sie einen wohlgesonnenen, helfenden Menschen. Daher ist es unsere Pflicht – und sie sollte tief im Herzen eines jeden so empfunden werden –, diesen vielen Geschöpfen, die uns anflehen und unter der Last ihres Schmerzes zerbrechen, zu Hilfe zu eilen.

Bedenken Sie jene Maxime Jesu Christi: »Tue anderen, was Du

wünschest, daß man Dir tue!« Ja, lassen Sie sich ganz von diesem erhabenen Leitsatz durchdringen, und nicht länger werden Sie so viele Frauen, die durch Ihre Hand gerettet werden könnten, alleine in einem Ozean des Leids schmachten lassen! Tun Sie das Gute, dann werden Sie unaussprechliche Freude empfinden, Freude, die der Preis des Guten ist und Sie in Gottes Höhen erheben wird.

Was die Städte der Provinz angeht, so können wir mit Gewißheit sagen, daß das Los fremder Frauen dort nicht besser ist als in Paris.

In den Städten erster Ordnung werden sie dasselbe Ausgestoßensein, dieselbe Eigensucht und Gleichgültigkeit und sogar noch weniger Höflichkeit finden als in der Hauptstadt. In anderen Orten, wo die Sitten weniger verfallen sind, wird die Gleichgültigkeit von einer beleidigenden Neugier abgelöst. Sorgt man sich in den großen Städten überhaupt nicht um die Fremden, so macht man sie hier zum Konversationsgegenstand – ein ehrliches Interesse aber finden sie weder hier noch dort. Wenn eine Frau auf ihrer Reise alleine etwas Sehenswertes besichtigen will, wird sie hier einige Mühen haben und kann sicher sein, hernach zum bevorzugten Objekt der Unterhaltungen sämtlicher Dorfhonoratioren zu werden.

Doch genug damit, zum Gefühl zu sprechen – die Empfindsamen werden uns schon verstanden haben. In unserem so positiven Jahrhundert muß man sich auch an den Verstand richten: Hüten wir uns davor, mit jenen Metaphysikern verwechselt zu werden, die mehr träumen, als sie denken; verhindern wir, daß unsere Theorien von den Moralutopien, die sich von überall her erheben, aufgesaugt werden – von Utopien, die ebenso schnell wieder zusammenbrechen, weil es ihren Erbauern an Vorausschau und mathematischem Geist mangelte.

Wenn also die meisten Menschen nur kalkulieren, mit Zahlen an der Hand disputieren und die Wahrscheinlichkeit ihres zukünftigen Glückes ganz kalt und arithmetisch ausspekulieren, so glauben wir, daß man mit jedem in seiner Sprache reden muß. Für jene nun werden wir ein Tableau der materiellen Nachteile zeichnen, die von der schlechten Aufnahme der Ausländerinnen herrühren, und andererseits den immensen Profit beschreiben, der – wollte man sie besser empfangen – erreicht würde.

Sicher ist, daß in großem Maße die Ausländer den Reichtum der Städte ausmachen, und daß solche Verbindungen von Nation zu Nation den sozialen Fortschritt schneller voran-

schreiten lassen. Man kennt den enormen Vorteil, welcher für Europa aus der Revolution von 1789 erwachsen ist. Unsere siegreichen Armeen durchquerten unter der Republik wie im Empire alle Länder, schufen überall enge Verbindungen und lehrten die Völker, sich gegenseitig anzuerkennen, sich nicht mehr wie in der Vergangenheit zu verachten, sondern von ihrer Bekanntschaft zu profitieren.
Und nicht länger sieht man, daß der Engländer alles, was vom Festlande kommt, verachtet oder der Italiener die Wissenschaften, die jenseits seiner Alpen betrieben werden, mit Herablassung betrachtet. Auch der Franzose, den glückliche Umstände an die Spitze des Fortschrittes gesetzt haben, versteht seine Mission, die Zivilisation überall hinzutragen.
Sehen Sie nun, welchen Vorteil der Handel, die Wissenschaften, die Künste und die Industrie daraus gezogen haben. Die Wahrheit ist nicht mehr ausschließliches Vermögen des Volkes, das sie entdeckt, sondern sie wird veröffentlicht und kundgetan. Man studiert die fremden Sprachen, die geschriebenen Werke werden sogleich von einem Lande zum anderen übersetzt, um die neuen Ideen, die geistigen Lichtblicke überall zu verbreiten. Doch es würde zu lange dauern, wollte ich hier alle Vorteile aufzählen, die sich den Reisen verdanken, die dauerhafte Verbindungen zwischen den Nationen herstellen und den Augenblick näher bringen, da sich die vielen rivalisierenden Länder zu nur einer einzigen großen Familie zählen werden.
Auch die Frauen haben aktiv teil an Reisen, und wenn sie den Wissenschaften nicht ebenso nützlich sein können wie die Männer, so tragen sie dank ihrer Beobachtungsgabe aber seitens der guten Sitten Entscheidendes bei. Doch was tun wir, damit sie in unsere Städte kommen oder für einige Zeit dort bleiben? Aus dem Tableau, das wir bereits skizziert haben, ergibt sich, daß gewiß weder Frauen aus der Provinz noch Ausländerinnen ihre Freundinnen oder Landesgefährtinnen darin bestärken werden, eine Reise zu unternehmen, bei der sie selbst so vielen Leiden ausgesetzt waren; und Folgendes ist eine Tatsache, die wir selbst festgestellt haben: Viele Frauen, die mit der Absicht kamen, lange Zeit in Paris zu verbringen, sind oft schon nach einem Monat wieder abgereist, ohne etwas gesehen oder Neues erfahren zu haben. Sie waren von der Vereinsamung in dieser großen Stadt so angewidert, daß sie den Tag verwünschten, an dem sie ihr gemütliches Zuhause verlassen hatten.
Die Pariserinnen ihrerseits besuchen die Provinz ebensowenig – und dies aus demselben Grunde. Sehen wir jedoch einmal,

wieviele wahrhaftige Vorteile solche kurzen Reisen für die Gesellschaft haben können.
Die Frauen fühlen, daß eine neue Ära für sie anbricht, daß auch sie dazu aufgerufen sind, in den Tempel der Wissenschaften einzutreten.
Das größte Unglück wohlhabender Frauen entspringt aus ihrem Müßiggang oder rührt daher, daß sie sich aufgrund ihrer schlechten Bildung nur frivolen, kurzlebigen Beschäftigungen widmen können. Wieviel gewännen sie mit angenehmen und lehrreichen Reisen doch hinzu! Die Pariserinnen blieben nicht länger ohne die geringste Kenntnis von ihrem Lande – so, wie sie es jetzt beinahe alle sind. Sie fänden bei den Frauen in der Provinz Tugenden, die sie in ihrer Stadt ein wenig zu sehr beiseite lassen, wie zum Beispiel: die häusliche Sparsamkeit, die aufrichtige Gesinnung und Freimütigkeit der Frauen vom Lande. Diese Beobachtung ließe sie über die Leichtfertigkeit und die unglaubliche Frivolität einer großen Anzahl von Pariserinnen ernsthaft nachdenken, und sie könnten sich jene Tugenden zu eigen machen. Die Dörfer gäben auf diese Weise die Klarheit ihrer Sitten an die Städte weiter, und diese tauschten dafür ihre Zivilisation mit ihnen aus. Schließlich würde aus solchen vielfachen Reisen ein großer Vorteil, ein merklicher Fortschritt entstehen, welcher sich in allen Klassen der Gesellschaft gleichermaßen zeigte.
Es ist beinahe unnütz, hier noch von den Frauen zu sprechen, die Reisen in fremde Länder unternehmen, denn in einem größeren Rahmen fänden sich nur weitere der Vorteile, wie wir sie bereits beschrieben haben. Gott sei Dank sind wir schon alle Franzosen – ohne Ansehen der Provinzen, und solche Reisen, solche gegenseitigen Gastfreundschaften werden den so sehr ersehnten Tag näherbringen, an dem wir alle Menschen und Brüder sein werden, ohne uns mit den Namen Engländer, Deutsche, Franzosen ... und so weiter voneinander abzutrennen. Aber wenn ein Übel erst erkannt ist und wir ein Heilmittel gefunden haben, dann ist vonnöten, nach den Mitteln seiner Anwendung zu suchen. Zu diesem Zwecke schlagen wir vor, die »Gesellschaft für fremde Frauen« zu gründen.
Wir sehen, wenn wir der Geschichte folgen, daß zu allen Zeiten, wo ein Teil der Gesellschaft zu leiden hatte und das Bedürfnis nach Veränderung in sich spürte, die jeweiligen Neuerungen und Reformen von Zusammenschlüssen herbeigeführt wurden. Diese Assoziationen hatten zum Ziele, heimgesuchte, verfolgte Brüder zu unterstützen, ja überhaupt, sich gegenseitig Hilfe zu

leisten. Denn da wir als einzelne schwach sind, können wir die Kraft und die Macht, die uns befähigen Gutes zu tun, nur in der Vereinigung schöpfen.
Und hat unsere Epoche nicht große Ähnlichkeit mit einem jener kritischen Zeitabschnitte, da sich ganz heimlich große Veränderungen anbahnten? Leiden die Frauen heute etwa nicht? Und ist es nicht eine unserer heiligsten Pflichten, ihnen zu Hilfe zu eilen?
Nehmen wir also das Banner der gegenseitigen Unterstützung entschlossen in die Hand, gründen wir eine gänzlich würdige und gastfreundliche Gesellschaft, die einem Teil dieser leidenden Wesen zu Hilfe eilt. Sie werden uns preisen dafür, daß wir sie aus ihrem Unglück befreien.
Viele werden unserem Beispiel folgen, in allen großmütigen Herzen wird unsere Stimme ein Echo finden – dies bezweifeln wir nicht. Dann werden wir alle die reine und göttliche Freude empfinden können, die nur aus der Tugend und der Menschenliebe entspringen.

Im Folgenden werden wir die Grundsätze entwickeln, auf denen unsere Gesellschaft beruht, und die Regeln, welche wir glaubten, festlegen zu sollen.

Regeln der »Gesellschaft für fremde Frauen«

Devise der Gesellschaft:

Tugend – Besonnenheit – Öffentlichkeit

Die Gesellschaft besteht gleichermaßen aus Männern und Frauen.
Um aufgenommen zu werden, ist der Nachweis nötig, daß man dort, wo die Gesellschaft ihren Sitz hat, beheimatet ist.

Das Büro besteht aus:

1. einem Präsidenten (Frau oder Mann, Ausländer oder Einheimischer), vorausgesetzt, er lebt am Orte. Der Präsident wird wie alle anderen Bauftragten der Gesellschaft durch Wahl bestellt, mit einfacher Mehrheit der anwesenden Mitglieder und für die Dauer eines Jahres, wonach er wiedergewählt werden kann, falls die Gesellschaft dies wünscht;
2. einem Vize-Präsidenten, der für dieselbe Zeitdauer gewählt wird und gehalten ist, den Präsidenten während einer Abwesenheit zu vertreten;

3. drei Sekretären, die für nur drei Monate ernannt werden und ihren Platz wechseln können, nachdem sie der Gesellschaft Vertreter benannt haben und diese haben bestätigen lassen.

Sechs Mitglieder bilden jeweils für drei Monate das, was wir »Externes Komitee« nennen. Sie sind damit beauftragt, die fremden Frauen zu empfangen, ihre Bitten anzuhören und ihnen zu ihrem Recht zu verhelfen, sie bei Gelegenheit der Gesellschaft vorzustellen und sie außerdem in die Pariser Gesellschaft einzuführen. Ebenso sollen sie denjenigen Frauen, die gekommen sind, um gelehrte Studien zu treiben, alle Hinweise geben, deren sie bedürfen, sollen sie die Künstlerinnen mit Künstlern bekannt machen, für die Ausländerinnen Verbindungen zu deren Landsleuten knüpfen, falls diese es wünschen, den Frauen, die Arbeit suchen, eine ihrer Position gemäße Anstellung verschaffen, und auch den Frauen helfen, die wegen Geschäften, Prozessen, Krankheit oder anderem gekommen sind. Gleichwohl soll das Komitee Verbindungen zu Hotels unterhalten, damit die Ausländerinnen, die sich bei ihnen vorstellen, auf ein Wort der Empfehlung von seiten des Komitees mit allem Respekt, den man einer fremden Frau schuldet, empfangen werden.

Kurz, die sechs Mitglieder des »Externen Komitees« haben sich aktiv darum zu bemühen und mit größter Genauigkeit darauf zu achten, daß die fremden Frauen in den Genuß aller Annehmlichkeiten kommen, die die Gesellschaft ihnen ermöglicht.

An jedem Ersten eines Monats hält die Gesellschaft ihre Hauptversammlung ab. Sinn und Ziel dieser Versammlung bestehen ausschließlich darin, über die Interessen der Ausländerinnen zu beraten. Ein jeder soll dort seine Ideen zur Verbesserung des Schicksales fremder Frauen vortragen. Die Vorhaben, die einer Verbesserung dienen sollen, werden, nachdem sie der Hauptversammlung vorgeschlagen sind, an eine Kommission weitergegeben, die sie sorgfältig erwägen wird und nach den Mitteln suchen, sie auszuführen.

Nehmen wir an, es treten außergewöhnliche Umstände auf, wie zum Beispiel der Fall, wenn eine Fremde ein Geheimnis über ihre Position oder aber schwierige Vertrauensangelegenheiten mitzuteilen hätte (dies sind Fälle, die wir nicht im einzelnen beschreiben können), sodann würden sich Präsident, Vize-Präsident, ein Sekretär und zwei Mitglieder der Gesellschaft als »Geheimkomitee« versammeln, um die betreffende Frau anzu-

hören und um gemeinsam nach Maßnahmen zu suchen, die ihr von Nutzen sein könnten.
Die Gesellschaft mietet ein Lokal inmitten der Gegend, in der sich gewöhnlich die größte Zahl an Ausländern aufhält. Das Lokal soll aus einem ersten Raum bestehen, worin die Büros untergebracht sind, einem zweiten, worin eine Biliothek mit allen französischen und ausländischen Zeitungen eingerichtet ist, und einem dritten, der als Empfangssalon dienen wird und wo man sich zur vergnüglichen Konversation einfinden kann; schließlich noch aus einem großen Salon, wo die Versammlungen der Gesellschaften stattfinden. Man wird ihn auch für gelegentliche Feste, Konzerte oder Unterrichtsstunden u. ä. nutzen können, doch der Eintritt zu diesem Saal wird immer kostenlos sein – es sei denn, man will ein Konzert oder einen Ball zum wohltätigen Zwecke für mittellose Ausländerinnen geben.
Da die Gesellschaft ausdrücklich nicht das Ziel des geschäftlichen Erwerbs verfolgt und ihre Absichten ganz und gar philanthropischer Art sind, erstellt sie eine exakte Abrechnung aller Ausgaben, die die Unterhaltung dieser Einrichtung verursacht. Die Liste mit allen monatlichen Kosten wird im ersten Raume ausgehängt, damit alle sehen und urteilen können und keine Zweifel entstehen, daß die »Gesellschaft für fremde Frauen« nicht den geringsten Gedanken an materielle Bereicherung hegt. Eine solche Idee weist die Gesellschaft weit von sich, denn dies wäre mit dem Geist, der sie leitet, unvereinbar.
Jedes Mitglied ist gehalten, an Tagen der Versammlung eine große grüne Schärpe, die an beiden Rändern mit roter Litze verziert ist, zu tragen. An der Schärpe wird eine silberne Medaille befestigt, die auf einer Seite mit der Devise der »Gesellschaft für fremde Frauen« beschrieben ist, und auf der anderen mit den Worten: »Gesellschaft für fremde Frauen.« Die Schärpe wird getragen wie die des Kommandanten der Ehrenlegion. Jedes Mitglied sollte außerdem immer eine kleine Schärpe von derselben Art wie die große tragen – die Männer am Knopfloch, die Frauen am Kleid in Brusthöhe. Und jedes Mitglied ist ebenso gehalten, jeder Fremden überall Hilfe und Schutz zu gewähren, wenn sie um Unterstützung bittet, nachdem sie an diesem Zeichen erkannt hat, daß ihr ein Angehöriger der »Gesellschaft für fremde Frauen« begegnet ist.
Sollte die Gesellschaft sich einmal über eine Ausländerin zu beklagen haben, so sollte dies bei einer öffentlichen Versamm-

lung geschehen, indem man die Person mit Namen nennt und die Tatsachen berichtet. Doch außerhalb dieses Ortes hat man sich aller Reden zu Ungunsten fremder Frauen zu enthalten.
Die Ausländerinnen und Ausländer können sich auch die Zeitungslektüre abonnieren, zu einem Preise, der entsprechend der Anzahl der Abonnenten festgesetzt werden wird.

~ ☆ ~

Wir wollen hier darauf hinweisen, daß unsere Regeln wohl nicht ganz und gar vollständig sind, doch wird man schnell verstehen, warum. Dies ist erst ein Vorhaben, und wir können es nur mit der Hilfe und der tätigen Mitarbeit von Personen, die sich uns anschließen wollen, als Ganzes zu Ende bringen.
Die Gesinnung, die uns diese Regeln aufgab, garantiert einer jeden fremden Frau Behutsamkeit und Diskretion der Gesellschaft – was wichtig zu bemerken erscheint. Diejenigen Ausländerinnen, die sich in einer delikaten und sehr speziellen Lage befinden mögen, können sich uns vorbehaltlos anvertrauen und sicher sein, in jedem Mitglied der Gesellschaft einen freundlich gesonnenen Menschen zu finden, der lebhaft daran interessiert ist, ihre Leiden zu mildern. Sie können Hilfe, Rat und Schutz erbitten, und dies zu Recht in der Überzeugung, daß sie im Herzen eines jeden Angehörigen dieser edlen Assoziation den aufrichtigen Wunsch, ihnen in jeder Angelegenheit zur Seite zu stehen, und den festen Willen, alle Mittel, ihnen nützlich zu sein, auszuschöpfen, antreffen werden. Sie wären in diesem immensen Paris, wo wir unsere erste Assoziation einrichten wollen, nicht mehr allein.
Selbstverständlich bemerken wir, daß es schwierig sein wird, unser Vorhaben Wirklichkeit werden zu lassen. Sobald man andere als vorgegebene Wege beschreitet, trifft man auf tausend Hindernisse, doch fühlen wir uns stark und werden an dieser Aufgabe, die wir uns selbst gestellt haben, bestimmt nicht scheitern.
Die Gesellschaft wird vom Tage ihrer Gründung an ganz und gar darauf bedacht sein müssen, wahrhaft gute und wohltätige Personen, die in der Lage sind, der Menschheit zu dienen, zu sich hin zu ziehen. In einem Wort: mit Leidenschaft werden wir dem Geist unserer Gesellschaft, ihrem Leitgedanken und einzigem Ziele folgen, nämlich das Los fremder Frauen zu verbessern.
Und nun wollen wir den Personen antworten, die einwenden werden, daß alles, was wir vorschlagen, unmöglich auszuführen

sein wird, weil sich überall und besonders in Paris viele alleinstehende fremde Frauen finden, die man nicht gerade als ehrbar bezeichnen kann. Man wird uns fragen, wie wir uns vorstellen, daß solche Frauen in der guten Gesellschaft aufgenommen werden sollen. Wären wir hier nicht in diesen engen Rahmen eingezwängt, so könnten wir die Frage in ihrer umfassendsten Tragweite, mit ihrer ganzen philosophischen und moralischen Bedeutsamkeit diskutieren. Es fiele uns leicht, zu zeigen, daß der Grund für dieses Übel beinahe immer sehr viel eher in der Gesellschaft liegt als im Individuum, das Schlechtes tut. Die Gesellschaft, die ohne ein geringstes Erbarmen und ohne jemals zu verzeihen, den einzelnen Menschen, wenn er nur den kleinsten Fehler begangen hat, von sich stößt, diktiert ihm damit die unausweichliche Notwendigkeit, weiterhin dem Weg des Lasters zu folgen. Nur wenige, sehr wenige sind mit jener fast übermenschlichen Kraft begabt, die einen Menschen in die Lage versetzt, sich über die Gesellschaft zu erheben, ihrer Verachtung herablassend zu begegnen und sich mit der Reinheit des eigenen Gewissens oder dem Bedauern seiner Fehler zu begnügen. Doch kann diese weiterführende Frage in unserer Broschüre nicht ausführlich behandelt werden. Wir werden zu einem späteren Zeitpunkt darangehen, sie zu entwickeln und bis zu ihren Wurzeln zurückzuverfolgen.

Im übrigen wollen wir hier die Pflichten genauer benennen, die jede Fremde gegenüber der Gesellschaft zu erfüllen hat, und wir hoffen, daß sodann die Fälle rar werden, in denen man befürchten müßte, betrogen zu werden.

Jede Frau, die Zugang zu der Gesellschaft für fremde Frauen erlangen will, sollte schon vorher bedenken, daß sie sich einer heiligen und gänzlich philanthropischen Assoziation vorstellt, deren Ideen, Handlungen und Ziele allein von der Tugend angeregt werden. Sie muß wissen, daß neben der Tugend immer deren unzertrennliche Gefährtin, die Strenge, einhergeht, die unablässig die Sittlichkeit und die Taten bis hin zu den Worten erforscht. Sie sollte daran denken, daß der Mut und die Selbstvergessenheit, die einen Menschen dazu führen, sich der Hilfe im Unglück, dem Schutze aller Schwachen und Unschuldigen zu verschreiben, daß dieser Mut, diese Haltung nur in Seelen zu finden sind, die der Untugend, der Lüge und dem Betrug unerbittlich gegenüberstehen.

Die Gesellschaft wird Moralregeln aufstellen, die strenger sein werden als alle, die man aus den Gesetzbüchern kennt.

Auf die Tür des Lokales, in dem die Versammlungen stattfinden, werden wir den Leitsatz: TUGEND, BESONNENHEIT, ÖFFENTLICHKEIT in großen Buchstaben anschreiben.

Tugend bedeutet für uns: Vollkommene Liebe für die Menschheit, verständige Nachsicht und Verzeihung für alle Fehler, die – wenn sie nicht das Herz getroffen haben – keine Krankheit ohne Heilmittel bleiben müssen.

Das Wort *Besonnenheit* soll uns daran erinnern, daß die Menschen in unserem Jahrhundert nur zu sehr geneigt sind, ihresgleichen zu täuschen, und daß man gut daran tut, sich von möglichen Fallen fernzuhalten. Dieses Wort wird uns auch an Behutsamkeit und Diskretion gegenüber allen fremden Frauen, die unsere Unterstützung erbitten, gemahnen.

Schließlich wird die *Öffentlichkeit* uns die unabweisliche Pflicht auferlegen, alle Untugend, Bosheit und alles Ränkespiel öffentlich bloßzustellen. Ja, unsere Gesellschaft wird fremden Frauen eine Stätte der Zuflucht, des Trostes und wirklicher Freude bieten, doch sollten sie dessen nicht würdig sein, so wird daraus ein fatales Tribunal für sie, das den Bannruf, mit dem man zu Recht das Laster belegt, laut erschallen lassen wird.

Nach einem entsprechenden Glaubensbekenntnis halten wir es für unmöglich, daß sich noch Frauen finden könnten, die es wagten, unter dem Deckmantel der Verstellung zu uns zu kommen. Eine jede Frau wird außerdem dazu angehalten, wenn sie sich bei der Gesellschaft präsentiert, ihren wirklichen Namen bekanntzugeben, die Gründe, weshalb sie ihr Land verlassen hat, ihren Aufenthaltsort und schließlich, welche ihre Existenzmittel sind – und alles unter dem Siegel der Verschwiegenheit, wenn sie es als nötig erachtet.

Dies also sind die Konditionen, ohne deren Beachtung eine fremde Frau sich erst gar nicht vorstellen sollte; und wir sind davon überzeugt, daß verständige und tugendhafte Frauen – weit davon entfernt, diese Regeln als über die Maßen streng zu empfinden – erfreut sein werden über die Sicherheiten, die sie bieten.

Folgen wir den heiligen Eingebungen unseres Herzens und schaffen wir viele solcher Gesellschaften, die vom gleichen Geiste beseelt werden wie unsere, so werden wir im Sinne des Fortschrittes handeln.

Die Leiden unserer Zeit rühren daher, daß den Menschen ein fester Glaube fehlt. Die Ungewißheit, die in ihrem Verstande zunächst tausend Träumereien, tausend Systeme entstehen läßt – und anschließend eine vollkommene Enttäuschung und schreckliche Leere, führt sie zum Materialismus und zur Eigen-

sucht, die ihr Herz verschließen und sie ihr Leben verwünschen lassen. Wir haben einen Glauben, eine Religion vor uns, die schönste und heiligste: Liebe für die ganze Menschheit. Und hier gibt es kein unverständliches System, keine Pedanterie, kein unbestimmtes Ziel. Das Wohl der Massen ist auch das der einzelnen, und das Banner dieser Religion kann alle anderen bei sich vereinen, denn es entspricht dem Geist Christi.
Seien wir also Philanthropen und helfen wir den Frauen, denn die Frauen sind die Poesie und die Kunst im Menschengeschlecht, und ohne Poesie, ohne Kunst kann nichts Vollkommenes existieren. Weit von uns der Gedanke an ein ausschließlich metaphysisches Leben, doch ist der Mensch physisches und moralisches Wesen zugleich und wird erst glücklich sein, wenn er den Bedürfnissen seiner doppelten Natur gemäß handeln kann.
Die Wohltaten, welche die Assoziation, wie wir sie hier vorschlagen, hervorbringen wird, werden sich in allen Klassen der Gesellschaft ausbreiten. Die Frauen werden gebildeter und weniger frivol werden, größer und liebender; die Männer werden gütiger, stärker und fähiger werden, Gutes zu tun; denn das Glück verdoppelt die moralische Kraft, die so oft durch das Leid ausgelöscht wurde, so wie die Gesundheit die Körperkräfte erhöht. Dann wird sich die Regentschaft der Tugend auf der Erde erheben, und mit ihr allein können wir hoffen, daß unser Sehnen nach einer verständig genutzten Freiheit, das alle großzügigen und erhabenen Herzen so leidenschaftlich höher schlagen läßt, die Assoziation herbeiführen wird! Ja, Tugend und Liebe allein können die Massen vereinigen, und aus ihrer Vereinigung wird eine unbezwingbare Kraft entstehen.
Meine Brüder, schwören wir jeder haßvollen Rivalität, jeglicher Eigensucht für die Familie oder die Nation, schwören wir all dem ab! Auf daß unser entschlossener und beharrlicher Wille uns das Glück suchen lasse, das bisher nur ein Traum gewesen ist – in der Liebe für alle, im Zusammenschluß, der Union! Bemühen wir uns in gemeinsamer Anstrengung darum, und wir werden dieses Glück finden. Ihr alle: Wir wiederholen es, wir können mehr tun als Gott. Verbreiten wir unsere Menschenliebe nach allen Seiten, in alle Richtungen und bilden wir nur noch eine einzige Familie. Waren wir denn nicht Menschen, bevor wir Engländer, Italiener oder Franzosen gewesen sind?
Nicht das Heckenwerk unserer Gärten, nicht die Mauern, die unsere Städte umschließen, oder die Meere und Berge, die

unsere Länder begrenzen, dürfen Grenzen unserer Liebe sein – nun muß das Universum unsere Heimat werden!
Jesus hat gesagt: Ihr alle seid Brüder; also sollen uns die Unterschiede unserer Kleidung aufgrund der verschiedenen Klimata, die unterschiedlichen Sitten zu einer gegenseitigen Lehre werden, wo jeder Vervollkommnung schöpfen kann, anstatt der Anlaß zu fortwährendem Disput und Haß zu sein.
Laßt uns nur wagemutig auf dieses edle Ziel der Vervollkommnung zugehen, das wir alle vor uns sehen und mit Beharrlichkeit auch erreichen können. Der Mensch wird sich seines Schöpfers würdig erweisen, wenn er mit seiner Liebe geschaffen haben wird, was Gott mit seiner Allmacht erschuf: aus dem Chaos das Universum, aus dem chaotischen Universum das harmonische Universum – und erst dann wird seine Mission erfüllt sein.
Wenn die Ausführung unseres Vorhabens stattfindet – wie wir mit Grund annehmen –, werden wir Gott loben dafür, daß er uns während zehn langer Jahre mit ätzendem Leid überhäuft hat, denn aus jenem Unglück ist die Idee zu dieser Unternehmung entstanden, die unserer Sache, der Sache der Menschheit nämlich, so trefflich dienen kann.

NOTA. – Die Personen, die der Gesellschaft für fremde Frauen angehören wollen und sich mit dem Autoren dieses Vorschlages in Verbindung setzen, können seine Anschrift bei der Druckerei finden.

Biografien

Flora Tristan

Ihre Bedeutung wurde in unserer Zeit zunächst von den Surrealisten gesehen, die in ihrer Biographie und ihrer Haltung einen Ausdruck der französischen Romantik und der utopischen Ideale erkannten. André Breton schrieb: »Am Firmament des Geistes gibt es keine Frau, die ein so leuchtendes Beispiel gegeben hat wie Flora Tristan.«
Faszinierend an Flora Tristan ist vor allem die Übereinstimmung zwischen ihrer literarischen und politischen Aussage und ihrem Leben, das stets das Leben einer Außenseiterin gewesen ist.
Als Kind lebt sie in zwei Welten: Sie wächst in bitterer Armut auf, hört von ihrer Mutter jedoch tagtäglich von Reichtum und Eleganz der fernen Familie. Denn Floras Vater war ein peruanischer Adliger, dessen Ehe mit ihrer Mutter wegen fehlender Papiere nach seinem frühen Tod nicht anerkannt wird.
Unter dem Druck ihrer Mutter heiratet sie mit 18 Jahren den Graveur André Chazal, in dessen kleiner Werkstatt sie Etiketten koloriert. Nach heftigen Auseinandersetzungen verläßt sie ihren Mann vier Jahre später. Mit ihren beiden Kindern (ein drittes kommt wenig später zur Welt) versucht sie, allein ihre Existenz zu sichern. Als Begleiterin reicher Familien geht sie nach Italien und England.
Diese frühen Erfahrungen – der Gegensatz zwischen ihrer Herkunft und ihrer Umgebung, der Widerspruch zwischen dem, was sie will (lernen, einen Beruf ergreifen, ihre Erwartungen und Träume verwirklichen), und dem, was sie soll (einem ungeliebten Ehemann den Haushalt führen, die Kinder aufziehen, sich mit ihrem Schicksal abfinden) – haben ihr späteres Auftreten sehr geprägt.
Nach ihrer Rückkehr aus England 1829 – sie ist 26 Jahre alt – muß sie Arbeit suchen, um ihre beiden Kinder zu ernähren (das dritte ist während ihrer Abwesenheit an Cholera gestorben). Ihr Mann hat alle Rechte über sie und ihre Kinder, denn die Ehescheidung, eine Errungenschaft der Französischen Revolu-

tion ist wieder abgeschafft. Chazal lauert ihr auf, um sie zurückzuholen. Es kommt zu öffentlichen Szenen und Schlägereien. Flora ist gezwungen, unter fremden Namen Wohnungen anzumieten. Trotzdem entführt Chazal mehrere Male die Tochter Aline, die immer wieder zu ihrer Mutter flüchtet.
Die politischen Ereignisse im Paris der 30er Jahre beeinflussen Flora nachhaltig: Aufstände, Entstehung vom Geheimbünden, Pressezensur, Nachrichten von den Weberstreiks in Lyon, Versammlungsverbot, Massenverhaftungen, wiederholte Cholera-Epidemien, Kinderarbeit, Prostitution als einzige Form des Überlebens.
Flora besucht einige Versammlungen der Saint-Simonisten, und 1833 beschließt sie, zu ihren Verwandten nach Peru zu fahren. Die Geschichte dieser Reise erscheint 1835 als »Wanderungen einer Paria« (»Pérégrinations d'une paria«) und enthält ihre Eindrücke: Ihre Begegnung mit dem Kapitän des Schiffes, dessen Liebe sie zurückweist, da sie nicht wagt, ihm ihre Ehe zu gestehen; Zusammentreffen mit der Familie ihres Vaters, die ihr die Erbschaft verweigert; Erlebnisse im kolonialen Südamerika, das Schicksal der Indianerinnen und die Politik Perus.
Zurück in Paris verschafft sie sich durch die Veröffentlichung von Artikeln und Büchern einen Namen in den literarischen und politischen Kreisen Frankreichs, wird jedoch weiterhin ständig von ihrem Ehemann verfolgt. Schließlich erwartet Chazal sie vor ihrem Haus und schießt auf sie. Sie überlebt ihre schweren Verletzungen, und in einem spektakulären Schwurgerichtsprozeß, in dem Flora vor der versammelten Öffentlichkeit häufig als die eigentliche Angeklagte erscheint, wird Chazal zu einer Gefängnisstrafe von 20 Jahren verurteilt.
Flora fährt wieder nach London; sie beschreibt in den »Spaziergängen in London« die Zustände, die sie dort in Bordellen, Irrenhäusern, Gefängnissen und Fabriken erforscht hat. Ihre persönlichen und politischen Erfahrungen faßt sie zu einem Programm zusammen, der »Union Ouvrière«, in dem sie eine Möglichkeit zur Veränderung der unerträglichen Verhältnisse sieht: die Arbeitervereinigung. Um dieses Ziel zu propagieren, reist sie durch die großen Städte Frankreichs. Sie wird überall von der Polizei bespitzelt und von Arbeitern heftig angegriffen, weil sie sich nicht scheut, auch das Verhalten der Arbeiter gegenüber den Frauen zu kritisieren: »Selbst der unterdrückteste Mann kann ein anderes Wesen unterdrücken: seine Frau. Sie ist die Proletarierin des Proletariers.« In vielen Städten

findet sie aber auch Zustimmung, ihre Schrift wird überall verteilt, Gruppen von Arbeitern organisieren sich nach ihrem Programm. Nach einer aufreibenden Reise von zehn Monaten bricht eine Krankheit, die nicht behandelt worden war, aus. Am 14. November 1844 stirbt Flora Tristan in Bordeaux. Die Wäscherin Elenore Blanc aus Lyon setzt ihre Arbeit fort.

Marie-Reine Guindorf

Noch sehr jung, mit 19 Jahren, kommt sie zum Saint-Simonismus und gehört dem »industriellen Grad« der saint-simonistischen Hierarchie während des Jahres 1832 an. Sie nimmt aktiv an den Versammlungen teil und gründet bald darauf, am 10. August 1832, die Frauenzeitung »Die Freie Frau« (später »Tribüne der Frauen«). 1833 verläßt sie zusammen mit Desirée Véret die saint-simonistische »Familie« und schließt sich der fourieristischen »Sozietären Schule« an. Sie schreibt aber weiter in der »Tribüne der Frauen«. Mit Suzanne Voilquin besucht sie die öffentlichen Diskussionen der »Gesellschaft für Lehrmethoden«, die von August 1833 bis Anfang 1834 zur Frage »Über die Mittel, die Intelligenz der Frauen zu nutzen«, in Paris geführt werden. Einige andere Frauen, wie Louise Dauriat – eine Republikanerin, kommen hier mit den »Mädchen aus dem Volke« in Kontakt und schreiben Artikel für die Frauenzeitung. Sie wird Mitglied der »Assoziation für die Bildung des Volkes« und verbringt ihre Abende damit, Frauen aus der Unterschicht zu unterrichten.
1835 heiratet sie den ehemaligen Saint-Simonisten Flichy und bekommt bald darauf einen Sohn von ihm. Suzanne Voilquin, aus Ägypten zurückgekehrt, wohnt 1837 ein halbes Jahr lang bei ihr und Flichy. In dieser Zeit verliebt sich Marie-Reine in einen Fourieristen, der verheiratet ist. Verzweifelt über »die widersprüchlichen Urteile der Öffentlichkeit, wenn eine Frau es wagt, ihren Gefühlen zu folgen«, nimmt sie sich 1837 das Leben (nach einem Bericht von Suzanne Voilquin in ihren Memoiren).

~ ☆ ~

Suzanne Voilquin

wird 1801 in Paris als Tochter eines Hutmachers geboren. Sie wächst auf unter dem Einfluß eines Vaters mit revolutionären Ideen und einer Mutter, die sehr gläubig »in völliger Selbstentsagung lebt«. Lesen und schreiben lernt sie in einer jener kleinen Schulen »barmherziger Schwestern«. Darüber hinaus sucht sie später in der Lektüre von sentimentalen Romanen ihren Wissensdurst zu befriedigen. Der Tod ihrer Mutter (1821) infolge einer verheimlichten Krebskrankheit hinterläßt in ihr einen tiefen Eindruck: Sie tritt später für die medizinische Ausbildung von Frauen ein, insbesondere für ihren Einfluß im Bereich der Gynäkologie.

Suzanne arbeitet zusammen mit ihrer jüngeren Schwester Adrienne in einer Werkstatt als Stickerin und lernt bald die Beschwernisse der Arbeitslosigkeit kennen: Sie mietet Handwerkszeug für miserabel bezahlte Heimarbeit und wohnt in einer winzigen, schäbigen Mansarde, die sie mit Adrienne teilt.

Im Freundeskreis der inzwischen verheirateten Adrienne nimmt sie Kontakt zu einer Gruppe auf. In diesem »Kreise von guten Arbeitern und fortschrittlichen Bürgern ... sowie von jungen Poeten« macht sie die Bekanntschaft des Architekten Voilquin, ihres späteren Ehemannes. Kurz nach ihrer Heirat erlebt sie eine große Enttäuschung: ihre Hoffnungen, Mutter zu werden, werden enttäuscht. Sie erlebt mehrere Fehlgeburten in den ersten Jahren ihrer Ehe und rechnet dies einer syphilitischen Erkrankung ihres Gefährten zu.

Durch die Anregung ihres Schwagers, des Druckereiarbeiters Mallard, besuchen sie die Predigten der Saint-Simonisten und nähern sich mit Begeisterung dieser Lehre und ihren »Aposteln«. Nun »nahmen wir Abschied von den alten Freunden, die unserem neuen Weg nicht folgten, Abschied vom ›Leben des reinen Vergnügens‹. Nie veränderte sich die Existenz von Individuen so tiefgreifend. Wir widmeten uns mit Leib und Seele dieser neuen Familie, deren soziale, ökonomische und religiöse Prinzipien wir uns sofort zu eigen machten.«

Sie hört die »Predigten« des Apostel Lambert und nimmt an Frauenversammlungen im Salon Monsigny teil. Die Unterwürfigkeit der Frauen der Familie – insbesondere der bürgerlichen – gegenüber der »männlichen Hierarchie« ist ihr zuwider. Die Zeitung »Die freie Frau« erscheint 1832. Suzanne übernimmt zwei Jahre lang deren Leitung und arbeitet weiter als Näherin.

»Unsere Zeitung nannte sich ›Die neue Frau‹ und später ›Tribüne der Frauen‹; dieser neue Titel war zwar weniger religiös, schützte uns aber vor den sarkastischen Reaktionen der Öffentlichkeit.«

Sie bleibt eng mit dem Leben der »Familie« verbunden und wohnt in der Rue Cadet, einem saint-simonistischen Zentrum.

1833 trennt sie sich von ihrem Ehemann, der mit seiner neuen Gefährtin nach Amerika reist. Aufgeschlossen für alles Neue,

organisiert sie zusammen mit befreundeten saint-simonistischen Ärzten in ihrer Wohnung Kurse für Frauen über die Anwendung homöopathischer Heilmethoden. (Die zu Beginn der 30er Jahre in Deutschland von dem Arzt Hahnemann entwickelte Naturheillehre fand unter saint-simonistischen Medizinern großen Anklang.) 1834 schließlich unternimmt sie mit der jungen Isabelle, einer Mitherausgeberin der »Neuen Frau«, ihre Rundreise durch Frankreich zur Verbreitung saint-simonistischer Emanzipationsideen. Ihre Fahrten in der Postkutsche werden von Saint-Simonisten mitfinanziert und Isabelle steuert das Ihre bei: Sie malt an den jeweiligen Aufenthaltsorten Porträts und Miniaturen für Interessierte und Bekannte. Besuche in saint-simonistischen Zentren, lebhafte Diskussionen über die »Neue Moral« und die zukünftige Rolle der Frau in der Gesellschaft mit Anhängern der »Neuen Religion« und Sympathisierenden wechseln sich ab. Sogar Bälle anläßlich ihres Besuchs werden gegeben – wie in Castelnaundary, einem kleinen Städtchen in Südfrankreich.
Suzanne schließt sich dann der Expedition der Apostel um Enfantin nach Ägypten ohne ein bestimmtes Vorhaben an und verläßt gegen Ende 1834 in Begleitung zweier Saint-Simonisten Frankreich. Anfang eines wunderlichen, verrückten Abenteuers: Noch ohne größere Vorstellung von der Zivilisation, dem orientalischen Leben, die sie dort erwarten, kommt sie zur kleinen saint-simonistischen »Kolonie« in Kairo. Während die »Apostel« mit der ägyptischen Regierung ihre diversen Unternehmungen beraten – sie wollen einen Kanal vom Mittelmeer zum Roten Meer bei Suez bauen, gründen eine polytechnische Schule in Luxor oder arbeiten als Ärzte in Kairo – etabliert sich Suzanne zunächst bescheiden in der Altstadt – mit ihrem großen Reisekoffer, einigen Schemeln und Moskitonetz als Zimmereinrichtung. Bei Clorinde Rogé, die schon ein halbes Jahr vorher aus Lyon kam und im Hause eines mit den Saint-Simonisten sympathisierenden Mäzens »den« saint-simonistischen Treffpunkt für Kairo bildete, wird Suzanne mit mehreren Ärzten bekannt und zieht schließlich zu Dussap, einem lange in Ägypten ansässigen französischen Mediziner. Mit seinen beiden Kindern, der 15jährigen Hanem und dem kleinen Arif lernt sie arabisch und unterrichtet sie im Austausch dafür in Französisch, Geschichte und der heimischen Zivilisation. Nach kurzer Zeit beginnt sie bei Dussap ihre Ausbildung als Hebamme in einem der Kairoer Stadtkrankenhäuser: in orientalischer Männertracht, um dort einem Arzt überhaupt assistieren zu können.

Projekte werden ausgedacht: Die ambitionierte Clorinde will eine Schule für Araberinnen gründen, und mit Suzanne schreibt sie an bekannte Frauen, Lehrerinnen in Frankreich, die sie dafür zu begeistern hoffen. Doch an den ausbleibenden Antworten und den finanziellen wie den Schwierigkeiten mit ägyptischen Behörden scheitert der Versuch. Auch der Wunsch Suzannes, mit Clot-Bey und Dussap ein Krankenhaus für Frauen in Kairo einzurichten, geht nicht in Erfüllung: Während sie noch mit den schwer zu überzeugenden ägyptischen Behörden

darüber in Verhandlung stehen, wird Kairo von einer schweren Pestepidemie heimgesucht. Innerhalb kürzester Zeit herrscht in der ganzen Stadt der Ausnahmezustand. Einige Saint-Simonisten ziehen sich ins Hochland und nach Luxor zurück; die begonnenen Arbeiten am Nil-Staudamm werden eingestellt, weil die Epidemie auch auf einige Arbeiter übergegriffen hat. Die saint-simonistischen Ärzte in Kairo, Tag und Nacht mit der Pflege Pestkranker beschäftigt, werden nach und nach selbst krank. Die meisten sterben, und auch in Suzannes näherer Umgebung breitet sich das Inferno aus: Dussap, Hanem, Arif überleben trotz Suzannes Bemühungen die Pest nicht. Suzanne selbst, die – wie sie in ihren Memoiren sagt – mit »unerschütterlichem Gottvertrauen« über zwei Monate hin bis an den Rand der Erschöpfung die Erkrankten pflegt und zusehen muß, wie die meisten sterben, infiziert sich selbst nur leicht, bleibt allerdings seelisch tief betroffen über den Verlust so vieler Freunde nach dem Abklingen der Epidemie im Hause Dussaps in Kairo allein zurück.
Die stark dezimierte saint-simonistische Familie in Kairo rückt dichter zusammen. Man trifft sich öfter und orientiert sich neu. Suzanne gelangt mit Hilfe der Vermittlung Lamberts, der in Kairo und Luxor bekannt ist unter Wissenschaftlern und Paschas, in mehrere Harems orientalischer Fürsten und erforscht die Lebensweisen der arabischen Frauen. Die Schilderungen und Gedanken zur Kultur der Leibeigenschaft junger Frauen im Orient in ihren »Lebenserinnerungen« vermitteln ein lebendiges Bild davon.
Gegen Ende 1836 organisiert sie ihre Rückreise nach Frankreich. Auf dem Schiff nach Marseille bringt sie ein Kind zur Welt, das kurz darauf stirbt. Wahrscheinlich war Lambert der Vater, denn sie spielt nur in Briefen an Enfantin und Lambert auf deren passives Verhalten gegenüber diesem Ereignis an und wirft ihnen ihre Herzlosigkeit und ihren Egoismus vor. Nach Paris zurückgekehrt, erwirbt sie die französische Zulassung als Hebamme und macht eine Zeitlang unentgeltliche Entbindungen für Frauen in den Arbeiterwohnvierteln – in Zusammenarbeit mit einer Gruppe von Homöopathen. Sie nimmt wieder Verbindung zu ehemaligen Saint-Simonistinnen und anderen Frauen auf: Treffen, Diskussionen finden statt. Bei einer Versammlung bekundet sie ihren Wunsch, Frauenarchive ins Leben zu rufen, in denen Korrespondenzen und Projekte, alle Ideen und Taten von Frauen festgehalten und gesammelt werden sollten. (Die eigenen Lebenserinnerungen, die sie 1866

veröffentlicht und ihrer Nichte widmet, versteht sie als einen Beitrag zu diesem Archiv der Geschichte der Frauen.)
1838 kehrt auch Voilquin – von Julie Parcy verlassen – aus Louisiana zurück und strengt einen Prozeß gegen Suzanne wegen Abbruchs der ehelichen Beziehungen an. Sie weigert sich, auch nur mit seinem Rechtsanwalt in Kontakt zu treten.
Ihre Berufsmöglichkeiten als Hebamme sind beschränkt in Paris. Sie arbeitet in Kliniken und in Arbeitervierteln, plant mit einer Gruppe von Frauen eine Assoziation, um kostenlose Entbindungen für junge, ledige Mütter zu machen, und arbeitet somit wieder eine Zeitlang ohne Verdienst und mit kleiner Finanzhilfe von saint-simonistischen Freunden. Adrienne, ihre Schwester, lebt zu dieser Zeit schon in Amerika – und auch Suzanne beschließt 1839 wieder zu reisen: In Rußland, wo sich derzeit einige Saint-Simonisten aufhalten (der Musiker und Komponist Rogé lebt mit Clorinde zusammen in Sankt-Petersburg und unterhält dort mit seiner Musik die russischen Adligen), findet Suzanne auf Empfehlungen gutbezahlte Arbeit als Hebamme.
Ende 1846 nach Paris zurückgekehrt, praktiziert sie wieder als selbständige Hebamme in den Armenvierteln. 1848 steht Paris im Zeichen der Revolution, und auch Suzanne wird von neuem aktiv. Sie trifft mit Desirée Véret-Gay (die mit dem Owenisten Leopold Gay verheiratet ist) und der früheren Saint-Simonistin Paulinc Roland zusammen und schreibt für die von Eugénie Niboyet, Pauline und Jeanne Deroin redigierte Frauenzeitung »La voix des femmes« (Stimme der Frauen). Im Zuge des Aufblühens der Assoziationen in der 48er Revolution gründet Suzanne eine Hebammenassoziation und richtet über die Zeitung der »Stimme der Frauen« eine Petition an die provisorische Revolutionsregierung. Damit fordert sie die staatliche Anerkennung des Berufs der Hebamme als medizinischen Beruf und seine gleichberechtigte Eingliederung in die Kliniken.
Im September 1848 verläßt sie Frankreich erneut und reist mit ihrem Vater nach Louisiana zu ihrer erkrankten Schwester Adrienne. Sie lebt nun in Amerika, schließt sich 1860 einer Gruppe von Fourieristen und ehemaligen Saint-Simonisten an und gründet mit ihnen eine kommunitäre Wohn- und Arbeitsgemeinschaft.

~ ☆ ~

Jeanne-Desirée Véret-Gay

Sie wird 1810 geboren und arbeitet zunächst als Modistin. Im September 1831 kommt sie zum Saint-Simonismus. Sie gründet 1832 die »Neue Frau« und tritt 1833 mit Marie-Reine Guindorf zur fourieristischen »Sozietären Schule« über. Ende 1833 geht sie nach England und verkehrt dort in fourieristischen und owenistischen Kreisen, wo sie auch Anna Wheeler trifft (Briefe an Fourier und Anna Wheeler in den »Sozietären Archiven«). Nach ihrer Rückkehr aus England heiratet sie 1837 Leopold Gay, einen Owenisten. Sie beteiligt sich an der Redaktion der Zeitung »La voix des femmes« (die Zeitung wurde von Eugénie Niboyet gegründet und erschien von März bis Juni 1848. Weitere Redakteurinnen waren Elisa Lemonnier, Suzanne Voilquin, Jeanne Deroin.). Desirée wird während der 48er Revolution von Arbeiterinnen zur Delegierten der »Nationalen Frauenwerkstätten« des 2. Pariser Bezirkes gewählt. Die Nationalen Werkstätten für Näherinnen waren unter dem Druck der Frauen eingerichtet worden, um die Arbeitslosigkeit zu mildern. In der »Voix des femmes« schreibt Desirée Gay:
»Die Arbeiterinnen sterben Hungers. Die Arbeit, die sie in der Werkstatt bekommen, ist ein Köder, die Organisation der Frauenarbeit ein Despotismus unter neuem Namen und die Ernennung von weiblichen Delegierten eine große Täuschung von seiten der Männer, damit sie sich die Frauen vom Halse schaffen.« Aufgrund dieses Artikels wird ihr die Delegiertenfunktion aberkannt. Die Regierung droht mit ihrer Verhaftung und mit Schließung der Werkstatt im Falle von Aufruhr unter den Arbeiterinnen.

Aus politischen Gründen lebt Desirée während des zweiten Kaiserreiches im Ausland. In Genf nimmt sie an der Ersten Internationalen teil und übernimmt Funktionen in der Frauensektion.

Ihr Mann druckt ein Buch von ihr mit dem Titel »Erziehung der Vernunft in der frühen Kindheit«. 1876 gehen sie nach Brüssel. Zwischen 1880 und 1890 verliert sie ihren Mann und beide Söhne. Noch im Alter von 80 Jahren korrespondiert sie mit dem Fourieristen Victor Considerant und schlägt ihm vor: »Gründen wir doch eine wissenschaftliche utopische Schule«.

Literatur

Quellen

La Femme libre/La Tribune des femmes. Paris 1832–34.

Flora Tristan, Nécessité de faire un bon accueil aux femmes étrangères. Paris 1835.

Lettres inédites de Flora Tristan. In: Le surréalisme même. Ed. par André Breton. Paris 1957.

Claire Démar, L'affranchissement des femmes. Ed. par Valentin Pelosse. Paris 1976. Darin: Appel d'une femme au peuple sur l'affranchissement de la femme; Ma loi d'avenir.

Suzanne Voilquin, Mémoire d'une Saint-Simonienne en Russie. Neuausgabe. Paris 1977.

Suzanne Voilquin, Souvenirs d'une fille du peuple ou La Saint-Simonienne en Égypte. Neuausgabe. Paris 1978.

Außerdem verwendete Literatur (Auswahl)

H.R. d'Allemagne, Les Saint-Simoniens. Paris 1930.

F. Parent-Duchâtelet, De la prostitution dans la ville de Paris. Brüssel 1836.

J.-L. Puech, La vie et l'œuvre de Flora Tristan. Paris 1925.

Berta Rahm, Flora Tristan. Zürich 1973.

Religion saint-simonienne. Darin: Discussions morales, politiques et religieuses qui ont amené la séparation qui s'est effectué, au mois de novembre 1831, dans le sein de la Société saint-simonienne. 1832; Évènements de Lyon. 1831; A Lyon. 1832; L'année de la Mère, Mission du midi. 1833.

M. Thibert, Le féminisme dans le socialisme français de 1830 à 1850. Paris 1926.

E. Villermé, Tableau de l'état physique et moral des ouvriers employés dans les manufactures de coton, de laine et de soie. o. O. 1840.

Inhalt